轻历史阅读系列 Relaxed History Reading
○ ○ ○

忍者为王

解读兵圣韩信 传奇一生

华炜 著

山西出版传媒集团
北岳文艺出版社
BEIYUE LITERATURE & ART PUBLISHING HOUSE

图书在版编目（CIP）数据

忍者为王：解读兵圣韩信传奇一生 / 华炜著. — 太原：北岳文艺出版社，2017.1（2023.6重印）

ISBN 978-7-5378-5014-8

Ⅰ.①忍… Ⅱ.①华… Ⅲ.①韩信（？-前196）—人物研究 Ⅳ.①K825.2

中国版本图书馆CIP数据核字（2016）第324990号

书名:忍者为王	著者:华 炜	责任编辑:韩玉峰
——解读兵圣韩信传奇一生		装帧设计:张永文

出版发行　山西出版传媒集团·北岳文艺出版社
地　　址　山西省太原市并州南路57号
邮　　编　030012
电　　话　0351-5628696（发行部）
　　　　　0351-5628688（总编室）
传　　真　0351-5628680
经 销 商　新华书店
印刷装订　山西万佳印业有限公司
开　　本　710mm×1000mm　1/32
字　　数　242千字
印　　张　10.5
版　　次　2017年1月第1版
印　　次　2023年6月山西第2次印刷
书　　号　ISBN 978-7-5378-5014-8
定　　价　58.00元

本书版权页为本社独家所有，未经本社同意不得转载、摘编或复制

目　录

第一章　身世之谜　*001*

第二章　救命的午餐　*006*

第三章　钻裤裆　*012*

第四章　亡秦岁月　*017*

第五章　保卫项羽　*023*

第六章　跳槽　*029*

第七章　刀下留人　*036*

第八章　追韩信　*042*

第九章　萧何眼中的"狂人"　*047*

第十章　汉王问对　*054*

第十一章　拜大将　061

第十二章　暗出蜀中　068

第十三章　定三秦　073

第十四章　突变中的东方形势　078

第十五章　东进　083

第十六章　大逃亡中的反思　088

第十七章　力撑危局　094

第十八章　计擒魏豹　099

第十九章　二十一"字新方针　106

第二十章　督军　111

第二十一章　天才与白痴　117

第二十二章　背水一战　122

第二十三章　降燕之策　130

第二十四章　死不瞑目　136

第二十五章　假投降　142

第二十六章　入帐夺印　147

第二十七章　贪功　153

第二十八章　谁害死了"高阳酒徒"　159

第二十九章　救援　165

第三十章　两个大胆鬼　170

第三十一章　智斩龙且　*176*

第三十二章　十大罪状　*181*

第三十三章　怒封齐王　*187*

第三十四章　天下三分　*192*

第三十五章　相背,贵不可言　*198*

第三十六章　不忍拒汉　*203*

第三十七章　鸿沟议和　*208*

第三十八章　讨价还价　*214*

第三十九章　十面埋伏　*220*

第 四 十 章　四面楚歌　*227*

第四十一章　虞美人的不安　*233*

第四十二章　楚霸王末路　*238*

第四十三章　左迁楚地　*246*

第四十四章　南宫论功　*252*

第四十五章　还故乡　*257*

第四十六章　一个不能忘记的朋友　*264*

第四十七章　诡计　*270*

第四十八章　云梦惊变　*276*

第四十九章　打残韩信的真实原因　*283*

第 五 十 章　陈豨叛乱　*288*

第五十一章　韩信其实很疯狂　*293*

第五十二章　成也萧何,败也萧何　*298*

第五十三章　淮阴侯后裔　*304*

第五十四章　韩信的死谁来埋单　*309*

附录一:淮阴与淮阴流传的故事　*314*

附录二:韩信生平及大事年记　*322*

第一章　身世之谜

淮阴(今江苏淮安),踞于苏北平原中部,古淮水从其北境流过。

紧依淮阴城下的是淮水一浅湾,水面辽阔,方圆千亩。秦始皇三十四年(前213年)初冬的一个下午,岸边有个身着蓑衣,挂着一柄长剑,头发有些散乱的年轻人,手提着鱼竿,一动不动地立于湾头垂钓。

"找你,大家都快急死了!"一中年汉子急切地走过来,责备他怎么还在这里钓鱼,莫是在学姜太公?要他赶快回家去。

年轻人叫韩信,十八九岁,身材高大,面庞略显瘦削。近来,他常和一帮人聚集在淮阴射陂草荡中,习武学兵。昨天回到淮阴家中,得知母亲被一帮秦卒打伤,伤情很重,悲愤之情难以言表。今天特意来到河边,想钓上几条鱼儿,为母亲熬上一些鱼汤。此刻,他隐约感到母亲有什么事,不敢多想,也不再多问,收起鱼竿同来人一道回去了。

穿过淮阴市口,来到城东下乡南昌亭,韩信的家在道口旁的一间破草屋。

来到门前,那人轻轻喊了一声,随即从屋内走出一位胡须花白的老者,瞪大眼睛,劈头盖脸将韩信怒斥一番:"小子!还知道回来?这么大了也不成个家,粮不粮,莽不莽,成年累月在外面鬼混,当你母亲被秦人痛打时,到哪里去了,你母亲盼着你流干了眼泪,你回来却去钓鱼,这是一个孝顺儿子?淮阴人从来没有孬种,血债血偿,要为韩母报仇!"

韩母被打一事,虽是韩家个案,却带有那个时代的固有色彩。秦的严苛法度,无尽的徭役,残暴的统治,旧六国的人们忍无可忍,摩拳擦掌。

韩信也不答话,惊愕地睁圆了眼睛,惴惴不安地扑进了小屋。透过昏暗的光线,发现已合上双眼的母亲被安放在草铺上,面部血肿,嘴角血迹斑斑。"母亲!母亲!"他急忙上前抓住母亲的手,本能地跪在地上,号啕大哭,撕心裂肺!韩母是韩信唯一亲人,过早的死亡,他措手不及,没有太多的心理准备,太阳陨落了,天不会亮了!

韩信约生于公元前230年,这一年,以秦国的纪年来计算,是秦王政十七年。

他出身时,淮阴属楚国东部的淮楚地区。秦始皇统一天下后,这里便成为秦的东海郡淮阴县。因此,就韩信的出生地来说,韩信是当时战国七雄之一的楚国人。不过从姓氏看,在那个六国崩塌的年代,其姓氏还保留着血缘和身份的记录,为官者以官为姓氏,士大夫以封地为姓氏,诸侯王族以国为姓氏。韩信姓韩,应该和战国时韩国王室有一定的关联。

史记中也有这样的记载。韩信为平民时,家境贫寒,生活困顿,遍尝了世态炎凉,他既穷又没有钱,社会表现也不好,地方招募吏员时不被录用。他不屑于经商,又没有其他生活来源,经常吃上顿无下顿。但他却是个另类,常常挂着一柄宝剑招摇过市。可是,那个时代冶金技术并不高,铸一把剑很不容易,也只有王族或者贵族才有能力和资格拥有。

然而,那时人们对韩信身世已不太了解,他的父母是谁,似乎没有人知道。巧妇难为无米之炊,史学家司马迁在记述中,也只能寥寥数语,一笔带过。这主要是因为年份久远,人们记忆中的一些史实已经模糊不清。

其实,韩信的身世在古时已有一种比较明确的说法。譬如,中国传统蒙学读物、明代大学世李廷机所著《五字鉴·秦纪》中称:"韩信乃韩国之后。"同样,近几十年来国内还陆续发现明朝天启年《淮安府志》《凤山县志》《东兰县土司族谱》,以及韦姓、何姓和韩姓一些家谱,均指出韩信为落魄并胸有大志者,他的父亲为韩国襄王仓庶出二公子,韩虮虱之孙。

当时,韩国发生政变,留在楚国做质子的韩虮虱没有当成韩王,被迫留在楚国,等待恢复韩国贵族身份。可是不久,韩国就被秦国所灭,设为颍川郡。几年之后,秦将王翦包围了楚都寿春,又灭亡了楚国。身为韩国破落王族的韩信父亲,和许多宗亲一样,为躲避秦军的追捕,继续向东南逃亡,辗转途中散落在偏远的古淮阴,其妻生下韩信。由于韩信特别懂事,又聪明过人,韩父从小教他熟读孙子兵法,并被寄予反秦复国的厚望。可是,在韩信十二三岁时,韩父被秦兵拉去修筑长城,多年过去,一直杳无音信,生死不明。事实上,万里长城之下,白骨成堆,还有几人能够生还?父亲离开后,韩信与母亲相依为命。韩母为了将韩信拉扯长大,她已变卖了所有首饰和家当,靠帮人打零工,在酒肆店堂中干杂活,挣钱养家活口,孤儿寡母也实在不易。

入夜,韩信将讨来的两碗稀饭,供奉在韩母的遗体前,自己哀切地坐在那里。黎明来了,屋内的小油灯依然一闪一闪地跳动着,韩信仍低着头坐在那里。

昨天那位老者转来,不满于韩信的表现,韩母为了把他拉扯大,吃尽了苦头,现在被秦人打死,他却无所表示!韩信看了老者一眼,目光再转到母亲遗体上,悲愤地咬着牙,嘴角流出血。他真想告诉大家,他家两代人在淮阴蛰居多年,渐习淮地习俗,但他们的理想依然是复国,做亡国奴很悲惨,要兵革,要抗暴,这是与生俱来的全部动机!这些能说吗?说了又有什么意义?

老者催问韩母的安葬事宜,韩信思而少言,要将母亲埋葬到八里荒去。秦汉时,人们很相信风水,选好阴宅阳宅以利个人及家族的兴旺发达。此言一出,屋子里人无不吃惊。

八里荒在淮阴城东北,是个连狗都不去的大荒!大家认为韩信没有血性,又狂妄无知!但韩信坚持自己的想法,现在虽很穷,总有发达的一天,而空旷的大荒,是一块行营高敞的风水之地,放眼望去,将来可以置上万户人家为自己的母亲守墓。

老者怒不可遏,这不是痴人说梦?一个如此糊涂的小子还能名扬天下?人们阻止了老人的发火,称韩信虽没有什么大本事,也不要怪罪他,快些下葬入土为安吧!

清晨,寒风凄惨,停在枯树上几只老鸦"呱!呱!"乱叫。在大家惊愕的目光中,韩信抹去泪水,找来芦席裹住母亲的遗体,放在一辆破旧的牛车上,举着招魂草幡,并在几位邻人的帮助下,踏着荒野,一头老牛"吱吱"将灵车拉向八里荒——

韩信葬母一事在淮阴引起不小的轰动。时隔八十余年后,当司马迁造访淮阴时,人们仍念念不忘,但态度已经发生了根本转变。

此时,韩信已成为楚汉争战中一位非常重要的人物,他以杰出的军事才能,辅佐刘邦崛起蜀汉、席卷关辅,由弱变强,仅用四年时间,打败了不可一世的西楚霸王项羽,建立了强大、统一的汉王朝,为刘邦夺得政权立下了头功,又因功高盖主,被皇后吕雉杀害在长乐宫钟室。一个辉煌的人生却换来悲惨结局。

回首往事,面对着高大的韩母墓,淮阴人对司马迁说,他们既同情韩信的人生遭遇,更尊敬韩信当年的所为,说他即使为一介平民时,志气也是和平常人不一样,自小不凡,人穷志大。

第二章 救命的午餐

韩信葬母的举动,人们议论纷纷。

在议论声中,唯有南昌亭长还能体认。秦朝地方行政建置为乡、亭、里。亭长则为乡村十里治理民事的长官,相当于现在的一个大乡乡长。

南昌亭长年近五十,黄面鼠须,却是韩信第一个"粉丝"。他觉得韩信小小年纪,竟有这番举动,与众不同。又见韩信庄重自然的神态,文雅适度的谈吐,心里很是佩服,他劝韩信去他家寄食。

寄食养士是春秋、战国时的遗风,食客经常寄居权贵门下吃闲饭,往往伴有一定目的。韩母去世后,韩信在淮阴已是孤身一人,考虑到为母亲守孝,不该远游,在淮阴生活也无着落,于是一拍即合,决计先来南昌亭长家填饱肚皮。不过,亭长妻子开始还能沉住气,但半年下来她愤怒了,每天准时准点来蹭食,家中就是一座山也会被吃空。

要不要将韩信继续留下来?一次晚饭之后,妻子和南昌亭长争吵起来。

"半大小子,吃死老子。"亭长妻子气愤不已,"韩信穷得叮当响,却挂着一柄剑,趾高气扬,来了这么长时间,白吃白喝不做事,太不要脸了。"她指着南昌亭长的脸称,韩信成天使刀弄棒,看什么兵书,到时捅了娄子,你亭长拐了是小事,让人说你包庇犯上作乱、图谋不轨,这可是杀头灭族的事!

大度的亭长知道妻子生气,小心赔笑。现在,撵走韩信未免面子上过不去,外人问起来还不太好说。况且,韩信虽大大咧咧,这只是表面现象,他年纪不大,却勤于苦读,志向远大,在我们家寄食的,大多是劳碌庸作,只想混口饭吃。南昌亭长劝说妻子,留着韩信虽有一定风险,可是看看天下形势,民之不畏畏,则大畏至矣。如果老百姓不怕死想去造反,天下非出大乱子不可,交结一帮有用之人,留条后路才是明智之举。

南昌亭长想岔开话题,亭长妻子伸手就是一个巴掌。韩信同流

韩信钓鱼台

浪汉还有什么两样,贫而无行,能有什么出息?再说,是秦的天下也罢,不是秦的天下也罢,他都翻不了天,就是翻了天,做个万户侯也没有人稀奇。妻子不依不饶,问亭长到底撑不撑韩信?

翌日清晨,当韩信匆匆来到他家就餐,走到饭厅时,见桌子上碗筷横七竖八,狼藉一片,只剩一点残羹。

怎么尚未到卯时已开过饭了?韩信觉得蹊跷,通常不是这个样子,他又走到厨房,见亭长妻子正在刮锅洗碗:大嫂!没有剩饭吃了?

今天来晚了,早饭我们在床上吃过了。亭长妻阴阳怪气,看都不看韩信一眼。

床上吃过了?韩信愤怒了,她家玩得是小人伎俩,在撵自己走!

狗眼看人低,太小瞧人了。韩信眉头频蹙,嘴角蠕动,士可杀不可辱!想说什么却没有说出口。随即拂袖而去,从此不再和南昌亭长家有任何来往。

现实的无情、日子的窘困是多么难以想象的事情!俗话说,"民以食为天",吃饭第一。失去了生活来源,又不会料理自己,吃饭就成了韩信一个大问题。

淮阴多河流湖泊,自从离开南昌亭长家后,为了维持生计,韩信只好提着钓鱼竿,来到城外河丘蜿蜒的浅水滩以钓鱼谋生。

这一天已近晌午,午饭钱还没钓到,面容憔悴的韩信必须在河边继续钓下去,希望能钓到一条大些的鱼。他强忍着饥饿,眼前却金星直冒,忽然鱼浮子动了,连忙提竿,只是一场空欢喜,原来是一尾小鱼在捣乱。他重新放上诱饵,换了个位置把鱼钩投入水中。

那个钓鱼的,钓鱼还要看书,估计那鱼大概也是钓不上来的。只见几位漂洗纱絮的妇女两腿浸在河水中,一边用力捶打纱絮,一边议论钓鱼的韩信。已大中午了,他也不回去吃饭,肚子是铁打的不成?一位大嫂故意作弄地喊道:喂,钓鱼的,鱼儿咬钩了!

韩信闻声急忙提起鱼竿,一看无鱼,忽然听见传来的笑声,循声望去,大嫂笑得前仆后仰。韩信情知上当,无可奈何地摇了摇头。他提起鱼竿想换个地方下钩,可刚走十来步,竟感到天地旋转起来,眼前一片漆黑,一头栽倒在河堤旁。

见韩信倒地,她们连忙放下手中的纱絮,急忙跑来扶起韩信,钓鱼的,怎么啦?少许,韩信轻轻地发出呻吟声。见韩信脸色煞白,满头冒汗,嘴角淌出黄黄的黏黏的水时,一年长的漂母大娘恍然大悟,哎呀!这孩子是饿昏了,快将罐子里的稀粥拿来。

大嫂从柳筐中的陶罐里倒了半碗粥汤递过来。当闻到粥汤香味时,韩信嘴微微动了动。他觉得自己似乎从半空中飘来,一阵恍惚过后,听到有人在呼唤自己,仿佛那声音由远而近,漂母面庞渐渐清晰起来。

韩信揉了揉眼睛,便挣扎欲起,太饿了,他举起陶罐,一口气将剩下的稀粥喝光。

漂母大娘笑了。

漂母十多年前,从北方逃难而来,丈夫和孩子先后死了,官兵强占了她的屋子,她没法活下去,又逃到这城边,给城里大户人家漂洗丝麻棉絮,挣几文钱糊口。她姓什么?叫什么?没有人知道。她年复一年,风里来雨里去,腰背已累得很驼,人们出于对她的同情、尊敬,都亲切地称她为漂母。这几天,她见韩信终日垂钓,出于对孩子怜悯,她便有心帮助这个孩子。此刻,她忍不住问起了韩信的家事,韩信一一吐露真言。

韩信悲惨的家世让她唏嘘。秦汉时王子王孙多失国,像韩信这样沦落到社会底层,最容易勾起妇女的怜悯之心。在谈到南昌亭长家时,漂母安慰说,南昌亭长老婆不是个东西,好在自己手脚尚便,每日漂纱洗絮还能度日,只要韩信不嫌,每天来这里,粗茶淡饭吃些,等日子有了转机你再离去!

漂母的日子也很难过,韩信两眼噙着泪花,翕动着嘴唇,在几近绝望中能得到漂母的帮助,他感动地一时说不出话来。从此,韩信每天中午按时到漂母这里蹭饭。漂母白天为人漂洗纱絮,夜间还要帮人纺纱织布,还捎带着为韩信缝补浆洗,关照他安心学习。一老一少,亲如母子,这对韩信来说是一件幸运的事。每当他看见漂母背着自己捶腰、咳嗽的时候,心里便像针扎的一样,但他从漂母的神情中,读出了慈母一般的关爱。

一晃三个多月过去了。一天饭后,漂母对韩信说明天我就不来了,以后吃饭问题你要自己想办法解决。韩信忍不住对她说:"谢谢大娘,韩信如有出头之天,一定会用千金来报答您!"

咳!何出此言。漂母头脑很实际,像韩信这样没有谋生的本领,也不肯放下身子,不从小事干起,真为韩信着急。她生气地说:"男子汉不能自食其力,还说什么千金报答?给你一口饭,救你一条命,是哀怜你这个王孙罢了,哪里指望你将来的报答!"

漂母的话如同一记耳光,打在韩信脸上,强烈震撼着心灵,让他羞愧难容。但他明白漂母大娘气愤的真正含义,人不能只生活在理想之中,现实的每一步很重要。回想起自己辛苦一世的母亲,对比着薄情寡义的亭长妻子,这是人世间真情的流露,是一个无私的母亲在为自己儿子点燃生活的信念!他暗下决心,一定要重新规划人生,奋发进取,干出一番大事业来,以报答漂母大娘的一饭之恩。

  此刻,韩信走近漂母,向漂母拜了几拜。

第三章　胯下英雄

淮阴是个悠久而又古老的地方。

早在春秋末年,吴王夫差为北上争霸中原,从扬州引长江北岸之水,经过高邮湖、射阳湖、白马湖,在淮阴一个叫末口的地方注入淮水。末口的开凿,是中国水利史上一次革命,从那时起,东西走向的长江与同样东西走向的淮水,在这古老的原野上挽起手臂,襟吴楚,带淮泗,成为沟通南北方的重要通道。

秦始皇统一天下之后,秦的统治力并未能完全深入江淮腹地,北方的韩、赵、魏、燕、齐等地的流民却急剧增加,大秦帝国为了便于南北运兵输粮,工商散集,由此,开始在这里设置淮阴县。

淮阴市井虽不算太大,但颇为热闹。卖唱的,舞刀弄棒的,算命打卦的,七十二行当,应有尽有。云集淮阴城的四方来客,他们在喝酒吟诗,观赏市景,在春楼玩耍,叫好声,调笑声,此起彼落。

离开了漂母,韩信踯躅街头。这时,他不仅忍受着生活上的巨大压力,还时常忍受着淮阴"恶少年"们的欺凌。好事不出门,坏事传千里。一次胯下受辱的风波,使韩信成了家喻户晓的笑料,从此"胯夫"恶名,竟在中国历史上流传了二千多年。

事情是怎么发生的呢？

有一天，几个年轻人在淮阴城酒肆吃饭，刚刚喝上几樽，临窗一望，无意中见到了彷徨中的韩信。他们都瞧不起韩信，一个破落王族子弟，穷得吃不上饭，还要穿长衫挂长剑，实在是讨打！屠夫的儿子雷大说："这小子，在街上转呢。"雷大是一个满脸胡须的年轻人，好使刀棒，在淮阴城里素有一霸之称，为人憨直性躁。一人说："不提他的话，我们只管喝酒。"雷大举着拳头叫道："你们怕他，我不怕！"另一人挑拨说："过去，淮阴人都说他是一条汉子，如今，却都在夸韩信。城里要数他脑子最灵，点子最多，且剑术精深，本领过人，但他太自大、太骄傲了。你可知道，他母亲死后埋葬在八里荒，这是为何？他说且等他日后发迹，让墓旁安置万户人家为他母亲守墓。对施舍他的人，他大言不惭地说要千金相报。瞧瞧，这是什么气魄！"

"老子早就看他不顺眼，今日非要教训这个不知好歹的家伙。"说罢，雷大便站起身来大步走出酒肆，来到街口，不问青红皂白，用肩膀向韩信撞去。

"为何撞我？噢，是醉汉。"韩信定睛一看，见雷大酒气汹汹，面红耳赤，双手抱胸横在他面前，心想一定是找麻烦来了。

不，是好汉！雷大挺着胸，歪着头，"你这家伙，穷困得不能自养，混的形如乞丐，还偏偏装成一副斯文的样子，像个公子王孙，招摇过市。哈哈！这样做，你不觉得羞耻吗？今日我们俩来比试比试！"

韩信脸上并没有什么表情。

"你不是男人？"雷大见围观的人渐多，越发蛮横，三步并成两步，又赶到韩信面前拦住去路，"我雷大可是一条硬汉！眼中掺不得砂子,今日不是你死就是我死!哈哈,来吧来吧!"

韩信看着雷大,一动不动。

"这样吧,我不动手,你拿剑来刺我,我要是害怕,就是狗娘养的!"

韩信猛地抽剑出鞘,片刻,他又慢慢将剑插入鞘内。刺死屠夫,易如反掌,可这算得上什么英雄。不!杀人要偿命。

"不要偿命,我当着众人立下字据,死活与你无关,你敢吗?"

韩信!你是个男人就杀了他!看热闹的一群人起哄起来。

"哈——"雷大又是一阵狂笑,"人说你是淮阴大英雄,闹了半天,也不过是鼠胆鸡肠的懦夫!"见韩信仍声色不动,雷大干脆双腿叉开,立于桥口,大声叫道:"要走也行,那就从我胯下钻过去!"

韩信心如刀割,满头冒火。他从小到大遭受不少人世间的嘲弄和蔑视,但在大庭广众之下受到这般奇耻大辱,还是头一回。他的右手又一次向左移去,紧紧握住剑柄。

雷大看着韩信的手:"有本事就把剑拔出来,拔呀!拔呀!"

这是一个艰难的选择。韩信的手渐渐地沁出了汗,眼光中透出一丝杀机,射向雷大。雷大为之一颤。

"杀了雷大!韩信!你太懦弱了,要有血性的话,就杀了这家伙!"这时,满街的人都在喊。

这一喊,反而使韩信冷静下来。

比武,他是饱汉我是饿汉,未必赢他,即使赢了,也将伏法受诛,难免一死。不知今日情况的人,还以为我智虑穷尽,怒杀屠夫,只图一时痛快。"古人所谓豪杰之士,必有过人之节,人情有所不能忍者,匹夫见辱,拔剑而起,挺身而斗,此不足为勇也。天下有大勇者,卒然临之而不惊,无故加之而不怒,此其所挟持者甚大,而其志甚远也。"匹夫见辱拔剑而起,这就是普通人,受到一点侮辱后,第一反应就是拔刀子动拳头。真正大智大勇的人,突然遇有一事,神色不变,即使别人无缘无故把一个罪名加在你身上也不动怒,这才算是真正的英雄!其实,死还不是一件容易的事,活着去达成心中使命才是光荣的。我要用自己的一生奋斗,创出一个绝地反击的故事,苦心人,天不负,有志者,事竟成,卧薪尝胆,三千越甲可吞吴!将来总有一天会让屠夫知道自己错了,让屠夫看到我的成功,让淮阴人知道到底谁是

淮安老街(杨弋/摄)

懦夫!

想着想着,韩信的目光渐渐平和下来,理智战胜了冲动,右手也离开了剑柄。

"哈哈!害怕了吗?"雷大见韩信不吭声的样子,轻蔑地说,"韩信,你害怕就从老子裤裆下钻过去吧!淮阴自古是藏龙卧虎的地方,哪容你小子装腔作势?快钻吧——"

"雷大!你会后悔的。"

"老子整日杀猪宰狗,从不知道什么叫后悔!老子腿都叉酸了!"

忍了吧!韩信拽起长襦,俯下高大的身子,四肢并用,从其胯下爬过,起身后掸了掸身上的泥土自去。

"孬种!胆小鬼!怎能像狗一样爬过去,丢人现眼。"人们原以为韩信会拼命的,却看他钻雷大的裤裆,那些同情他的,耍弄他的,有人哄然大笑,有人喝起倒彩。

淮水之滨,寒风吹动着韩信破旧的衣衫。

没有了家,没有了亲人,八里庄葬母风波,亭长妻下逐客令,特别是受屠夫的胯下之辱,他虽然忍了,但悲愤还是时时袭上心头。有时悔恨,有时感慨,孤独、贫困、屈辱的日子哪一天才是尽头?!他不安于现实,不知道怎么办,又觉得世道不应是这样,他焦急地盼着,盼着一场狂风暴雨的来临!

第四章　亡秦岁月

秦二世元年（前209）秋，风云骤变。

九百名到渔阳守边的戍卒，不堪忍受秦的暴虐，在陈胜、吴广两位豪杰的带领下，揭竿起义，烈火迅速燃烧大半个秦国。

就在陈胜义军西进关中灭秦时，许多被秦始皇灭掉的六国旧贵族乘机而起，先后建立了齐国、赵国、燕国和魏国。还有一些久蓄大志的豪杰也纷纷起来，拥兵自立。英布和吴芮起兵于番阳，彭越起兵于昌邑，陈婴起兵于东阳，丁疾、秦嘉起兵于淮上，刘邦起兵于沛县城。在江东，逃亡于会稽（今江苏苏州）郡的项梁、项羽也已起兵，一路声势浩大，成了东南方反秦义军中一支最重要的力量。

项梁，战国末期名将项燕的儿子，项燕曾担任楚国灭亡前的楚军统帅，为人忠直，热爱士卒，善于用兵，多次挫败秦军，最后被秦将王翦杀死，楚国也随之而亡，楚国民众十分怀念他。正是由于项燕的影响力，项梁起义获得了巨大成功。项羽，项梁的侄子，下相人（今江苏宿迁市），他力能扛鼎，气魄超凡，堪称中国历史上最强的武将，古人对其有"羽之神勇，千古无二"的评价。项梁在他帮助下，杀得会稽郡守殷通和百余名近卫，树起了"反秦复国"的大旗。从此，项羽带领他的八千吴中子弟,杀伐谋断,叱咤风云,开始了打天下的日子。

项氏叔侄率精兵打过长江,沿邗沟北走高邮,西进淮阴县来了。

二十三岁的韩信,惊疑又振奋,乱世才能出人头地,机会可遇不可求,一旦错过,将永远登不上属于自己的舞台。项梁正是自己属意的人物。

在向韩母的坟墓肃立致意后,韩信杖着一柄长剑,跟随项梁的队伍北渡淮水,投身到推翻暴秦的大革命洪流中去。此时,义军队伍正需要人,项梁对这位人高马大的淮楚"小同乡",颇有好感,虽非作为人才对待,也算恩遇,将韩信直接留在自己的警卫军中,担任侍卫兼仪仗兵——执戟郎。

不久,项梁接受居巢人范增的建议,恢复了故楚国,为迎合百姓,仍立楚王的后人熊心为"楚怀王",任命陈婴为上柱国,范增为军师,与秦军展开战斗!

项梁先是带兵冒雨攻克了戚县,进攻亢父,和齐国田荣、龙且二人合兵救东阿,大破秦将章邯,迫使章邯收拾败兵,退守濮阳。在项梁麾下的项羽、刘邦二支队伍,按照要求,他们放弃了濮阳,转而急行军二百里,突然袭击雍丘,大破秦军。项梁则引兵自东阿向西进攻,又在定陶把秦军打得大败。由于在北部战场取得一连串的胜利,项梁滋生了骄傲的情绪。这年十月底,遇章邯偷袭,项梁不幸战死!

项梁虽死,侄子项羽犹在,在强大的秦军面前,也只有项羽堪当灭秦重任。战斗中的韩信虽侥幸逃过一死,但他目睹了将亡兵溃的惨状,他和他的战友们发誓要同秦军战斗到底。随即,转投处于奋战中的项羽。

而秦将章邯击破项梁之后，带着秦军主力突然北渡黄河，转攻赵国钜鹿城，危在旦夕的赵国请求楚国发兵相救！楚怀王熊心下令兵分二路，一路由沛公刘邦直接西进关中灭秦；一路由宋义、项羽统领二十万楚军救援赵国。可是，救赵的宋义进抵安阳时，却下令安营扎寨，不敢前进，并在连天的秋雨中，停留四十多天。在一次争吵中，被激怒的项羽一不做二不休，手起剑落，将宋义的头颅砍了下来，代替了楚国上将军。将士们一片欢呼！

楚人与秦人生死大决战的时刻到了，唯有用热血和生命来赌一把楚国的明天！过了黄河后，项羽既激动又冷静，他传令军中，砸碎釜甑，凿穿战船，只保留三日的粮食，如不能战胜，就只有死！随着决战令的下达，已经疯狂的楚军将士无不以一当十，奋勇争先，秦军惊骇万分。经过三天九次激战，杀死秦大将苏角，生俘王离，涉闲自焚而死。二十万秦军主力被击溃，楚军大获全胜！走投无路的章邯率军遂向项羽投降。二十五岁的项羽成了大革命舞台上的中心人物，所有诸侯军队都无条件归属其麾下。他在反秦义军中的盟主地位也由此确立。

然而，在率四十万大军杀向关中的途中，项羽深恐二十万秦降卒暴动，兵至新安附近，将他们全部活埋，只留下了秦将章邯、司马欣和董翳三人！有传说，也正是这次事件引发了韩信与项羽的一场冲突，这场冲突让韩信刻骨于心。

原来，那天听到要坑杀秦降卒消息，范增忧心忡忡地站了出来，认为这样做极为不妥，自古以来，不杀降卒，况且要坑杀二十万人！

亚父，如今我们都快到关中了，秦卒若要暴乱，这后果不堪设想。

项羽不以为然,扶剑端坐,仍挥手英布、龙且、钟离昧三将,要他们待楚军进入山谷地带内,划定降卒露营死地,坑!

身为执戟郎的韩信,同样不满项羽的这一行为。项羽虽刚毅豪迈,英勇无敌,对任何事,只要下定决心,必报极强的信念,敢战必胜。但他过于偏执,目光短视,缺乏谋略和忍耐之心,在章邯率部归降,他不是对秦卒善加督导,反而怕其暴动,竟要下如此狠手。

此刻,他壮着胆子对项羽说:"上将军不能这样做,对秦人谁没有家仇国恨。但要想一想,成千上万被缴了械的秦军将士,一概被坑杀于山谷之中,那是一种什么样惨状。当年秦始皇用这种酷刑,坑杀四百六十余儒生于咸阳,引起天怨人怒。如今一报还报,我们再坑杀二十万降卒,后果恐怕更为可怕。秦卒如果他们战死,不会有人记恨,如今归降,无故为我们杀害,他们父母、妻子莫不悲痛欲绝。二十万人头落地,要树多少仇敌?"

"妇人之仁!"

项羽不堪忍受韩信的奚落:"一个执戟小卒也敢妄论郡国大事?这不是辱没了自己的威名!你忘记了身份,谁允许你在我面前指手画脚!"

韩信无法走近项羽,屡呈良策,并未受到重视,仍作为站岗放哨的执戟郎,跟随着项羽进安阳,下钜鹿。他不禁长叹一声:"忠言逆耳,那时定陶大战,项梁将军拒谏,误中章邯诱敌之计,被乱军所杀——"

什么?项羽见韩信竟提起自己叔父项梁,更是怒火满膛。叔父待己,恩重如山,可以说没有项梁,便没有今天的楚国,也就没有今天的项羽。他全无平日的庄重和威严,眼中却透出了一股杀气:"哈哈!你就是军营中纷传的那个钻裤裆的小子吧?难怪你说不出有志气的话。我倒要问你,你和宋义有何两样?劝谏?劝什么谏!人都劝死了。特别是那个宋义,溜之大吉去定陶,还安安稳稳地回来,到处宣传项梁必败,自己是未卜先知的大英雄,这不是在戏弄人?我已将宋义处斩!你又是怎么劝谏得呢?我也想好好听听。"

韩信稳定了一下情绪,从容不迫地做了回答。

"在定陶之战前,章邯虽在会战中遭受挫败,而且秦廷中心正经历着一场殊死搏斗。这期间,尽管秦廷内乱,但秦廷对章邯军的支持补充并未贻误,从全国抽调了大批人力物力支援。章邯得到补充后,便引济水环濮阳城以固守,并加紧休养整训,士气复振。但项梁将军以为上将军、沛公刘邦屡败秦军,秦军已不足为虑,他轻易地做出了令上将军、沛公西进击秦的决定。而章邯分兵三路,其目的是避实击虚,故意让司马欣、董翳引开上将军、沛公,章邯令固守定陶,自率一军往援,以达到各个击破的目的。项梁将军求胜心切,冒雨攻城不止。当时我认为,用兵作战,贵在将不轻敌,兵不畏死,如果让敌人看出我们只顾攻击,不问防守,将骄兵惰,而秦军增援却一天天加强,这是危险的事啊!我把事情的严重性提出来了,万没有想到,项梁将军不以为然。观军专使宋义也曾极力劝谏,项梁将军仍未醒悟。宋义知项梁将军必败,便借口联络齐国,赶紧逃跑。三天以后,章邯大军蜂拥定陶,项梁将军陷入重围,唯一有力量解救的队伍却远在陈留,覆巢之下,焉有完卵?"

"哪你如何得以逃脱?"

"我……我和甲而卧,故此比较警觉!"

"嘿!太猖狂了。我看你是钻章邯的裤裆去了吧?你既没有大丈夫的气质,又没有武士的胆略,夸夸其谈。"项羽冷哼一声,来人啦!拖出去砍了——

帐外的几个彪形大汉,闻声飞扑入帐。

"慢!慢着!"只见刚才与英布一同进帐,那个粗犷剽悍,身材魁梧的钟离眜将军,一个箭步上前,却跪了下来,上将军息怒,"韩信与宋义不同,应另当别论,韩信的举动,虽有偏颇,却是为了大楚振兴,其情可悯!恳请上将军法外施仁,放了韩信吧!"

"他才二十挂零就自矜其能,未免过于张狂了。"项羽气愤地说,我绝不能容忍一个小卒老在我面前说三道四。

"上将军,韩信其言不可轻视。"范增也出面阻拦,"由于战事紧迫,老夫一直未能及时地将他推荐于你。人才难得,今日倘若如此对待,那天下还有谁敢入楚抗秦?这些,你要好好地想一想。"

亚父!项羽感觉到美人虞姬在推他的手臂,他止住了发怒。

这时,在一旁的陈婴、英布、龙且、季布、桓楚、武涉等人,颇为动情,也纷纷为韩信求情。

项羽想法有了转变,自己不能感情用事,因讨厌宋义而讨厌天下所有的文士,那就太过分了。他仍然扶戟端坐,但语气缓和了下来:"也罢,放人!"

第五章　保卫项羽

函谷关,插满了沛公军的赤帜。

抬头远望,项羽惊愕不已。怎么刘邦已抢先一步进入咸阳?

项羽挟着击破秦章邯军的余威,经过整整十个月的苦战,他们突破秦军最后防线,来到函谷关下。关上传令下来,任何人,一律不准进入。项羽气愤至极,挥军冲关,楚军如潮水般涌入,守军望风溃逃,次日申时便来到戏下鸿门。

此时,形势十分紧张。项羽有兵四十万,号称一百万,驻扎在鸿门。刘邦有兵十万,号称二十万,驻扎在灞上。项羽认为刘邦公开与自己为敌,就是自己称王称霸路上的大敌。他传令众将,明日拂晓饱饷三军,击刘邦军于灞上。两支反秦盟军反目成仇,一场血拼,将在眼前展开!

就在刘邦将要面临灭顶之灾时,却因发生一意外事件而改变。

项羽的小叔父项伯,早年曾因杀人,藏匿在张良那里,张良现在为刘邦主要谋士,明日楚军进击灞上,到时大军所过玉石俱焚,张良怎么办?两地相隔仅数十里路,他一心要救张良,于是,牵出一匹快马直奔刘邦大营而去。

刘邦原是沛县泗水亭长,四十六岁那年,趁秦末天下大乱之机,聚集数十个愿意跟随着自己的壮士,后来得到友人萧何、曹参、樊哙等人的帮助,占据了沛县城。在进军途中,楚怀王熊心曾与诸将约定"谁先入关中,谁为关中王"。就在项羽在巨鹿血战之际,秦军主力为楚军所吸引,奉怀王之命西进灭秦的他,在张良、郦食其等人的辅佐下,采用刚柔相济之术,绕崤关、越蒉山、破蓝田、占咸阳,秦王子婴自知无力抵抗,只得无奈向刘邦投降。只有十五年时间,盛极一时的大秦帝国就这样轰然倒塌了!刘邦进入秦都,一时为宫殿、珍宝和美女所迷惑,勇将樊哙、张良的及时进谏,才使他清醒过来。封闭宫室,还军灞上,并与关中父老"约法三章",杀人者处死,伤人及偷盗者处置,其余秦苛法一概废除,稳定人心,准备按约登上关中王位。关中百姓也由疑虑转为拥护,唯恐刘邦不能如约成为关中王——

项伯到了汉营,拉上张良要走。张良知道事态严重,他竟让刘邦出面拜见项伯,并解释这是一场误会。项伯让刘邦明日一早,亲自来鸿门当面向项羽赔礼道歉。

"传沛公刘邦进帐!"大帐传出了一声响亮而肃杀的声音。

第二天天色刚亮,刘邦与张良、樊哙、夏侯婴等一行百余骑已来到鸿门外的楚营,战战兢兢与张良步行通过夹道卫队,进入中军大帐。

"怎么一夜过来却变了卦?"

手执长戟的韩信无法了解到整个事件的情况。他虽处于大革命中心舞台的边缘,但却得到了很好的磨砺,在许多事件上独具眼光和敏锐的洞察力。事实上，他思考一些问题，提出的一些问题，确实为形势发展所证明。不久前，在大家推荐之下，项羽还将他由执戟郎提拔为执戟郎中，官升一级，直接在大帐保卫项羽。也算是不幸中的大幸。

正在纳闷之际，范增匆匆地从大帐走出，将项羽侄子项庄和韩信等人叫到来到跟前："昨夜项伯去楚营走漏了风声，今日刘邦亲自来鸿门谢罪，你们速领二十名刀斧手埋伏后帐，等酒过三巡，我举玉玦为号，迅速除掉刘邦！"

"是！"

接下来的事态，更是超出了想象，不可思议。

刘邦面见项羽后，一番声泪俱下的申辩，竟说得项羽怒释怨无，也认为错怪了刘邦。这可急坏了范增！刘邦的底细范增是十分清楚的，在沛县，他贪馋张狂，好酒好色。现在，却变得道貌岸然起来，秦宫美女一概不要，他要的是整个天下，只是项羽太年轻、太单纯，没有意识到后果的严重，反而被刘邦甜言所惑。范增数举所佩玉玦，暗谕项羽速下决断杀掉刘邦，项羽全然不采，不愿用此手段解决问题，放弃了一个杀掉刘邦的绝好机会。

项羽设宴招待后，刘邦借口如厕，偷偷地溜出了楚军大营。

为了表示"诚意"，刘邦将咸阳的守军主动撤出。于是，意气风发的项羽立即号令三军起程，向咸阳城进发。

来到了阿房宫前，项羽望着那楼台殿宇巨大的建筑群，萌生出一股复仇决心，要最大限度摧毁旧王朝的统治力。他做的第一件事，就是烧掉它！刹那间，大火轰然而起，火舌无情地吞噬着几百万民夫历经百余年建造而成、渭水两岸连绵百里的华美宫殿。望着这片残垣断壁,瓦砾灰烬,楚军将士欢呼雀跃!做的第二件事,就是将子婴、皇室和大小官员,一律斩首示众。子婴虽然只做了四十六天的秦王,也没有多大罪恶,但他毕竟是秦罪恶的象征。项羽仍不解恨,出于同样强烈的复仇心理,一边令人组织挖掘秦始皇的陵墓——骊山陵,一边指使驻扎在城中的先头部队把府库撞开,将金银珠宝装入战车,准备运回楚国。

楚军的所作所为,激起了百姓极大不满,项羽下令教训教训他们。一时间呼号连天,尸横遍野,咸阳面临着一场前所未有的浩劫!

见此情形,一位青衣老者忍不住拦住项羽开往咸阳宫的战车。"来人是项王吗?"项羽平生第一次听人称他为"项王",略有几分惊奇,喝令停车,叫一旁随扈的韩信将老者带到跟前来,问是什么人?

"我是韩国人,名叫韩辄,有话要跟项王说。"项羽一听他不是秦国人,口气立刻变得温和起来:"说罢。"

老者扶着车辕:"大王!不知您是否注意到关中地形?她既有秀美的渭水,又有耸峻的华山,东有函谷,西有散关,南有武关,北有萧关,谓之四塞之地,金城千里。这里土地肥沃,出产丰富,正是建都称霸的好地方。您难道不想学学秦王,在此建立国都吗?"

"多谢!我还得回楚国去。"咸阳城的断壁残垣,面目全非,项羽已失去了兴趣,一种东归的冲动涌上心头。他对老者说:"关中有什么好?这里的人是秦王鹰犬,地是穷山恶水,风沙扑面,干燥无比,哪及江淮鱼米乡。俗话说,'富贵不归故乡,如同锦衣夜行',谁能看得见?我要让故乡父老和以前那些藐视我的人看看,今日的项羽羽是何等的荣耀。"

不！那老者不识时务，都关中，霸天下，愚以为欲霸天下，一定要称王关中。项羽对韩辄的执拗感到极大不快："本上将军自起兵以来，战无不胜，何曾被山水之险难倒过？你说的这傲视群雄的关中宝地，现在不也在我的脚下踩着吗？不用这嵴函之险，项羽照样称霸天下。"

唉！老者见项羽不肯采纳他的意见，不由自主地拿起酸腔来，无怪人们都说，楚国人就像穿衣戴帽的猢狲。项羽暴跳如雷："畜生！烹！"

随着一声巨喝，韩信震惊无比。

"一根筋的家伙，等着吧，上天一定会惩罚你！不知是为了发泄对老者的不满，还是为了表示对项羽的绝望。"他恶狠狠地骂了一句："找死！"只听一声凄厉地惨叫，又一条冤魂从躯壳中飞出。

韩信看得很清楚，就全国地缘优势来看，关中土地肥沃，又有峻山险水为屏障，易守难攻，建都关中以制天下，是唯一的选择。彭城四面受敌，进退失据，这说明项羽缺乏远见，不是成就大业的人！

在鸿门，他有四十万大军，力压刘邦十万之众关键时刻，见刘邦卑屈称臣，却沽名钓誉，愚蠢之至，不杀刘邦，这和当年宋襄公大讲仁义又有什么区别？但这只算是失去一人一次机会。在咸阳，他虽然不可一世，但没有政治眼光，一味地冲冲杀杀，残暴无知，不但失去了自我，更加失去了民心。

反观刘邦，遇事冷静，亦刚亦柔，有胆识有谋略，不避鸿门虎穴，有过人的包容力和忍耐力，化危机为转机，觥筹交错之际，他利用项羽政治上的不开窍,骗取了项羽的信任,躲过了击杀,全身而退,不经意翻转了历史。其原因,主要在于他的性格因素,而项羽也在于此。

韩信不再为项羽提任何建议,不再做任何努力,心已插上了翅膀,决定寻觅另外一片天空。

第六章　跳槽

汉元年（前206）二月，在秦宫废墟烟火未熄时，项羽便开始处理善后。

刘邦先进咸阳，楚怀王熊心已有前约，项羽按范增的建议，派人去劝说熊心撕毁当初的誓约，不要封刘邦为关中王，没想到，熊心竟然不同意。

项羽大为震怒，决定甩掉熊心，自行做主，名义上尊熊心为"义帝"，奉为天下共主，实际则将他废置到江南郴县（今湖南郴州）。

分封方案很快拿出来了。项羽自封为"西楚霸王"，据九郡，都彭城。并将原秦国和六国的疆域分封给十八个诸侯王。

根据范增的建议，为了提防刘邦，不封刘邦为关中王，改立汉中王，据交通闭塞的巴、蜀、汉中之地，定都南郑。章邯为雍王，定都废丘；董翳为翟王，定都高奴；司马欣为塞王，定都栎阳。英布为九江王，定都六县；吴芮为衡山王，定都邾；共敖为临江王，定都江陵；田都为齐王，定都临淄；田安为济北王，定都博阳；田市为胶东王，定都即墨；赵歇为代王，定都代；张耳为常山王，定都襄国；韩成为韩王，定都阳翟；申阳为河南王，定都洛阳；魏豹为西魏王，定都平阳；司马卬为殷王,定都朝歌;臧荼为燕王,定都蓟;韩广为辽东王,定都无终。田荣屡次弃项羽,不肯合作,又不肯领兵从楚攻秦地,未予封赏。成安君陈余,钜鹿大战与张耳有争执,抛相印离去,也不跟随楚军入关,因其平素贤名远播,又有功于赵国,封南皮三县。

诏书下发各诸侯的同时,项羽下达命令,要求各诸侯从速启程去封地。

刘邦被项羽封去巴蜀、汉中,满怀愤懑。项羽名义上按照怀王之约,将关中属地巴蜀给了刘邦,却将"正宗"的关中一分为三,分别封给章邯、董翳、司马欣秦朝三个降将。三秦王的受封,意图十分清楚,刘邦要从巴蜀复出,首先要过他们这一屏障,让他三人封杀住刘邦,把刘邦困死在巴蜀!

当消息传到刘邦军中时,将士们震惊万分。但在萧何等人的劝说下,隔天上午刘邦率部仓促拔营启程,除了项羽允许他带去的三万人外,咸

巴蜀栈道

阳百姓自愿跟着去的还有一万多人。刘邦及将士们的妻小,都还在崤山、华山以东,那就顾不上接来了。

此时,张良已被封为韩国司徒,他本应随韩王成去阳翟就任,但与刘邦交情太深,不忍分手,所以决定亲自将刘邦送往南郑。他恳请韩王成允许,韩王成碍了面子,不好拒绝,只嘱咐一到汉中地界马上返回。

张良,字子房,韩国城父人。他面容姣好,很像女子,虽是文弱之士,但他秉性刚毅沉稳,志向不移。

他的祖父和父亲曾五世担任韩国的丞相。而年轻的张良,还没来得及在政坛上展露身手,韩国已被秦国灭掉,成为秦的颖川郡。韩国灭亡后,年轻青气盛的他和项羽等人一样,都是咬牙切齿地复仇者,家里当时还有僮仆三百,资产万金。他兄弟死了不厚葬,将所有的钱财都用于寻求刺客上。后来终于找到一名大力士,铸造了一把一百二十斤重铁锤,他们乘秦始皇东巡,埋伏在阳武西南博浪沙阻击,不幸误中副车,秦始皇逃过一劫。谋刺未遂,秦始皇在全国大肆搜索,却没有抓住张良。张良只身逃到下邳潜居。从此,他精研十年兵书,百炼钢成绕指柔,成为有汉一代大政治谋略家。

当刘邦率部走出关中,可前面的道路却是异常难走。

要进入汉中,需要跨越三千米以上的秦岭,道路经过险峻的山峰、悬崖峭壁,必须用一根根桩木打到悬崖上,再在木桩上铺上木板构筑起来的,秦人将它称为"栈道",这却是通往汉中,进入巴蜀的必经之路。汉军中的车辆,都留在关中。士兵们背负着干粮,马匹驮着营帐,小心翼翼地盘旋在栈道上,一不小心,就会连人带马坠入深谷,摔得粉身碎骨。

巴蜀,主要在今四川境内。东部为巴,西部为蜀,毗邻相连。当时四川盆地在地形上为"四塞之国",荒蛮僻地。"巴"字古体有如蚯蚓,蜀字也包含有"虫"在其中,古代交通极为困难,唐代李白发出"蜀道之难,难于上青天"的感叹。

汉中,北屏秦岭,南亘巴山。它和关中的直线距离虽不很远,最大的障碍是北方的高山——秦岭,所以距关中虽近而很少往还。在秦代,那些犯有重罪,判处流刑的人,就被流配到这些地方。

他们好不容易地翻越秦岭,穿越子午道,来到了蜀地的褒中。历史上的美人褒姒就出生在这山沟里。入褒谷口不远,便是险峻陡峭的七盘山,褒河流到这里水势更加湍急,"一水排涌,双崖束浪高",穿过一片灌木丛,这里便是出南郑的古栈道的咽喉,从这里再往前走就到南郑了。

临别前,张良拉着刘邦的手说:"在下考虑很久,子午道只能容纳个把人行走,平常无事走这条道也无妨,如果真正有个军事行动,这条道是不顶用的。除此之外,在子午道西面还有一条褒斜道,因取褒水、斜水两河谷得名。我回去,就从褒斜栈道走,请大王允许我走一段烧一段。另外,还请大王派人把我们刚刚走过的子午道也烧了吧。"

"啊?这不是断了自己的归路?"刘邦吃惊地问。

"正是这个意思。霸王将你封于巴蜀、汉中之地,显然是别有用心。你不妨将计就计,烧了子午、褒斜两道,可以向霸王表明自己无东归之意,而你可以一心在汉中训练兵马,一旦形势有变,出其不意杀出来,让霸王猝不及防,这样打击就更突然,更狠!"张良成竹在胸地说,"依我看,如今是群雄并立,像战国的局面,天下一定不会长久安宁,让霸王先与诸侯好好的厮杀,你等着收拾残局吧。"

为打消刘邦的疑虑,张良让刘邦放心:"善御世者,在德不在险,将来会有智者为你用兵,不过,当务之急,要赶快在南郑充实力量,免得到时措手不及!"

刘邦对张良言听计从,下崤关,入咸阳,正是张良的运筹,鸿门宴上使刘邦安然脱险,也是张良巧于周旋,火烧栈道,尽管刘邦不太想得通,但他还是无情地下达了命令。

就在此时,张良送罢刘邦回来,韩信却离开楚营追了上去!

"项羽虽平了强秦,未必是天下人的福分。"韩信也预见到,诸侯互为攻伐局面又将出现,天下必将陷入长久的混乱之中。就在项羽准备返回彭城之际,以恢复六国为起始的韩信,思想上却有了重大转变。

其一,项羽不是安天下的主儿。搞分封是春秋战国时的旧思维,特别是目睹了项羽分封的过程,对诸侯胡乱封赏,人为地造成许多新矛盾。刘邦没有当上关中王,被分到巴蜀汉中,对项羽极为不满;齐国田荣长期同项家对立,现在又没有封王,对项羽更加不满;张耳、陈余一个跟随,一个没有跟随项羽入关,张耳封王了,陈余却没有封王;韩广和赵歇二人,早在陈胜起义初就分别当上了燕王和赵王,也没有跟随项羽入关,这次分别被改封为辽东王和代王,他们都对项羽不满意。还有长期游击作战的彭越,这次也没有得到封赏,也是对项羽耿耿于怀。

其二，刘邦的潜力忒大。受经历限制，贵族的项羽只是一个复仇者，而一介平民的刘邦却不同，在秦时虽一无所有，秦灭六国，也无所失。他与秦并不像项羽那种刻骨铭心的仇恨，只是出于大义。所以，他在反秦过程中，能平和相待，从容行事，宽容待人，显示一种能屈能伸，较雍容的气度，从弱到强，一步一步地走向壮大，脱颖于群雄。走南闯北，纵观天下，能安天下者，必为汉王刘邦。

其三，更换平台的时候到了。作为项羽的近卫武官，韩信却一直无法走进项羽的心灵，他越来越不安，许多想法难以表达。而执戟郎中并非所求，出于门第之见，项羽也是绝不会重用自己。原因很简单，项羽为故楚国大贵族，韩信出身贫寒，彼此难以接近，虽有奇谋妙策也不被重视。天生我才必有用，是金子总会发光！要想有所作为，干一番大事业，必须更换平台。但他明白，他不是那种呼风唤雨的领袖人物，而是靠天赋才智，为老板创大业的人，故投奔汉王刘邦是一个选择。

这是一个追求逐梦想，呼唤英雄的时代。韩信毅然决定了，准备下一次天下大乱时，能施展自己抱负，重新大干一番！

不久，韩信躲过了楚军的追逃，安然无恙地抵达杜南。

杜南是由秦入蜀的子午道东口。这时，子午道已被烧毁！

到了这里，韩信本来松弛下来的心又揪紧了。他感到刘邦不是胸无大志的糊涂之人，特别是张良送刘邦到汉中，烧栈道可能是张良的主意，是故意烧给项羽看的，以绝项羽防范之心，并让刘邦等待时机，卷土重来。不管怎么说，既来之，则安之，设法向西再寻找其他道路吧。

可是,当他来到秦入蜀另一条褒斜道时,这里也刚刚被焚毁了!烧焦的栈道横木还稀稀疏疏残留在半山腰中,有些还冒着缕缕青烟,惊慌的鸟儿仍在山岭上盘旋。这下子再没有去南郑的道路了!

韩信一颗火热的心,像掉进了冰窟。他抛却富贵,冒着被追杀的危险来投遭贬谪的汉王,现在"道"儿没了,被汉王烧了,这难道是上苍在有意为难自己?他感叹命运多舛,前途难料。

第七章　刀下留人

初夏,南郑。

多日不见一丝风,不下一滴雨,太阳每天早早奔来坐镇,傍晚迟迟地不肯撤退,炎热的景象超前了些。

初来乍到南郑的刘邦,心里比这天气更加闷热难受。来,是不得而已,无可奈何;来,只是为了保存实力,发展壮大队伍,伺机东山再起。走才是来的真正目的。可是,栈道烧了,归路断了,走,哪一天才能走成。就是日后兵强马壮,三年五载修好栈道,那章邯、司马欣和董翳三个罪王还卡在秦地。唉,十年巴蜀,插翅难飞,髀里生肉,老之将至。

巫山高,

高以大,

淮水深,

难以逝。

我欲东归,

害梁不为我集?

无高曳,

水河梁?

汤汤回回,

临水远望,

泣下沾衣。

远道之人心思归,

谓之何!

这时,汉王宫外传来了低沉浑厚、悲悲戚戚的歌声,使刘邦更加惆怅不安起来。哎!半年后的今天,从人生的最高峰,却跌入了人生最低谷,一身虎气的自己被项羽闲置在南郑,成了一介草民,快五十岁的人了,人生如朝露,自己怫郁的心绪怎么不被触动。

他努力使自己不想这些,使劲咳了一声,为的是扫清脑中的混沌。不一会,正要进晚餐,忽然被南边一处军帐里吵嚷声吸引住,他不耐烦地询问,何人不顾军中夜禁之令,在那儿吵闹。由领头的侍女吩咐下去,把从将周緤唤来。那周緤铁塔般魁梧身材,面黑多须,他和刘邦是同乡,交谊也不错。他"笃、笃、笃"前来,刘邦令他迅速去查一查。

此时,韩信在山地賨民的帮助下,已成功来到了南郑,谁知南郑招贤馆的人见他一人一剑,毫无背景可言,就按汉军官职,好歹给个小官连敖。

连敖为楚国官名,相当于一个中下级的军官,主要负责当地民族接待工作,完全是一个可有可无的职位。人们不知道有个韩信,更不

037

知道汉营中有个想当统帅的韩信。一厢情愿了,这与韩信想象不一样,原以为寒冬已过,汉王定会重用,而命运再次捉弄,大材小用,他满腹惆怅,心情极坏。

这天韩信与十三个士卒喝起了闷酒,吵闹起来,有人咒骂刘邦,并声称干脆逃跑算了。

要逃跑?那还了得!这时周緤奉命已率卫队前来,于是掀帐闯入,不由分说,十四个醉汉稀里糊涂地被捆绑起来押走。

刘邦听到汇报后觉得并不是什么坏事,来南郑两个多月,逃走了三四千人,这样下去,不出半年,汉军将士还不跑光!在没有来南郑之前,无论条件多么艰苦,战争如何残酷,他们何曾动过一丝消沉的念头,恰恰是今天,自己封王关中,这些将士衣锦却不能还乡,反而随自己贬谪到千里之外、荒芜不毛的南郑,也难怪他们,心里疙瘩解不开要回家!但干大事不拘小节,犯上作乱,这是不能容忍的底线,无毒不丈夫,需要杀鸡给猴子看,以儆效尤。

南郑,在关中西南部,汉江上游,邻接巴、蜀。南郑的南门前面是两山夹峙的平坦地带,刘邦进南郑后,将这里新劈用作大校场。

这一天,大校场上不见将士们操练的身影,却见刀光闪闪,大校场临时改作杀人的刑场。

刑场的中间垒起了土台,太仆夏侯婴以监斩官的身份正坐台中。台下,一溜边定着十四根木桩。几个袒胸露臂,手持鬼头大刀的刽子手,凶神恶煞地等待罪徒的来临。

不一刻,罪徒押来了。四周人头攒动,不自觉地向场子中间挪动步子。这十四人被五花大绑捆到桩上。他们觉得不对劲呀,这杀气腾腾的架势,是要砍他们的头!顿时,一个个散了魂,拉了架子,有的已尿流屁滚软瘫下来。只有韩信,没有流泪,没有求饶,内心只有对人世间感到无限愤慨。离楚归汉,目的就是名垂青史,实现王侯将相英雄梦,可万没想到自己却不明不白、稀里糊涂的要被杀头。死,并没有什么可怕,要说到死,不知道已死过几回。可惜的是漂母大娘还没有报答,父辈的嘱托也将付之东流!而今天的这一切是真的吗?人生追求难道就是这样一个结局?一生的抱负马上就要灰飞烟灭了?

午时三刻将到,催魂的大鼓敲响了。

夏侯婴揣起一壶酒,撒在地上,对绑在柱子上的十四人说:"都记着吧,明年的今天,就是你们的忌日。"然后,他来到刑台上大声、威严又含糊其辞地宣布:"这帮家伙聚众酗酒,散布不满言词,恶毒攻击大王,惑乱军心,并企图逃跑,不杀不足以平愤恨!现在午时已到,开刀问斩!"

刽子手轮起雪亮大刀,手起刀落,一颗接一颗人头滚落在地。场外的那些将士们都是久经沙场,少则十余战,多则数十战,生与死看得太多,但像今天这样的场面还是头一遭,举座俱惊,心脏狂跳,目不忍睹。

"死鬼!把头低下去。"刽子手的喊声引起了人们的关注。

放眼望去,只见最后那个死囚昂首挺立,毫无惧色,这人就是韩信!

韩信太不甘心了,要做最后一拼!他目眦尽裂,要喊要叫,却被另一刽子手上前一脚踢倒,挥刀来砍!

"慢着！慢着！"夏侯婴见过颇多杀人场面，但在刑场上却从未见过这样大义凛然之人，怜惜之心油然而生，破例地对刽子手摆摆手，转而问韩信有什么话要说？

韩信紧盯着夏侯婴，似有万语千言。稍顿，仰天长呼："当初，汉王西向进军咸阳，广延天下志士，一战而使秦降。如今欲要夺取天下，却要斩壮士！这是为什么！为什么！"

为什么！犹如惊雷劈打在刑场上，震撼着夏侯婴的心，也震撼着在场的每一个人的心。

夏侯婴为刘邦专职车夫，能给刘邦当车夫的人自然关系非同一般。他早年在沛县衙门养马驾车，和当时担任沛县泗水亭长的刘邦交好。每当他驾车办完公事返回时，就会找刘邦聊天。刘邦有一次开玩笑伤了他，按秦律要受到处罚，他帮刘邦掩饰了过去。后来有人告发，加重治罪，夏侯婴挨了几百板子，关押了一年多，才了结了这桩官司。刘邦起事后，夏侯婴和萧何等人加入起义队伍。由于冲锋陷阵，作战勇猛，常常在危急关头，不惜一命保护刘邦，被赐为滕公。项羽灭秦后，封刘邦为汉王，赐夏侯婴昭平侯。现在又以太仆之职，跟随汉王来到蜀汉。

刽子手再一次将鬼头大刀高高举起！夏侯婴要他快把刀放下！刽子手看要放人，显得十分不安。夏侯婴瞪了刽子手一眼，宣布：复核韩信的戮刑，暂且还狱！

萧丞相驾到！随着喊声，人群立即闪开一条道，萧何急匆匆策马而来。

萧何来南郑后已被任命为丞相，为汉国首任大管家。他年届五十,须鬓已涂上迟暮的晚霜,一双眼睛炯炯有神,清癯的面颊显出一种沉稳、刚毅之气,但不失亲切和温和。他下得马来,看到那些滚落在地的人头,没等夏侯婴回话,便顿起了足:来迟了!来迟了!

夏侯婴感到十分意外,指着身旁的韩信说:"我已擅自刀下留人,你找得可是他?"

"哦?"萧何上前拉住韩信的手,仔细地打量着。他松了一口气,刚刚听到奇人奇才韩信的传闻,急忙赶来法场相救。片刻,转过身问夏侯婴:"这事如何处置?"夏侯婴答道:"今日行刑乃我所为,与丞相无干!我马上去见大王,禀明情况,请求大王宽释。"

"这样吧,韩信先随我到丞相府去,下午,我们一同去大王那里禀明情况。"萧何为慎重起见,将韩信直接从刑场上带回了丞相府。

没有想到,萧何与韩信一番交谈后,韩信的言语让他深为折服,萧何竟成了韩信不折不扣的第二个"粉丝"。他一反持重姿态,竟拍着胸口:"请保重,萧某定在汉王面前全力保举你为大将,以遂夙愿,你就等着好消息吧!"

第八章　追韩信

这是一个迷离的夏夜。

月亮像银钩嵌在墨蓝色的夜空,阵阵清风吹拂着南郑的山水。

韩信在招贤馆内无心欣赏这番晚景,白天见汉王刘邦的情景,又浮现在眼前。

当韩信随萧何来汉王宫进谒时,两人一下子全愣住了,一个女子掌扇,两个女子捧着铜盆跪在地上为刘邦洗脚。"丞相,你也来吧!"萧何尴尬地旁顾韩信一眼,转过头来,大王——

刘邦抬起头看了看韩信,故意问:"你是谁呀?"韩信不紧不慢,作了个揖:"淮阴韩信。"刘邦无赖的毛病又犯:"哈哈!莫是那个淮阴胯下小子,萧丞相竭力保举你,想必你一定有高招教寡人?"

"不错。不知大王是否安于在汉中称王?"韩信正欲对刘邦阐述自己的观点,忽然从刘邦的眼神中感到愚弄人的嘲笑。他的脸蓦地一下红了起来,大王泡脚水凉了,还是快去加些热水好好地泡一泡,韩信告辞了!说毕转身向门外走去。刘邦大怒,一脚踢翻了铜盆:"滚!生瓜蛋子能耐不小,有多远滚多远!"

刘邦匪夷所思的举动,韩信心凉透了。

自己跟随项梁、项羽叔侄历经了楚军的主要大战,并在项羽占咸阳、霸天下最辉煌、最得意之时,跋山涉水,躲追杀,结范目,所追寻的却是一个浑身充满无赖之气的流氓大王。看来,萧何所谓,"汉王淳朴敦厚""待人以诚,识才用才""胸怀博大,能安天下",等等,统统都是屁话!此前萧何及夏侯婴数度推荐,刘邦根本就没有起用我韩信的意思,晦运当头,叹自己人生虚度,一事无成,不觉得心灰意冷。韩信陷入迷思之中,又一次面临人生抉择,忽然伤感袭上心头,士为知己用,能用则用,不用干脆走人!

夜半三更,有人来丞相府紧急求见萧何,遇到了侍卫阻拦,吵嚷声惊动了因公务刚刚入睡的萧何。当得知韩信拿着丞相府的令牌,已策马逃走的消息时,他大为震惊,岂能让这位统帅之才流失在眼前,连忙吩咐:"备马,快追!"

此时,一侍卫牵来了白马,萧何抬头仰望天空,月亮已经隐去,山风呼啸,昏暗至极。另一侍卫劝萧何:"丞相!天要下雨,您还追他做什么,随他去吧!"萧何一反常态,翻身上马,怒斥道:"你懂什么!快上马追人。"他狠抽一鞭,白马疼得将头一扬,侍卫冷不防被拽了个跟斗。萧何把缰绳一抖,白马向前奔去。

众侍卫大吃一惊,纷纷上马追去,不大工夫,便追上萧何:"丞相慢走!夜晚山路难行,现在天又要下雨,马有失蹄滑倒的危险,若把您摔了,我们担当不起,您不怪罪我们,汉王知道了也要怪罪我们。这样吧,让我们几个去追,一定把他追回来,不然,硬捆也得把他捆回来!"

"放屁!你们知道追的谁?"一向儒雅的萧何突然暴躁起来,又是狠抽白马一鞭,马蹄撒开狂奔。"不就是那个砍头的韩信吗?"侍卫们加鞭跟上疑惑地问。

"告诉你们,只有他才是兴汉的希望!所以,今夜必须将他追回!"萧何深知韩信一旦做出走的决定,恐怕不易改弦更张,自己若不亲自来追,侍卫们即使追上,韩信也不会回来。

一会儿工夫,萧何一行已到了南城门,守城士卒见是萧何丞相,不敢多问,打开城门放行,萧何一行急匆匆穿城而过。

这是一个真实的故事。二千多年后的今日,陕西留坝县马道镇路旁留有三块石碑,中间一块刻着"寒溪夜涨"四个大字,右边一块刻着"汉相国萧何追韩信至此",左边一块字多模糊,细看知是咸丰时记载着萧何追韩信的详细情形。

却说,韩信出了南门,向南迤逦而去。三更时分,乌云骤起,大雨瓢泼而至。人倒了霉,老天也要跟你作对。他急忙躲避到岩下。

夏天的雨,来得快,去得也快。暴雨过后,韩信又继续上路。一路之上,韩信思绪万千。一会儿觉得能遇到萧何、夏侯婴这样的有识之士是幸运的,一会儿又为受到刘邦的愚弄感到气愤。想着走着,走着想着,不觉已经到了南江。

南江在巴蜀东北部,为渠江支流。平时这条江水很浅,涉马可过。刚才暴雨使江水陡涨,阻住了去路。这时已是四更时分,天上乌云渐开,露出一派月光。

"韩都尉!你等一等,一夜让老夫追得好苦。"

韩信大吃一惊,本能地紧勒马头,从腰间抽出宝剑,心想,坏了!一定是汉王派人追杀来了。

一阵急促马蹄声后,一行来人滚下马鞍。啊!是萧何,韩信胸中涌起一股热流。

萧何大汗淋漓。他抹去一把汗,气喘吁吁地对韩信说:"都尉!你也太绝情了,要走,也跟我打声招呼,怎能不辞而别呢?要是外人知道这事,不骂我萧何有眼无珠怠慢人?"

"对不起,您对我知遇之恩,容来日再报吧!"韩信激动地走上前将萧何扶坐在渡口一块大扁石上,苦笑着说,"汉王待人简慢无理,我实在不想留下来了,切望丞相能体谅在下不辞而别的苦衷,务允所请,让我走吧!"

"汉王得罪都尉,萧何给你赔罪!"萧何撩起长襦要给韩信跪下。

"别折煞我了。"韩信连忙扶住萧何,"丞相,天下大着呢。此处不留人,自有留人处,十八路诸侯,哪路都可以去,他们一样急切需要能用之人。况且,我从淮阴出来投军,和千千万万人一样,只是为了推翻暴秦统治,恢复故韩国,以报家仇国恨。现如今,秦国已灭,天下已定,复仇的心愿已实现,我等可以安然回故乡了。"

"恕我直言,这不像是你心里话。"萧何摇摇头说,"韩信,作为一个忘年朋友,能否听我说一句话?想当年,你在淮阴乞食漂母,受辱胯下,为了什么?还不是有朝一日施展抱负。如今,机会就在眼前,你却孤芳自赏,遇难而退。汉王虽有时对人傲慢无理,态度蛮横,但,这只是表面现象,瑕不掩瑜,他仍不失为集仁、智、勇于一身的明主。何况,再明亮的眼睛,也会被灰尘迷住,只要把灰尘吹出来不就好了吗?我不隐瞒自己的看法,你才智过人,国士无双,可也要拥有像汉王这样的明主,才能珠联璧合,相辅相成,相得益彰,建万世之功,创不朽大业,切不可因一时草率从事,失却时机,误了前程,遗恨千古呀。"

萧何诚恳的话语,重重撞击着韩信心房。萧何又道:"不知情者不怪嘛。汉王还不了解你,这完全在我推荐不力!"

这时,又传来一阵急促马蹄声,刹那间,数十匹战马一阵风似的卷来。韩信惊愕地扫视萧何一眼,萧何也不知道发生了什么情况。只听得:"那不是萧丞相的白马吗?啊!找到了——"

萧何以为是追韩信的,便向韩信靠拢过来:"你放心好了,有我在这里,谁也不敢怎样你!"

转眼间,众人已到渡口,远远地撒开。为首一将,乃骑将灌婴。他滚下马鞍:"丞相!我们奉大王之命接你回去!"

"啊!除我之外,大王还要你们接谁?"

"没有啊?"灌婴有点摸不着头脑。

萧何见是来追他的,又好气又好笑,心里一块石头落地了。转而,他对韩信说:"都尉呀,一起回去帮刘邦干吧!我会尽我最大努力,你等着消息吧。我也说句心里话,如若刘邦一意孤行,不纳忠言,我可断定,他必将一事无成,老死烂死在南郑。到那时,任凭你远走高飞,哪怕奔到天涯海角。请相信老夫的话!"

面对萧何,韩信眼里噙着泪花感动不已。韩信何德何能,承蒙萧丞相如此关怀和厚爱,看在丞相面上,这次就依了。随即,韩信与萧何、灌婴一道返回南郑去了。

第九章　萧何眼中的"狂人"

清晨，萧何逃跑的消息像长了翅膀，很快在军营中传开。

刘邦得到这个消息时，震惊不已。万万没想到，这么多年的朋友，竟在我最困难的时刻背叛逃去！

萧何是自己的主要谋臣，倚为左膀右臂，从沛县起兵，谋划用兵，调集粮饷，安顿治安秩序，哪样少得了萧何。不久前，还正是他极力劝我接受汉王封号，来南郑等待时机呀！

萧何与夏侯婴一样，跟刘邦也是未发迹时的好朋友。与夏侯婴不一样，夏侯婴是当兵的，他则是当官的。在秦朝时，他为沛县主吏掾，相当于现在县里主管组织工作的一领导。廉政勤政，每年秦地方官考核政绩，都名列第一。刘邦为亭长，他又时时给予帮助。刘邦起义后，他拥立刘邦为沛公，招子弟三千，组织义军，专门督促办理军中各项事务，是刘邦最得力的助手。进咸阳后，诸将都欲抢夺金帛财物，他却将秦丞相、御史府中的律令图书全部收藏起来，使刘邦得知天下关塞，驻兵强弱，郡县户口，民众疾苦。他还以天下苍生为己任，始终不渝的忠于刘邦事业，至于出谋定计，指挥作战，杀伐攻取，则不是他的强项。曾反复思考，士卒跟随刘邦来南郑，只是为了暂时找个栖身之处，然后终究要打回去，而军中武将曹参、周勃、樊哙、夏侯婴、灌婴、郦商等人都不是出类拔萃的统帅人物，难以当此重任——

刘邦大发雷霆后，颓然坐在一张蜀锦绣垫上，臂倚着通明锃亮的漆几，手托腮帮，痴呆呆地望着窗子，怅然若失！

萧何曾几次向我推荐韩信。上一次，自己看着他和夏侯婴的面子，封韩信为治粟都尉。治粟都尉为管理粮食部门的长官，负责生产军粮和市场供给。这个职位官阶很高，在秦代相当于治粟内史。它既不要直接上战场，手中还握有经济大权，是个大肥缺。但韩信味口很大，对经济部门的官员还瞧不上，可这已经是破格提拔了。这一次，萧何直接把韩信领来，我觉得韩信年纪太轻，看看再说，没想到这小子傲气太盛，我骂了他几句，你怎么也就受不住了？咱兄弟又不是相处几天，你还不知道我这臭脾气吗？这叫我怎么办？难道要我跟韩信下跪叩头不成？子房不在，你萧何再走，让我依靠谁？即便我刘三心比天高，力能搏击苍龙，但没有你们的帮助，哪能上天入地？哪年哪月才能打回关中去？都说我天命在身不是瞎说？进关中下咸阳不是白干？这对我的打击实在太大！

突然，刘邦拍起桌子吼道："有人就有队伍，有人就有一切。萧何你滚，你滚吧！我刘三大不了一切重新开始！"

他让侍女拿上酒来，努力抛开失意，独自一人大口喝起来。

刘邦生于当时楚国沛县丰邑中阳里，与项羽、韩信的家乡都属淮楚地区。

他的父亲刘执嘉，是个老实忠厚的农民，人称太公，母亲王氏，人称刘媪。他上有哥哥刘伯、刘仲，他是老三，取名刘三，后来到社会上混时,觉得名字不雅,才改名刘邦。

刘邦面相很特别,眉骨很高,隆鼻挺直多肉,胡须浓密柔软,黑得发亮,看起来令人产生一种威严感。人们都说,刘邦是其母与"蛟龙"相遇后所生的龙子龙孙。刘邦长像出名,但懒的形象更出名。连父母兄嫂都嫌他玩世不恭,好吃懒做,游手好闲。虽如此,但他处事圆滑,喜欢施舍,小事糊涂,志向远大,能在困难之际引导人,以爽朗和迷糊的意识改变人。在三教九流中,他的朋友最多,三十岁那年,朋友帮忙推荐,当了泗水亭长。与沛县衙里的功曹萧何、狱掾曹参、夏侯婴极为要好,又结交了以屠狗为生的樊哙一帮"社会闲杂"人员。他们常在一起喝酒,戏谑公所中吏员,追逐女人。

刘邦还常在外蹭饭,一年春天,不知从哪里得到消息,沛县县令家来了一位姓吕,名文,人称吕公的贵客。这吕公与县令早有深交,

巴蜀乐舞

因与人结下了冤仇，被迫带着夫人吕媪和两个女儿来沛县避难。县令手下的官吏与县内的富门大户，为了讨好县令，纷纷前来祝贺。刘邦虽无分文，却带上几个人，唱着小曲，挤到吕家祝贺。吕公对他的长相仪表很赏识，宴席散后，情有独钟将大女儿吕雉许配于他。而立之年讨得一位年芳十八苗条俊俏的媳妇，恩爱相处，生下了一男一女，男的叫盈，女的叫鲁元。

后来他担任领队，押解民夫五百人，前去咸阳服徭役的路途中，由于役夫纷纷逃跑，他激于对秦暴政的义愤，索性将他们全部释放了。但有三百多人，仍愿跟随着他。不久，陈涉、吴广起义，沛县令想投降陈涉，找来萧何、曹参等人商量。萧何出得一计，要县令找刘邦回来办举义之事。县令答应下来，萧何便派樊哙去芒砀山叫回刘邦。但县令中途变卦，萧何与曹参采取紧急措施，杀了县令，推举刘邦为沛公。刘邦制作了赤色军旗起义，留下部分士卒守丰邑，自己则率领人马一路冲杀，从此，踏上了反秦征程——

到了第二天傍晚，派去追赶萧何的灌婴一行回到南郑后，灌婴前来汉王宫禀报刘邦，萧何已经带回来了，并告诉说萧何不像逃跑。刘邦这才松了一口气，积聚在心中的怒气散去了许多。他让灌婴将萧何带进来。

萧何一进门，刘邦既喜又怒，嘴中骂骂咧咧："你这该死家伙！你跑了，把我一个人留下当个光杆头儿，你到底是什么用心？要来一块来，要走一块走，告诉我一声，我也好跟你走呀！"

萧何知道刘邦误解了，呵呵大笑："哪里敢逃走？我的为人大王还不了解？我是急着替你去追赶逃走的人，来不及禀告了！"

"谁又逃了?"

"就是夏侯婴法场相救的,后来大王封他为治粟都尉的韩信。"

"嘿嘿!诸将逃走的已有几十人,你不去追,却去追赶这小子,你不要再哄骗我?"

"确实去追韩信了,"萧何平静地说,"我不仅把他追回来,而且还要大王拜他为大将!"

"什么?什么?刘邦几乎喊起来,拜他为大将,你真是吃了灯草放的轻巧屁!我上次不杀他,委以治粟都尉,他不领情,竟敢背叛我逃走,杀了他也不为过,你怎么还要推荐他?"

"大王,你说这话说明你还不了解他。"萧何趋前激动地说,"'塞翁失马,焉知非福。'在一片哀唱声中,却迎来了此人。他绝对是你生命中最重要的贵人,上知天文,下知地理,兵书战策,无所不通,是个旷世天才。如他领兵,定能统帅三军,帮你垂成大业。这一点我敢保证!"

"别瞎说!"刘邦打断了萧何的话,"他曾乞食漂母,寄食亭长,钻屠夫的裤裆,是个人人都骂的大浑蛋。霸王尚且不用,你却老叫我封他,难道军中就没有一人有他本领大?曹参、周勃、郦商、灌婴等人斩关夺隘,大小数十战,还未得其封,如今,却要拜这个手无寸功的胯下小子为大将,这叫他们怎么看?诸侯怎么看?霸王怎么看?还有,他才二十来岁,这样的年龄能压得住阵脚吗?我的大丞相,这可不是闹儿戏!"

韩信虽未证明过自己能统帅三军,但他具备统帅三军的潜资。萧何毫不迟疑、坚定地对刘邦说:"大王!我举荐于他,是为了大王的宏业,也是为臣的职分,怎敢拿军国大事开玩笑?当初在淮阴县,他不愿意死,宁肯以男儿七尺之躯而乞食漂母,甚至不惜胯下受辱,也不肯去死,因为他有太大的抱负。在楚营多呈干策,项羽无知不用,现在你封他为连敖、封他为治粟都尉,他还要逃跑。这不奇怪,他熟演兵法,且随楚军中枢机关经历了灭秦所有大战,对天下大事了如指掌,奇谋妙略,无人能出其右。所以,他有这个本事才会这么高傲,这么狂。千军易求,一将难得。我听说,做帝王的没有谁比周文王伟大,做霸王的没有比齐桓公伟大,他们都是依靠有道德有才能的人出大名。大王,贤明的人,不一定只是古代才有,今人忧虑的是仅听一些谣言,就轻易武断地下结论,把贤人一棍子打死。恕我直言,遍观当今天下,为将之人,无一人能与韩信相比!"

刘邦非常诧异,韩信有这么厉害?但他对萧何是信赖的。萧何一生唯谨,从不敢马虎以致误事。自入汉以来,他公忠体国,求贤若渴,特别是今日这个态度,确让刘邦感到十分意外,难道韩信真有大将之才?

萧何见刘邦不吭声,以为刘邦还是没有态度,非常生气地道:"韩信是当今唯一能打败项羽的人!如果用韩信还有希望,如果不用韩信,只能坐以待毙,一辈子在汉中称王,你自己看着办!"

这话点到了痛处,刘邦叹道:"谁愿意郁郁不得志长期待在这里!好吧,先叫他做个将军。"

看到刘邦态度有所转变,萧何虽欣喜不已,但却冷静地说:"大王啊!韩信弃楚投汉,真是你三生有幸,苍天降下挚天之柱,不可不取。说实在的,大王好比是一只巨船在大海中已漂泊,等待了许久,要想渡过大海,韩信是个独一无二能帮你扬起风帆到达彼岸的人。只要大王升起这只风帆,就一定能乘风破浪,夺得天下!如若只用韩信做个将军,不能指挥三军,他仍无法施展才华,终究还会逃走!"

萧何恳切的话语,深深打动了刘邦。刘邦稍显迟疑地说:"好吧,只要韩信如你所说,我就用他为大将,如果不是这样,那就趁早滚开!"

秦汉之际只有"将""大将军",而韩信的"大将"一职应该是独一无二的。"大将"实际上就是汉国的三军最高军事统帅。此时,刘邦对韩信是否称职,心中无数,而出于对萧何的信任,终于做出了的同意决定。这种"用人"的态度,在历代开国君主中也是十分少见的。

萧何生怕刘邦有什么变化,迫不及待地追问:"那就一言为定!"

刘邦笑了笑:"放心吧,一言为定!"

第十章　汉王问对

刘邦是个精明人,不会轻易地定下军中主帅。

他虽为萧何诚恳、执拗的态度所打动,但他要先见一见韩信,有礼而又慎重地再做一次全面的考察。

翌日,韩信接到传令后,立刻动身前来汉王宫。到了汉王宫大殿,见萧何、夏侯婴也在这里。韩信知道刘邦改变主意,亲自召见,无疑是萧何极力推荐的结果。他突然地感到,今天,他是应召前来考试的考生,不过,不像上次突然应对萧何,好在这次自己早已有了准备。

"萧丞相,还有夏太仆,屡次推荐韩都尉,寡人倦于事,惯于忧,沉湎军国事务,开罪于你,还望多多见谅。"刘邦操着沛地口音,温和而又客气地和韩信聊了起来,"初来汉中,人生地不熟,天下大事一筹莫展,不知你究竟用何良谋妙策开导寡人?"

韩信凝视了萧何一眼。萧何投来期望的目光,并鼓励说:"都尉有何言语,但讲无妨!"

韩信点点头,然后问刘邦:"敢问大王,东向夺天下,主要对手不是项王吗?"

"正是。"

韩信神色微露:"我曾禀明丞相,项王绝非不可战胜。如今,以大王和项王试做比较,大王自料勇、悍、仁、强,哪方面能与项王匹敌?"

问题很尖锐,刘邦沉吟良久:"都不能。"

韩信看到刘邦能够正视缺点,并不避讳在人前提及,悠然之间眼神一亮:"大王明智。您不隐恶,能够纳言从谏,确实如此,臣也认为这几方面大王不如项王。其一,项王英勇善战,一往无前,大王却常贪图享乐,有玩世不恭之态;其二,项王性情豪爽,仁爱部下,大王却待人慢而少礼,用人生疑。"

以往还没有人敢在刘邦面前这么大胆直言,这一席话,深深触动了他的心灵,像倒了五味瓶,不知是什么滋味,满脸涨得通红。但瞥见萧何、夏侯婴时,见他们微微点头,刘邦于是正襟危坐,双手一拱:"谨受教诲。"

韩信正色道:"我曾在项王麾下效过力,了解他的为人,他的缺点却是无法克服的。勇悍,是交战取胜的有利因素,但仅凭勇悍,未必能胜。因为要获得胜利,主要是靠人心向背,靠高度的智慧和战略战术灵活的运用。何况强悍,是将军之事,而不是统帅所需具备的。项王确是一个叱咤风云英勇无敌的人物,一声怒吼,千人为之失色,但他只知道凭个人的勇敢去战斗,不懂得怎样任贤用能,取悦人心,以智谋经略天下,也不能使部下将卒都能归心,乐为所用。所以,我以为项王的英勇善战,不过是匹夫之勇罢了!"

刘邦紧张地心情松弛了,如释重负。在未遇韩信之前,大家被项羽强大所慑服,从没有人认为能真正的战胜他,只不过希望项羽能践约,还自己为关中王而已。韩信的话,使人不再对项羽畏惧,不再沮丧。他不禁自语,匹夫之勇,不足以言万人敌?

韩信又道:"不过项王的性格是多方面的。有时他也会有'仁'的表露。项王的柔和一面,能使人如沐春风,感激不已。他为人恭谨、平易,言语温和而亲切,部下生病,他有时竟能难过得落泪。那次定陶惨败后,我随溃逃的数十名幸存士卒,几经绕道周折来到彭城,投奔项王,他挨个地来到每人面前,问这问那,还将他的饭食拿给伤号吃。归来的士卒看到这个场面,感动得没有不落泪的,连一些伤痕累累躺倒在地上的士卒,都支撑着病躯爬起向他致礼——"

"爱怜部下,我不如他。"刘邦认为韩信说得不错。

韩信话锋一转:"虽然如此,在我看,项王的表现只不过是妇人之仁而已。"

"怎么个妇人之仁?"

"施小惠,吝大体。他对有功之臣吝啬得很,拿着刻好大印,反复磨弄把玩,印角都磨破了,始终舍不得交出,这不是婆婆妈妈的妇人之仁吗?他这么做,又怎能得到天下英雄豪杰真心地拥戴?我料定,如今他虽号令诸侯,称霸天下,但天下攻守之势迟早会发生转变。"

"怎么个转变?"

"他放弃关中,建都彭城,失却地利;他违背义帝旧约,分封诸侯不公,把富庶美好的地方都封给了自己的亲故,诸侯们纷纷不平,很为不满;他赶走义帝,把义帝废置于江南,自己占据彭城称王称霸。故而,一些诸侯回到封国纷纷效仿,驱逐故王,抢夺地盘;他一向残暴凶狠,在新安坑杀二十万降卒,火烧咸阳三个月大火不灭,又杀秦王子婴,百姓早已恨之入骨。由此可见,项羽缺乏战略远见,发展下去,将是韧与智得胜,以暴、以猛勃然兴起的项王,虽强易弱,是容易被打败的。大王若能痛改前弊,反其道而行之,任天下武勇之士,何所不诛,以天下城邑封功臣,何人不服?用日夜想东归的将士,何所不胜?"

"可是秦国毁亡,项羽称霸,大局已定?"

"并非如此,目前诸侯分立,谁都不能算已经安定,项王以为本身才智,超过了天下所有的人,仅凭一己之力,可以胜天下,这是失败的起点!"

"可惜啊!章邯、司马欣和董翳断了我东去归路。"

"三秦王并不可怕,怕的是大王犹豫不定,失去战机。您看,雍王章邯、塞王司马欣、翟王董翳,他们都是原秦朝降将,曾率关中子弟出关作战,数年之间死亡者不可胜数。他们又欺骗士卒投降项王,一夜之间被坑杀二十多万,唯独他三人得以保全性命,封王关中,秦地父兄早已恨之入髓。而大王从武关入咸阳,秋毫无犯,与民约法三章,除秦苛政,使民安居,关中百姓无不企盼大王按楚怀王之约,在关中称王。可见,若攻三秦,民心可用。如果大王举兵东向,夺取关中则易如反掌,传檄而定。得了关中,可恃关中之险,地方之富,民众之多,何愁东进争夺中原不成!"

韩信上次跟萧何谈得简单些,这次,他将思考已久的完整想法一一道出。

"高见!高见!"刘邦非常震惊,汉军中还有这样天马行空的的人。这一席话语,把天下形势分析得透透,为汉军描绘了一幅争夺天下的蓝图,这对长期看不清形势,找不出路的刘邦来说,如同拨开乌云见了太阳,驱散了困扰心中的多日愁云,在苦闷中找到了前行大道。他叹道,怎么一叶遮眼不见高山,险些误了大事?

萧何与夏侯婴相视而笑。

"韩都尉,何时还定三秦呢?"刘邦迫不及待地问道。

"当然越早越好。大王你想,汉军将士多为崤山以东之人,归心似箭,任何高山大泽是阻挡不住他们,若心境冷落,天下安定,百姓安居乐业,将士们就不愿苦战死战,这比什么都可怕呀!以臣之见,不如此时决策,东向出兵,利用大家还乡之情,争权以取天下!"

听到这里,刘邦觉得话说得太有道理:"但重要的是当前怎么办?他摇了摇头,通往三秦的子午、褒斜栈道都已烧毁,先前是无腿无脚,现在是有腿有脚却无路。要是等褒斜道修好,还不知要得到猴年马月,真是急煞人也。"

"嘿!栈道烧了正好!大王你有所不知,要战胜强楚,斗智胜于斗兵,否则难于取胜。"不轻易启齿的韩信神秘地笑了起来,贯通秦岭主要道路已被烧毁,修复五百里褒斜道,不但难以办到,且引人注目。所以,栈道烧了正好,可采用声东击西的改道术。

"改道?"刘邦"嚯"的一下站了起来,抑制不住内心的冲动,脱口道,"陈仓故道只有口碑,我入蜀汉以来,曾三番五次派人前去探测查寻,但因地域广大,高山连绵,深谷河道交错,森林茂密,都被一一挡了回来,难道还有其他小道可走?!"

韩信走到刘邦面前,将一份自己早已画好的帛图,摊在桌几上。萧何、夏侯婴也都围拢了过来。他指向图中一条小径:"此道可行。"

"此为何道?!"

"陈仓故道。"

他叙述了自己走陈仓道经过,并介绍了遇賨(cóng)人范目的情况。范目阆中人,为賨人部族头领。他勇敢善战,有远见卓识,在巴人中影响很大。范目这个人的出现,或许是苍天眷顾,史称,"汉军入汉川后,范目征召巴人组建巴渝劲旅近万人,亲率巴军协助刘邦、韩信还定三秦"。此时,韩信指着汉中位置说:"大王可先派一军,大张旗鼓,修复褒斜道,吸引章邯的注意力,然后,整兵北上,从汉中翻越山岭,打章邯一个措手不及!"

韩信早已对楚、汉大势了如指掌,他的谋略实在令人叹服。像韩信这样的人,不仅会打仗,还能把整个天下局势都装在脑海里,汉军就需要这样人来指挥,寡人从此可以高枕无忧!突然间,刘邦有些害怕了,不是项羽、范增不能识人用人,拱手将韩信相送,自己还能有什么机会战胜项羽?进而,又想到了萧何,不是他月下追得韩信,恐怕韩信早跑了,真要感谢萧何的锲而不舍,高瞻远瞩!

刘邦拍了拍萧何肩膀,再没有说什么。

不觉过了半日,已是华灯初上。刘邦兴致勃勃吩咐侍女摆上宴席,亲自招待韩信,一定要一醉方休。摆席之际,他外出如厕,萧何连忙跟了过去:"大王,此人到底如何任用?"

"还用问吗?按你说的让他做大将啦!明日当着众人的面,我再关照一声。"刘邦边走边说。

"拜大将,怎能像对待孩童那样儿戏,吊儿郎当,轻慢无礼。"萧何不禁哈哈大笑起来。

"那该怎么办?"

"古时,君子拜将,必先择定良辰吉日,斋戒,设坛场,具礼志诚,然后登坛拜将。怎能招之即来呢?"

萧何态度使刘邦惊叹不已,同意以隆重的古礼对待拜将:"好好!这事就由你去办。办得庄重、热烈些!"

这一天,应该是刘邦最快乐的日子。鸿门涉险以来,刘邦不断受到重挫。先是被逼拱手让出关中,再是丢失张良,入汉以来,将士连连出逃,军心不稳,可以说跌到人生一个新的低谷。而韩信的"汉中对",为刘邦黑暗中送来了一抹曙光。后人把这番宏论,比作三国时期诸葛亮对刘备分析天下大势的《隆中对》,确实是很有道理的。

第十一章 拜大将

汉元年（前206）七月，刘邦突然宣布一个爆炸性消息：翌日将斋戒三日，以古礼筑坛拜大将。

军营沸腾了！汉川沸腾了！将士们多么盼望能有这一天——这意味着等拜了大将，东征指日可待，可以早日打回山东老家去，同自己亲人团聚。

南郑的居民百姓则感到好奇。有些上了年岁的人，依稀记着还是从老辈人那里听说过的周文王拜将故事。这可是一段不寻常的佳话。殷商末年，飞熊应兆，上天垂象，至仁至德的周文王在渭水边，聘得年迈八旬的姜子牙，筑坛拜为军师，子牙果不负期望，为文王之子武王姬发赢得了天下，建立了西周，子牙被尊称为尚父。现如今，难道汉王也寻到了治国平天下的大贤？这位大贤又是谁？

拜将这天，人们带着不同的心情，争先恐后，竟相来到南郑大校场，一睹大将风采，一睹拜将场面。

拜将土坛已在南郊筑起。土坛由南北两座组成，台高各丈余，南台上立起一石碑，上书"汉大将拜将坛"几个大字。北台上有亭翼然。两台方圆各有百余步之广。四周已插上几十面赤帜，数百名的卫队

淮安韩信塑像

分列台前。刀矛闪辉,甲仗生威。特别是六面红色的大纛(dào),上面分别绣着"汉""刘"字,插在土坛中央,随风缓缓飘动,格外醒目。不一刻,随刘邦进汉中的文臣武将都已到齐,他们按爵位分列土坛左右两侧。

土坛下的将士们及围观的百姓,兴高采烈地猜测、议论着。

他们的目光大多交错在樊哙、曹参、郦商、周勃和灌婴等五人身上。这五人虽挺着胸膛,站得笔直,内心却十分不安。这么隆重的礼仪,与刘邦平常马马虎虎的作风不相吻合,大将是谁?怎么一点风声都不透?凭着他们的战功,都有希望成为大将。然而,大将只有一个,到底是谁呢?

睢阳人灌婴,二十七八岁,身高不过七尺,却给人处事干练,英气勃勃的感觉。他是一个做买卖的二道贩子,在刘邦起兵初,从河南前来投奔,并以中涓身份随刘邦转战各地,破东郡尉于成武,从攻秦军开封,南破南阳守,西入武关,激战蓝田,因英勇奋战,一直打到灞上,被赐予执珪,号为昌文君。进汉中后拜为中谒者。

高阳人郦商,身材高大,浓眉大眼,堪称美男子。他有勇有谋,在陈胜举义时,聚众四千反秦,当刘邦进军秦地来到陈留时,郦商将所属部众交给刘邦。他陷阵却敌,攻长社,破秦军洛阳东,西进宛穰,一举定汉中,战功卓著。项羽灭秦立沛公为汉王,赐爵信成君,后拜将军。他哥哥就是那位被赐广野君,人称"高阳酒徒"的郦食其。哥俩一文一武,闻名于汉军内外。

沛县人周勃,年轻时以织草席为生,兼做丧事中的吹鼓手。跟随刘邦起义后,他以中涓的身份攻胡陵,取方与。沛公为汉王,赐予威武将军,进入汉中,拜为将军。刘邦认为他"厚重少文,然而安刘氏者必为周勃也"。

沛县人曹参,字敬伯,中等身材,体格结实粗壮,额头宽阔,脸膛黝黑,有勇有谋,忠诚而可靠。在秦时为沛县监狱管理员,是刘邦平民时的好友。刘邦起义反秦,他以亲信之臣追随左右,经历了许多重大的战役,攻城略地,身遭数十创。在救援雍丘时,他击杀曾阻止吴广大军西进的秦将李由,战王离,破杨熊,两败赵贲;平定南阳后,随刘邦西进,参与攻打武关、饶关、蓝田,直至进军咸阳,秦王子婴出降。入汉中后,迁为将军。汉军中素有"文萧何武曹参""汉军中的白起"之誉,可见曹参大名鼎鼎,他人也难与匹敌。

樊哙也是沛县人,本是个杀狗出身,生得双目溜圆,满面虬须,臂阔腰圆,功绩也是无与伦比。论私交,他年少时就和刘邦混在一起,又是刘邦的连襟。当年吕公相中刘邦后,刘邦又牵线搭桥向岳父举荐樊哙，介绍给二姨子吕须，刘邦与樊哙情谊自然非同一般。论战功，他随刘邦起事后，自然就成了刘邦得力帮手，是冲在最前面的那几个人。攻胡陵，定丰沛，克濮阳，破李由军，下开封，被赐封贤成君。他虽然粗鲁莽撞，性情急躁，好杀成性，但治军有方，行止有矩，忠心耿耿，颇有智谋，是不可多得的良将和统帅。鸿门宴上，他更是威劫项羽，勇救刘邦——这时，樊哙有些迫不及待了，以为汉大将他已唾手可得！

卯时刚到，顿时，鼓乐齐鸣。只见刘邦在众人簇拥下，登上了拜将台。

台下数万名将士和百姓，人声躁动，欢腾一片。刘邦频频挥手致意。待他在台中特设的方几坐下后，萧何捧着印符斧钺，将封物放在他的面前。刘邦向担任礼赞官的周緤点点头，示意可以开始了。

全体肃静！拜将仪式开始！

周緤请刘邦拜将。刘邦从方几上站了起来，走到几案前，虔诚地烧了三炷香。跪下去，以示对帅旗、帅印的尊崇。然后，从周緤手中接过黄绢包裹的大将印缓，面向台下，洪亮、威严地宣布，拜二十五岁的韩信为三军统帅！

话音刚落，全场哗然。谁也没有想到，拜一个小小的治粟都尉为大将，他有什么资格，诸将有的愤慨不平，有的嫉妒不服。

这个刀下死鬼，因祸得福，真是竹园子拉屎走顶运！此刻，樊哙血压升高，满脸涨得通红。"天大的笑话，我们谁不比他小子强？！"不少人也跟着小声附和："对！由他带着我们打西楚霸王，开什么玩笑！"

萧何深知拜将仪式的庄重，见这乱哄哄的场面，忙命军士筛锣，场上才安静下来。周缥侧过身来，看看刘邦。刘邦手用力一挥，示意继续下去。

"请韩信登坛受封！"

韩信面对喧嚷毫不介意，抬着头，迈着大步，登上拜将台。

这时鼓乐奏起来了，他在鼓乐声中从刘邦手中接过印符。

"大将！请受寡人一拜。"刘邦整了整衣冠，郑重其事地跪下以大礼参拜。

这一拜，使得大家更是惊讶、不服。樊哙有些按捺不住，真想走上前去对刘邦说："你一向神武精明，连鬼神也敬三分，今日怎么如此糊涂，向一个胯夫顶礼膜拜，堂堂大汉王的脸面往哪儿搁！全军将士的脸面往哪儿搁！"

汉大将可比胯下大将要难当得多！不知谁喊了一声，声

秦岭（杨戈/摄）

音不算太大，在这种场合却显得被放大了许多倍，土坛下一片哄笑。

众将不服这是意料之中的事，可万万没想到有人竟会如此无礼，敢在拜将仪式叫骂。刘邦眉头一皱，让天下看看我刘邦用人不疑的劲头。他站了起来，用力向几案上一拍："太放肆了！这是什么时候，干什么事，还有点规矩没有。英雄莫问出处，流氓不看岁数，大将是我选定的，有什么不服气，有本事站出来，我砍他个龟孙！说着，从腰间抽出宝剑。"

见状，萧何连忙劝道："大王！不必动怒，今天是喜庆之日，还请多多包涵。"

嗯？刘邦是善于驾驭各种场面的高手，他知道这帮跟随自己多年出生入死的弟兄，撵不走，轰不跑，忠心不二，矢志不移，说一说就行了。他转过身来，解下了自己的"巨阙"剑，亲手赐给韩信："这把剑，是从芒砀大泽中得到的，它随我南征北战，斩关夺隘，我未尝轻易授人，今日赐予你，望你握着它，替我指挥三军，如有违命者，可先斩后奏，哪怕我的姨亲娘舅，也可格杀勿论！"

韩信双手恭敬地接过剑。汉王如此厚爱，决非霸王之辈可比，就是文王对待子牙也不过如此。他泪水溢出了眼窝，心中默念，老天开眼，乌云终于驱散，如今轮到我韩信出场了，不管前面是万丈深渊，还是刀山火海，韩信都将义无反顾，为汉王轰轰烈烈的大干一番！

随后，刘邦发表了一通慷慨激昂地演讲。

这虽是拜将，其实是进入汉中以来汉军第一次誓师。随着现场气氛不断抬高，二十五岁的韩信，攥紧了手中的剑把，神思飘忽。在夏侯婴、萧何的鼎力举荐之下，一个从淮阴走出来的胯下小子，几经磨难，在今天登上了历史舞台，在即将拉开的帷幕的楚汉战争中，一定会迎来一个真正属于自己打天下的时代。

第十二章　暗出蜀中

关中，向来被称为秦。又因项羽把关中分割为三部分，分封三王，后世因而称三王为"三秦王"。

雍王章邯的封地为秦咸阳以西的全部土地。他奉项羽之命，以废丘（在今陕西兴平县南）为雍都，作为第一重门户，扼刘邦于汉中不得出。但他认为子午、褒斜道已烧毁，刘邦就是插翅也难以飞过。因此，平时他并未秣马厉兵，只是经常派兵巡察一下，提防着刘邦出来就是了。

大哥！章邯的弟弟散关守将章平，匆匆赶进宫来报告说，刘邦新近拜了统军大将，还派连襟樊哙率五千士兵和民夫日夜抢修褒斜道，准备择日东征！

章邯一怔，褒斜道五百里长烧毁容易，修复却是万难，区区五千人怎能济事？既想东来，何必当初要烧了栈道，不是脱裤子放屁做蠢事?!

他寻思道，当今天下唯有刘邦能与霸王对垒，栈道之险刘邦不是不知道，现在为何如此嚣张？莫非有其他企图？栈道一年半载未能修好，汉兵又从何处出来，难道真能插翅高飞？蓦然，章邯明白过来，修褒斜道只是虚晃一枪，没有二三年时间不可能修好，但刘邦却要大张旗鼓地修栈道，这是明摆着想要造成我们错觉，转移视线，以达成偷袭的目的。他料定汉军将从南郑向西，越过白水，长途跋涉，攻击西县、上邽和陇西，这也是汉军西出秦陇的唯一路途！

豺狼虎豹都见过，难道还怕刘三这条狗！章邯虽这样想，但凭借他多年作战经验，特别是钜鹿大战的惨痛教训，心中仍有余悸。一定要谨慎些，承蒙楚霸王不杀之恩，又委以看守秦川重任，近来亚父范增屡有檄文传来，恐怕汉兵入侵，着我严加防备，绝不能掉以轻心！

章平走后，章邯一屁股坐在榻上，强烈感觉到在此安度晚年是不可能了。

章邯是唯一能称得上项羽对手的大将。他曾是主持骊山陵营造的少府，读过许多简策，在陈胜、吴广发难，诸侯并起时，承担起大秦帝国的最后命运！他凭借手中一路人马，先败周文数十万大军，又破齐楚联军，再杀楚军统帅项梁于定陶，击败了函谷关以东的各路叛军。在巨鹿之战中打的六国人马都不敢救援赵国，但后被击败，随项羽入关，封雍王。他本是个文人，现在却干起了武人的勾当，其结果如何，就不得而知了。

此时是公元前206年，即汉王元年。刘邦在荒蛮闷热的汉中，憋屈了大半年之后，决定正式反攻三秦。

不久，韩信当得知章邯已按自己的设想、分兵布防后，心中大喜。

章邯虽不是一个寻常之人，不过，韩信早在楚营时已将他好好地研究过。汉军只有十万人马，又需长途作战，而章邯以守为攻，以逸待劳，如果按常规的兵对兵、刀对刀的打法是不可能取胜的。此战的关键,是要造成攻击的突然性,避开章邯的正面防御,调虎离山,声东击西,打他个措手不及。现在章邯这只老狐狸已中计,把大部分兵力调往了咸阳西,造成了敌后方兵力的空虚,使得汉军得以乘虚而入。为此,须先多路越过白水,向三秦西南进军,进一步吸引章邯分兵西援。那时,汉军主力,可出其不意经陈仓道再转从故道,倒攻散关,出陈仓县。

陈仓(在今陕西宝鸡市东)是一大军事重镇,也是关中盆地的门户。南郑离今天的陕西省汉中市不远,而咸阳则是在今天的陕西省西安市以西。陈仓和咸阳连线呈东西走向,和秦岭山脉平行,南郑却在秦岭的这一边。陈仓、南郑、咸阳三地的连线几乎是一个等腰直角三角形,陈仓就在直角顶点上。如果,汉军先入陈仓,就等于绕到三秦王军队的后面去作战。

随即,韩信部署四路兵马同时出击。

第一路,曹参率领五千人马,先从汉中渡过白水,攻陇西的下辨,得手之后,由两当赶赴故道,增援汉王,然后转攻雍地;

第二路,樊哙率五千人马,从汉中渡过白水,攻西县。得手后,与曹参一并从陈仓道转从故道,增援陈仓;

第三路,靳歙率领五千人马,也从白水过河,再从下辨以西渡过渭水,直接插入陇西。可打着汉王旗号,虚张声势,待雍军率师东移之后,全力平定陇西六县,切断章邯的西去之路;

第四路,郦商率一万五千人马,与靳歙一起大造声势于陇西,并乘势攻取北地、上郡,引诱章邯北援,然后再打回陇西。

韩信布置曹参等多路出击后,就与汉王刘邦率领夏侯婴、灌婴、傅宽、陈贺、孔聚、纪信等八将,及主力三万人马,出汉中向北暗暗开去。

古代的汉中盆地,是通往秦、陇、蜀、楚的重镇要隘。春秋以前,就已有了褒斜、子午、滢骆等古道,贯通秦岭南北,成为三秦连接汉中的纽带,可谓"栈道千里,无所不通"。到了秦灭六国,除子午、褒斜道外,滢骆诸小道都已废弛。现在,沿着断断续续的残痕行走,偶尔可以看见悬崖陡壁上的石窟窿,或者,在深山里拨开疯长的杂草,依稀可见故道上静躺的石块。幸得范目率賨民从阆中特意赶来做向导,使队伍在大山峡谷中辗转前进。

从褒中向西二十里到达勉县。

勉县在历史上是汉中盆地的西北门户,它有"前控六路之师,后据西蜀之粟,左通荆襄之财,右出秦陇之马"之称。

从勉县出去后,经沔县的铁炉川、凤县的陈仓沟,到故道河,继而麾动三军,逢山开道,遇水搭桥,牵藤攀葛,登高投险,翻越秦岭,倒攻散关,守关秦兵不战自乱,汉军乘机杀入关内,取下了陈仓城,打开了通向关中的门户。至此,韩信"捉迷藏"似的战略目标得以初步实现,汉军已在关中地区获得了立足之地。

韩信第一次带兵作战,就创造出具有深远意义的军事杰作。这次战役《史记》《汉书》记得很明确,特别是汉军主要将领、功臣行动线路表明,此役是一个大的战略欺骗。

事实上,韩信一面派人在汉中以东大修栈道,吸引章邯注意力,造成他判断错误,并多路明出陇西,使得雍军主力向西移去,一面暗中与范目率军西走陈仓故道,从而,以迅雷不及掩耳之势一举成功偷度陈仓，攻入关中。至于"明修栈道，暗渡陈仓"一说，只是元代以后才在小说戏曲中才出现，在此之前任何史书中都没有提到过，这应该是后人的穿凿附会。

第十三章　定三秦

　　却说,章平率五万兵马到达陇西,汉军果然已取下辨、西县、上邽,渡过渭水后兵分两路,一路是汉王刘邦旗号,正往陇西开来,一路是汉将郦商旗号,朝北地方向开去。

　　章平一面部署各县严加防守,一面派人飞马驰往废丘报告章邯。

　　果然不出所料!章邯闻讯后庆幸不已,他命儿子章安留守废丘,自己亲率十万大军开赴北地。当兵至焉氏时,探马来报,郦商已于今晨袭取了焉氏城。但他并不感到吃惊,料定刘邦要派人到自己后方捣乱,以配合主力打开陇西门户。他立刻指挥三军将焉氏团团围住,发起猛攻。然而,令章邯担心的却是章平,一连几天,得到的消息都是汉军虽然声势浩大,但打不得硬仗。

　　大王!汉军已夺去了陈仓城!

　　接到信使来报,章邯大惊!到底是怎么回事,难道汉军从天上飞过来不成,除褒斜道外,莫非还有其他小径可出陈仓?

　　来使回答,汉军走了鲜为人知的陈仓古道!

　　章邯仍疑惑不解,我是秦地人,又曾任秦朝少府,掌管着秦地的河流道路等各类图籍,可是图籍上从没标注过,更没人听说有人走过。只是传闻,陈仓道曾是历史上一条北通秦陇的小道,古年十八代已经废迤了呀,险恶难行的古道,汉军是怎么知道的?又是怎么走过的?

正因为山险水恶,汉军在山民向导下,才得以偷渡成功。

章邯明白了,原来攻打陇西是虚张声势,并不是刘邦本人。刘邦则在范目的引导下,真正的目的是来偷袭陈仓。他双手捂着脑门:"明修栈道不是为了出秦陇,而是要偷袭陈仓,老夫中了诡计!说着双腿一软,瘫坐在榻上。"

在座的将领们连忙围拢过来。

"我没有事。"章邯毕竟曾是统帅过百万人马的将军,此刻,并未被陈仓失守这一意外的消息完全击倒。

他缓缓地从榻上站了起来,轻轻咳了两声,向诸将交代,陈仓失守意味秦地被拦腰切断,咸阳、好畤、废丘危在旦夕,怎么办?其一,尽快将陇西一线的人马向东收缩,保障其侧后安全,屏障废丘;其二,火速向塞王、翟王和霸王求援;其三,陈仓失守,粮草辎重,落入敌手,且废丘有兵临城下之危,如今我尚有数万人马在此,各位可同我开赴陈仓,袭击汉军,夺回陈仓!

第三天,章邯急急忙忙率领雍军赶赴陈仓。此时,已攻下西县的樊哙率汉军也来到陈仓附近,配合主力作战。汉、雍两军相遇,汉兵是积愤已久,锐不可当,好似猛虎下山,雍军哪里是对手,一经遭遇便被杀退。

这时又传来消息,攻击陇西的靳歙、郦商等诸路兵马也大功告成,章平带去增援的数万人马,欲进无力,欲退无能,紧紧被拖在那里。

章邯综合分析情况后，自度势劣，迫不得已退回废丘。

废丘是王城，位于秦地中部，城池坚固。汉军初战告捷后，斗志更盛，诸将纷纷向韩信请缨，争当先锋，进击废丘。樊哙更是急不可待，生怕头功被别人抢去："樊某甘立军令状，让我率人马去攻废丘，保证活捉章邯老儿！"

韩信见状笑了笑，连忙摆手。三秦王主力尚在，章邯必然还要组织反扑，大战还在后头。现在主要任务是解决三秦王的问题，建立起稳固的关中根据地，至于如何安排，他自有调度。简短的一番话，樊哙及诸将也就不再争嚷了。韩信又令曹参、樊哙二将各率领本部人马迅速拿下好畴、壤乡后，沿渭水推进，将兵锋直指废丘。

不久，章邯回到废丘后，得到了塞王司马欣、翟王董翳的增援，声势大振。他亲统三秦联军十万，西出壤乡之东的高栎，去同汉军主力战斗。

汉军尽管人马数量不多，但将士们在大将韩信的带领下，唱着乡曲，斗志昂扬地迎了上去。正当鼓角轰鸣，杀声震天，双方杀得难解难分的时候，突然，三秦联军阵脚大乱，士卒们纷纷窜向两旁。原来曹参取得好畴后，已领兵赶到，樊哙也按计划从壤乡杀来，切断了退路。章邯联军三面受敌，十万人马死伤逃散过半，他不得已再次引败卒逃回废丘。

汉军紧随而来，迅速包围废丘，不待雍军喘息，就发起猛烈攻击。奈何，废丘城池坚固，章邯又率兵竭力抵抗，汉兵虽然强盛，攻了两天，未能攻入，伤亡较重，只得鸣锣收兵，停止攻城。

这天傍晚,刘邦、韩信召集军中几位主要将领议事。刘邦提醒大家,汉军虽然打回关中,但形势不容乐观,章邯绝不会甘心失败,仍然妄图等待援军做最后挣扎。如今汉军主力屯于坚城之下,如何解决战斗还是个问题,若这样拖下去,我们仍有被合击的危险。

不能和章邯磨磨蹭蹭,霸王子弟兵凶狠如狼,一旦开来,我们就十分被动。"难道废丘城真是铜浇铁铸,不信攻打不下来!大将这个任务交给我们吧!"大家纷纷请战。

章邯拼死防守,一时难以攻克。这里有破废丘的三套方案,都有一定的风险:一、强行攻取,但这要花相当大的代价,能否尽快取胜还难预料;二、引渭水灌废丘,这样可以迅速取胜,但城中黎民百姓必定要一起遭殃;三、不受章邯牵制,搁下废丘,围而不打,扩大作战范围。一路北上,增援郦商,以凌厉攻势迫降塞王司马欣、翟王董翳。一路东进,进占咸阳。一路西去,增援靳歙。一路出武关,会王陵,以迎太公,来个四面开花。此想法虽好,但风险实在太大。

废丘等几座孤城,已无碍大局,但留章邯不除,终是心腹之患。刘邦让韩信拿最后决定。

要与项羽争锋天下,民心很重要。灌废丘我看现在不行,一灌,汉王跟三秦王、跟霸王还有什么两样?强攻代价又太大,要死多少人?也不可取。而四面开花倒是可以考虑的好办法,既避免了大军屯于废丘城下,又能迅速平定三秦。至于,废丘什么时候攻取,那要看情况而定,怎么个攻法,自然水灌也是一个办法,但必须是到万不得已。

军事是手段,政治是关键。韩信强调,三秦王在关中地区毫无政治基础，一旦军事力量被摧，其政治统治便会顷刻瓦解。而汉军目标不是一城一地的得与失，汉王仁厚形象，在关中深得人心，放开废丘，很可能造成破竹之势，有利于迅速占领关中。

于是，韩信留下少量兵力围困章邯，自与刘邦率主力长驱东进，迅速拿下了咸阳。然后马不停蹄地分兵东进北上，以凌厉攻势，迫降了塞王司马欣、翟王董翳，其他各地也都望风而降。除废丘外，不到一个月，就基本上平定了关中各地。

这个奇迹是大将韩信创造的，充分展现了军事天才。这也是他平生所指挥的第一个战役，初出茅庐，一鸣惊人，开创了中国历史上，从汉中出兵攻占关中的唯一成功战例。事实上，取得胜利的原因有三：一是成功地隐蔽用兵方向，从根本上打乱了敌军部署，修栈道，袭陈仓，以奇迹创造奇迹；二是灵活用兵，以主力正面诱敌，以前锋迂回奇袭，分兵合击，始终掌握战场主动权；三是不屯兵坚城，大胆神速进军，确保了"三秦之地可传檄而定"预言的实现。

第十四章　突变中的东方形势

八月，汉军重入秦旧都咸阳。

刘邦率诸将来到了阿房宫废墟前，神采飞扬，入川时的窘态一扫而光，仿佛困在谭水中的蛟龙，又重新游回了大海。

望着这片断垣残壁，他十分感慨，楚霸王一把火烧了阿房宫，然后给三万人马把我打发到汉中去，忍着去了。常言道："十年河东，十年河西。""哈！才半年，我刘三却带着队伍又打回来了！"嘿，秦岭的大风依旧在呼啸，咸阳却换了汉家天下！

这时，有人来报刘邦，他的同乡王陵将军到咸阳投效来了。

在汉初，王陵也是一个响当当的人物。现在刘邦是大王，可早年在沛地混的时候，刘邦一直像侍奉大哥那样侍奉王陵。王陵缺乏素养，爱意气用事，喜欢直言。到了刘邦进军关中抵达咸阳时，王陵自己也聚集党羽几千人，驻扎在南阳。他曾派人联系过王陵，王陵拉不开脸面，拒绝了刘邦。

不过，两人关系还不错。现在，刘邦刚刚打还关中，连忙派将军薛欧、王吸带一支队伍出武关，借着王陵兵驻南阳，准备强行到沛县去接太公、吕雉。可是事不机密，项羽听说后，怕刘邦一家人质被抢去,派兵在阳夏阻截,汉军计划未能实现。"

战争要靠拳头说话,项羽也认为王陵是一个有本事的人。乱世之中,得地百里,强而有力,十分看好。为了拉拢王陵,项羽将王陵的母亲安置在楚营中,王陵的使者来到时,项羽就请王母东向主坐,以隆重的礼仪来招待,想以此招降王陵。王母私下送走使者时哭着说,替我告诉王陵,要小心地侍奉汉王。汉王是个宽厚的长者,不要因为我的缘故,有什么三心二意。项羽闻听后大怒,竟烹杀了王母。得知情况后,王陵痛不欲生,发誓要为母亲报仇雪恨,下决心帮助刘邦去打败项羽。

王陵的投奔,刘邦既兴奋又感叹。兴奋的是像王陵这样有名的人物,都能自觉不自觉地站在自己的赤旗下,特别是那汉初三杰的韩信、萧何和张良都乐为所用。自己玩政治,韩信搞军事,萧何、张良搞管理、出谋略,从此,我刘邦还惧怕西楚霸王什么?感叹的是王母威武不屈、大义凛然的英雄气概——

此时,更让刘邦喜出望外的是,老朋友张良先生也已来到了咸阳。

鸿门宴上,张良帮助刘邦欺骗了项羽,但张良是项伯的朋友,不便直接加害,于是迁怒于韩王成。项羽来到新都彭城后,首先做了一件傻事,就是杀了韩王成。杀了一个韩王成也没有什么了不得,偏偏作为韩相国的子孙张良把他视为复兴韩国的命根子,发誓要报仇。从此,他再无牵挂,一心一意地投效刘邦来了。

褒中一别,相思连连。刘邦手扶着张良的肩膀使劲地拍了拍:"子房先生回来,天助我也,真是美梦成真!"

"恭喜大王还定三秦,不知大王是常王关中,还是欲得天下?"张良微微一笑,话锋一转。

刘邦被这突如其来的问题,弄得一怔。韩信帮助自己占了雍、塞、翟,打回了关中,而章邯在废丘死守多月,苦苦等待楚军来援,就是不见任何动静,项羽这么长时间在做什么?他难道不要关中了吗?此时,自己只知道东方已经动乱,但具体的情况并不完全清楚。怎么?忽然眼睛一亮,我已实现了义帝称王关中的约定,本想把太公、吕雉和诸将的眷属接到关中来安享富贵,不过,张良定有良策教我!于是,他屏退左右,与张良促膝长谈起来。

对项羽裂土分封、形成的政治格局提出挑战的,正是项羽自己。他把秦朝灭亡的原因,归咎于秦朝的集权残暴,有心要做一个旧时代的英雄。如韩信预料的那样,他封王授爵,随心随意,全凭自己喜好,人为地造成许多新的矛盾,招致秦亡后,天下大乱的局面。

起先,项羽为了定都彭城,把义帝赶到长沙郴县,他觉得有"天下共主"义帝的存在,对自己是个威胁。经过一番秘密策划后,他让九江王英布、衡山王吴芮以及临江王共敖,击杀义帝于彬江之中。万没有想到,风声走漏,这样做陷自己于不仁不义的骂名之中。

接着,臧荼为了抢夺封地,和他的老主子韩广发生矛盾。韩广原是燕王,不肯离开燕地到辽东去,臧荼干脆把他杀了,连辽东的地盘也吞并过来。

最令项羽头疼的还是齐国旧王室田氏。秦末乱起,田氏中的几位豪杰相继起兵,而以田儋的影响最大。他起兵之后,很快控制了原齐国大部地区,自立为齐王。当时,秦军章邯,利用田儋远来增援被包围的魏豹兄弟之机,在临沂城下发起夜间袭击,田儋被杀。田儋的从弟田荣,整编了田儋的余部,成为田儋事业的继承人。

另一位齐王室的后裔田假,也乘机自立为齐王。田荣立即率兵攻打田假,田假战败逃亡,田荣于是拥立田儋之子田市为齐王,自居齐相。田荣是位个性极强的人,在他被秦军包围时,项梁派项羽、刘邦等人为他苦战解围,事后,他却为全力争夺齐地的控制权,而拒不与项梁协同作战。项梁被章邯打败后,项羽对田荣心怀不满。项羽分封天下时,因记恨定陶失援之仇,不肯功封田荣。田荣竟击杀项羽所封齐王田都、胶东王田市和济北王田安,自立为三齐王。赵相国陈余联络田荣,驱走常山王张耳,恢复了故赵王歇的赵王封号,赵王歇为了报答陈余,又封陈余为代王。田荣还派人拉拢彭越,令其兴兵梁地,明目张胆地与项羽作对。

项羽对这样被叛活动,势难容忍。

就在这时,刘邦已接受韩信建议,声东击西,暗出陈仓道,打败了三秦王。项羽听到三秦地被夺的消息,准备让郑昌对付刘邦。而在彭城的张良唯恐于刘邦不利,就给项羽写了一封密信,汉王名不符实,所以他想得到关中,只要按当初的约定得到巴蜀、汉中、关中,他绝不敢再向东发展了。张良又把田荣、陈余联合反抗的事件渲染一番,试图转移项羽对刘邦的注意力。项羽思之再三,觉得张良说得有一定道理。刘邦得了巴蜀、汉中及关中也算理所当然,且离楚地较远,对自己尚不构成直接威胁,而齐地在楚国首都彭城之旁,岂容田荣作乱,于是他决定先对齐地用兵,将齐国作为首个打击对象。

深秋,项羽挥兵北上,直趋齐地城阳,田荣哪是天下无敌的西楚霸王对手,齐军很快溃散下来,他在原平被当地人杀死。项羽重新册立了田假为齐王。到此,可以结束战争,但项羽沿途又大肆烧杀抢掠,以满足对田荣的报复心理。一次坑死数千人,连老弱妇孺也不能幸免,由此引起齐地的激烈反抗。田荣其弟田横也乘机而起,在城阳一带收集田荣的散兵数万,拥立了田荣之子田广为齐王,打败了田假,整个齐国到处处于战乱之中,楚军陷入泥潭,不能自拔。

刘邦一向待机而动,雄心勃勃,听了张良的这一席话后,他极为兴奋。

天下大乱在意料之中,但没有想到,乱得如此迅速,规模如此之大。关中沃野千里,阻山带河,居高临下,凭这样战略地位、军事和经济实力,足以同项羽相抗衡。而如今,项羽陷在齐地,其都彭城只是一座空城,现在不端掉他的老窝,还等待何时?

"哈哈!子房归来,我有了主心骨。"刘邦又道,"新近弃楚投汉的陈平,想法和你不谋而合,也劝我抓住项羽陷于齐地无法脱身的机会,抄他的老窝,堵截他的后路,发兵攻打彭城,楚军必定着慌,军心一乱,霸王就容易打败了。"

"陈平?莫不是鸿门宴上对我们多有助益的陈平都尉。"

张良吃惊,此人满腹韬略又不拘小节,是天下少有的"鬼才",汉王又多了一个帮手。转而,张良建议,可让韩信统军,由萧何总理后勤支援,抓紧时间整军东出函谷关,与项羽作战。

第十五章　东进

刘邦对张良的尊敬，可以说超过了萧何和其他人。

西进路上，是张良的运筹，才得以顺利占领咸阳。鸿门宴上，是张良的斡旋，才闯过险关。霸王分封，是张良向项伯说情，替自己争得了汉中之地。还因为张良讲义气，轻生死，又小心谨慎，深谋远虑，高人一筹。况且，张良只是个高参，能文不能武，手中没有刀把子，而韩信和张良不同，他虽是二十多岁的毛头小子，文武双全，还有一种慑人的气魄。刘邦五十来岁，阅人无数，每当见到韩信，心中却有一种莫名的不安。乱世出英雄，会不会有一天压不住他？

刘邦面呈难色，他对张良说，有句俗语"兴则勃矣，败则速焉"。由用人问题，忽然想起一桩大事，犯难未能定夺。由此，想到陈胜在大泽乡揭竿而起，天下群起响应，前后不到一个月，就攻占了陈地，建立了"张楚"。不到三个月，这股狂飙就席天下，数十万人马突入中原，威逼秦都咸阳。可是又过了三个月，陈胜就像一朵鲜花，遭到了风霜，一下子凋谢了。这里面到底是何道理？

这位泗水亭长出生的大王，并不是胸无点墨的粗野汉子，对陈胜举义的情况了解甚深，并有自己的独特见解。未待张良回答，他又说，陈胜速败是策略上分兵多头出击，被章邯一一所破，内部又出了叛徒，而陈胜入城腐败，导致众心叛离，这只其中原因之一，最关键的是陈胜成天待在宫里，高高在上，把指挥作战的征伐大权轻易地授予他人，自己却成了聋子的耳朵——摆设！我要活动活动腿脚，跳出这个圈子！

张良微怔，刘邦要"跳圈子"，是不是深恐韩信功劳过高，权威过大，有损于他的声誉和形象，或者，认为不用韩信也能取胜，所以，他才要亲自带兵出关东进？

不久，刘邦从"前方"召来了韩信。

这是汉初，韩信与张良两位巨星第一次正式相见。他们有说不完的话，张良更是称赞韩信修栈道、出陇西、袭陈仓、还定三秦的壮举，俩人真是相见恨晚！

接着，刘邦告诉韩信欲突入中原的打算，韩信惊诧不已。

张良带来的消息确实不坏，项羽被拖在齐地，中原诸侯纷纷反叛，而汉军还定了三秦，士气高涨，实力大增。但项羽不是章邯，天下有几人可以与他匹敌？关键是项羽的力量在多大程度上受到了削弱，必须要有一个清醒的估计。

其一，项羽军心未为涣散，号召力依然强大，虽有一些诸侯叛离，他仍是天下共主。尽管时势对我方有利，现在并不是全面出击的时机。强敌一夜之间是打不垮的！

其二，项羽虽不会处理国与国的问题，事事用战争和武力解决，可是，很会用兵。他以三万之众破釜沉舟，击溃章邯数十万大军，以少胜多，足见他的过人之处。

其三,项羽对天下大势还是了然于胸,不好对付。那年,项羽放火烧掉秦宫,杀子婴,率军东归,大家都觉得他残暴无知,目光短浅。经过这些天,人们的想法有了一些转变,他是不得不为之。因为,他以楚国的名义发兵,诛暴秦,伐无道,替天行事,怎能占着秦地不走?这样会失却道义。而楚国的兵源主要来自江淮和山东,他们妻儿老小都在那里,西破咸阳后,将士们归乡之心无可阻挡。"富贵不归老乡,如锦衣夜行",那是口号,否则,他统率的数十万之众溃散,楚国天下有谁来顶着?

噢?刘邦对韩信阐述,也感觉到项羽的分量,但他正处在兴头上,加上张良、陈平倾向发兵的意见,助长了他的激昂。

"千难万难,已成功夺回了关中之地,我刘三再也没什么顾忌!在西进关中的路途中,也就是二三万人马,在子房先生的帮助下,一路势如破竹,取得攻破秦关的伟大胜利。哈哈!事在人为,没有攻不破的道理!刘某最大特点,就是想做的事就一定能成功,打回中原去,同龟儿子项羽决一高低!"他对韩信说,"可你想过没有,过了这个庄,没了这个店,机不可失。不乘项羽困在齐地,我们哪一天能够打到彭城去?"

刘邦此举是在赌博。他以为,这一把如果赢了,项羽就被动了。

韩信知道刘邦决心已定,沉思了一下,觉得一定要出兵中原,还是自己对付项羽的把握大些,便道:"大王若要逐鹿中原,臣愿率一军先行。"

刘邦扬了扬手:"这次孤王要亲自出征。章邯是当今天下少见的一员猛将,不可轻视他的战斗力。关中之事未了,压力不小,让萧何丞相在关中协助你。我这里有张良、陈平二先生做军师，曹参、灌婴、周勃、郦商、夏侯婴、王陵、靳歙、卢绾等大小诸将，全都随我东征，这你就放心吧！"

韩信见刘邦抬出张良与诸将就不再争了。

汉二年（前205）三月，刘邦正式宣布出关东进。汉军从偏僻的汉中，经由栈道，越秦岭而下，席卷关中全境，为时三个多月便进入了中原，与处于混乱中、应付不遑的项羽竞逐天下。

汉军先由武关，向南阳迂回，再由临晋北渡黄河。不过，刘邦自出关以来，每战必胜，不到一个月时间，已抵达洛阳。

到了洛阳，他接受百姓代表董公建议，师出要有名，不能为了打仗而打仗。项羽"弑君"，这是多么恶劣的行径，为义帝报仇，又是多么正当的理由。于是，他发动了一场大规模的政治外交战。亲自到

淮河故道

洛阳给义帝熊心发丧,袒而大哭,全军哀临三日,追悼被项羽杀害的义帝。然后遣使遍告天下诸侯,称义帝熊心为项羽所害,为义帝报仇,号召诸侯同他一起打击项羽。

军事上刘邦不是项羽的对手,而政治上项羽绝对不是刘邦对手。这一招很灵,军事威胁与政治攻心相结合,刘邦一下搞臭了项羽,赢得了人心。

这时,秦末反王魏王豹举众归降,受到优待。河南王申阳和战国时韩襄王子孙韩王信也向刘邦投顺。旧赵的大将司马卬,被项羽封为殷王,汉军大举攻殷,殷军上下离心,旋踵之间,司马卬为汉军所俘。在此之前,独立活动的常山王张耳已经归附。可是赵相陈余提出条件,只要汉王杀了和自己有仇恨的张耳,他才能让赵国出兵。刘邦就挑一个与张耳面貌相像的罪徒,杀了将脑袋割下送来,陈余不辨真假,中了"计中计",也派出部分人马,协助刘邦作战。英布等人虽没有公开表态,消极观战,则让项羽更加孤立。

刘邦将降将、降卒,编入汉军中。一时间,各地诸侯、豪杰,纷纷归附,多达四十多万,加上刘邦本身十多万,兵力骤然增至五十六万!四月,声势浩大的联军,已涌向楚都彭城,守城楚军仓促应战,大败而逃!

然而,刘邦已经超负荷运转,他那个军事才能,根本指挥不了"五国联军"。就在刘邦得意忘形,置酒高会,沉浸在美人货赂中时,恼怒的项羽并没有惶然失措,料定刘邦的诸侯五十六万大军,不过是东拼西凑起来的庞然大物。他以超人的气魄,果断留下诸将继续攻齐,独自率三万精锐铁骑,昼夜兼程的向萧县疾进,要杀刘邦军一个措手不及!

第十六章　大逃亡中的反思

"报——楚军已杀到了城外!"

萧县是彭城西边的门户,尚未脱尽睡意的诸侯军,对项羽的攻击,完全没有料到,猝不及防,营中顿时大乱起来。

项羽取了萧县,立刻将兵锋直指彭城汉军。

刘邦惊讶万分,近来他日夜沉于酒色之中尚未清醒,早已将防备楚军之事,放在了脑勺后,他不愿接受这么严峻的事实,楚军难道从天而降?但事已至此,迎战不容懈怠,他只得调集兵马,开城出战。

来到阵前,刘邦不由一沉。只见楚军战旗飘扬,士气旺盛,气势汹汹,而自己的士卒,仓促上阵,面带惧色。

"活捉刘三——冲啊!"随着项羽一声大吼,楚军将士潮水般扑入敌阵,誓要夺回家室。项羽更是骑着乌骓,挥舞着长槊,不大工夫,已冲杀到刘邦跟前。十数名汉将死死护住刘邦,怎奈项羽手中的长槊犹如雪花纷飞,无人能挡。刘邦见大势已去,便拨转马头,落荒而逃。

汉军失去了主帅,便成了没头的苍蝇,顷刻之间土崩瓦解。

许多将士追赶上来问刘邦:"怎么办?"刘邦已醒悟,他知道项羽的可怕和厉害,要是不能阻止项羽的进攻,后果不堪设想,现在唯一能够挽救危难的只有远在关中的韩信。他便让人快马加鞭飞驰关中召唤韩信。

楚军乘势滥杀着。当联军逃至睢水,为活命,争抢过河,自相践踏数以万计。还有二三十万人不及过河窜入南面山中。最不忍心看的,就要算灵璧和睢水河面上,数十万大军仓促逃窜,一时找不到许多船只,拥挤之间,被楚骑驱赶落水者竟达十多万人!顿时,漂流的尸体阻断了河水。

到了灵璧,刘邦就地建立营垒,将两翼的队伍渐渐收拢,得十余万将士。就兵员数目来说,这仍不是一个小数字。但是,范增指挥后续楚军已切入了灵璧西南地区,使荥阳那边的汉军,无法及时援救刘邦。几位楚将又分别袭击了东北地区的汉军,将汉军分割开来,大有一气吞食之势。

刘邦在众将士掩护之下,逃了一程竟被楚军追上。

这时,身边已无一员大将,眼看将要被活捉,他不禁仰天长叹,只恨我一时轻敌,这回真的要完蛋了!

恰在这时,突然一股妖风吹来,满天飞沙障目,树林被连根拔起,白天成了黑夜,咫尺之间不能辨清你我。刘邦的运气很好,就像是有神灵保护一样,趁楚军无法前进之际,他拼命紧夹马肚,催马奔跑,终于又逃脱了包围。

刘邦独自一人一骑走了几十里路,已是红日西沉时分。一天没有吃喝了,现在追兵渐远,他立刻感到饥肠难挨。策马前行穿过树丛间,来到了远离市镇的一小村庄。刚刚在村头停下,又听到人喊马叫,追兵又追上来了!

怎么办？刘邦猛然瞥见一户人家的园地，有一位老翁和他的小女儿，正在辛勤劳作。他连忙上前，说自己被楚军追赶，希望老翁和小女鼎力相救。小女急中生智，用手指了指园中的一个枯井，老翁会意，领刘邦躲藏在里面。战马呢？还是那位小女用一根木棒狠狠地打了几下，战马向村外一溜烟地跑去。

追兵走远了，刘邦得救了，他感激不已。一问得知老翁姓戚，避秦末战乱来到这里。当晚戚翁盛情款待，留宿后并以小女相配。俩人以茅屋为洞房，同宿一夜。戚姬后来生了个男孩，取名如意，使刘邦在立太子问题上大费脑筋。也正是这桩婚姻，给戚姬带来了富贵，也带来杀身之祸！这是后话，按下不表。

翌日，刘邦与戚女告别后，大约有一个时辰，就到了汴水东岸，心想过了河就没多大问题了。正想着，前方尘土飞扬，刘邦赶忙闪入树丛观察动静。只见赤旗闪烁，书着"破楚大将韩信"。走近细致一看，原来是张良、樊哙、周勃、陆贾一行人，他们虚张声势，打着韩信的旗号，意图召集散兵。前面那个赶车的是夏侯婴，车上还坐着自己的一双儿女！

惊魂稍定后，刘邦喜不自禁，忙询问兵败情况。

真是兵败如山倒啊！张良告诉他，塞王司马欣与翟王董翳又重新降楚，韩、赵等河南各路残兵，都已跑散，不知去向，其他诸侯，见风使舵，都开始打起自己的小算盘。

刘邦又问起夏侯婴怎么见到他的一双儿女的。夏侯婴回答，和大王走失后，他到沛县丰邑取大王家小。一打听，刘邦父亲刘太公、吕王后带领家眷，避楚逃难，且有舍人审食其相从。他们扮作难民,从小道潜行,偏偏追来的楚军中,有人认出了刘太公和吕王后,竟将他们当作人质掳走了。自己不得已,离开沛县向西寻找大王,半路上碰到了公子和公主,走了一天一夜,才来到这里和大王相遇。不过,能够救得公子、公主,还算是不幸中的大幸,只是太公和王后生死不明。

刘邦百感交集,还定三秦后,却被眼前的胜利弄得飘飘然,没有细心考虑,轻敌麻痹,仓促发动彭城之役,善于钻空子的人,把自己的弱点暴露给了项羽。五十六万五国联军,有组织无纪律,精神涣散,凝聚力极差,使汉军蒙受了巨大的损失。同时,手下的张良、陈平等人,皆无预判。都以为项羽陷入齐地,不会从萧县方向袭击,对他作战能力估计不足,不知项羽是个不折不扣的战神。如果听从韩信的意见,或将韩信放在身边,会有如此惨败吗?但值得欣慰的是,在这一役中,张良、陈平、曹参、灌婴这些主要谋臣宿将均无重大伤亡,骨干力量得以保存。

刘邦虽读书不多,并不是什么全才,在许多问题上都有失误,但他最大长处是头脑灵活,不肯服输。他暗暗发誓,无论付出多大代价也要报仇雪耻,与项羽战斗到底!此时他意识到,楚汉战争将是长期、复杂的,仅凭一己之力,难以最终打败项羽,只有从分化诸侯和项羽同盟入手,争取时局向有利于己方转化。他询问张良:"经此一败,汉军已无法控制关东了,我愿以关东之地,分授天下豪杰,哪些人可以助我?"

"九江王英布,是有名的骁将,彭越曾与田荣结盟反楚,也是一位难得的将领,英布、彭越两人都可为我所用。"张良回答说。

"汉军中有没有人?"刘邦又问。

"汉军中人才不少,萧何丞相是综理后勤及政务的天才,却能文不能武,而我,长于谋略而短于用兵,唯有韩信是大将之才,用兵神出鬼没,天下无人可以匹敌。"张良又补充道,"如果大王决意把关东之地,交给英布、彭越和韩信三人,以此换来支持,他们分得关东,定会感激涕零,死力图报,灭楚绝无多大问题。"

张良又将英布、彭越二人情况做了介绍。

英布,又叫黥布,六县人,是秦汉之际一位大名鼎鼎的人物。小时候有人给他看相说"受刑而称王"。陈涉起义时,英布去求见番县令吴芮,并跟从他的部下一起反秦起义。番县令还情有独钟地把女儿嫁给了他。章邯消灭了陈胜之后,英布听说项梁平定了江东,于是,带领几千人归属了项梁。在攻打景驹、秦嘉等人的战斗中,英布骁勇善战。项梁到达薛地,拥立了楚怀王,项梁号称武信君,封英布为当阳君。项梁定陶战败,秦军加紧攻赵,等到项羽杀死宋义派英布做前锋,他率先渡过黄河攻击秦军,以少胜多,使秦人镇服。到达新安,项羽又派英布等人领兵活埋了章邯部下二十万人。到达函谷关,英布从隐蔽的小道突击,打败了守关的秦军。项羽分封将领时,封英布为九江王,建都六县。

接着,张良介绍了彭越。

彭越昌邑(今山东省金乡县)人,也是秦汉之际大名鼎鼎的人物。早年在巨野泽以打鱼为生,受大泽乡起义的鼓舞,秦二世二年(前208),彭越配合刘邦北攻昌邑,未能攻克。刘邦率军西行,彭越数年间一直留在那里活动。项羽入关后,裂地分王,他因未曾投靠项羽,所以未得其封。齐国田荣不服项羽的分封,意欲反叛楚国,作为一种策略,铸就将军印信,派人送给彭越,让他们进军济阴打击楚军,骚扰楚国的北方边境。现在彭越已占据魏国东部十余城,队伍发展到三万人。

刘邦思考片刻,心动神移:"韩信、彭越好说,而英布为楚将,怎样才能使他背楚从汉呢?"

张良回答说:"齐王田荣背叛楚国,项羽前往攻打齐国,向九江征调军队,英布托词病重不能前往。彭城大战期间,英布袖手旁观,仍不肯发兵助楚。项羽因此怨恨英布,多次派使者前去责备并召他前往。这一切都说明英布已与项羽貌合神离。"

随即,刘邦按张良的策划,派铁嘴随何去九江策反英布,从南翼牵制楚军,又派郦食其联络彭越,在梁地骚袭楚军后方。刘邦还要发挥韩信更大作用,让韩信独当一面,他一定会是项羽的克星!

第十七章　力撑危局

将郦食其、随和二人打发走后，刘邦一行便去下邑（今安徽砀山县），投奔同样参加彭城大战失败到此的妻兄吕泽。

可是，刚行一段路程，楚将季布又率一路人马冲杀过来。

"快走吧！"刘邦慌忙催促加快赶车。车子向前飞奔，后面的楚兵紧紧追赶。眼见追兵逼近，心中万分着急，为减轻重量，他毫不犹豫，一把将两个孩子推下车去。

夏侯婴跳下车去，爱心满满的将两个孩子，一边一个挟在俩胳肢窝，并从士卒手中夺过一匹战马，飞身跃上，紧紧地跟在刘邦车后。确实，丢下两个孩子和夏侯婴，车子跑得快多了，季布等人渐渐追赶不上，只得勒住马头返回营地。

孩子得救了，刘邦的父亲、妻子却没有那么幸运，已被楚军俘获押送楚军大营，这让刘邦伤心不已。

初春，栎阳。韩信接到了刘邦的命令，要他赶赴荥阳挽救危局。

汉军的失败，却也在韩信意料之中。在楚军主力未受损的情况下，汉王聪明却缺乏理性，冒险而为，能有多大取胜把握？但，也没有想到会败得如此迅速，如此惨不忍睹。

汉军的惨败，非大智大勇者不能独当一面。不久，韩信用最快的速度从关中赶来，率部迅速地冲破楚军封锁，与刘邦军会师，但会师未能扭转战场形势。楚军突击迅速，野战力极强，这是他没有料到的事。

初出即被冲乱，死伤很严重。他随即调整部署，集中力量，以攻势掩护刘邦退却，确保大批汉军往荥阳方向撤退。这样有组织攻防，楚军追击被迫停滞，并逐渐形成多块战斗的局面，分散了楚军兵力。

大将——刘邦几度辗转，见到了韩信不禁英雄气短，竟第一次在战场落下泪来。分化诸侯是长久战略方针，但当务之急是怎样才能同强楚抗衡？在如此严峻的形势面前，他欲先收兵入关，扩充整顿，待恢复元气后，卷土再来。

韩信觉得这样做不妥："关中和天下已都知道大王打了败仗，各路诸侯定会纷纷倒戈，从新归顺霸王，一旦汉军匆匆退守秦关，人们一定会以为楚军西进势头难以阻遏，汉王必败，若是这样的话，那我大汉注定会失败。如能坚守荥阳，稳住军心，可不断向关中征发兵卒，用关中的人力和财富支持我们在这里同楚军一搏，汉军必能重拾信心，重新奋起。"

这一席话，使刘邦重新看到了希望，但自己身心疲惫，无力再战，楚军追上来会将自己彻底打败。而韩信有神鬼莫测之机，有抗衡楚军的计划和能力，否则他不会持这样的观点，在目前，必须启用韩信收拾残局。刘邦留下人马，命韩信全权指挥抗敌，自己先回栎阳休整去了。

荥阳（在今河南荥阳东北），秦时三川郡治，地理位置十分重要。

黄河从北面流过并与济水交汇,关中与东方六国的来往必经此地。东北靠近黄河的地方修建了秦汉时期国家粮仓——敖仓,可解决军队的粮食补给。以西七十里是成皋(在今河南荥阳北),成皋便是后世人们常说的险关"虎牢关"。

彭城之战的惨败,使刘邦经营几个月的战略优势,转眼化为乌有,被迫转入战略防御,能否建立稳固的防线,对汉军来说生死攸关!韩信沿途布置了收容站,流失的数万士卒陆续归来,增强了实力。楚军得知情况后,以免形成日久难下的拉锯战,遂加快全面出击速度,力图迅速地解决问题。韩信则利用荥阳以南山区有利地形,以汉军步兵之长,制楚军前锋骑兵之短,阻击楚军前锋的进攻,多次打退楚军。

秋风渐起,夏季将要过去,韩信力挽狂澜,阻止了楚军的西进。

此时,他重新编队,将丞相萧何在关中征召的二十三岁到五十六岁兵员,悉数充实军队。还将萧何送来的军粮和物资不断地送往前线。又夜以继日,加固以荥阳为中心的成皋、巩县、洛阳一线的防线,构筑了北连黄河的甬道,搬运敖仓粮食,以供军队长期作战。并在敖仓三皇山上筑起东、西广武二城,加强荥阳守备。接着,组织局部反攻,派出曹参、灌婴、靳歙等将分别出击,先后夺回了雍丘、外黄、燕县、叶县等地。仅用了三个多月时间,就构筑一个较为强大的正面防守体系,扭转乾坤,结束了自彭城惨败以来汉军大逃亡的局面,为刘邦又立下一大战功。由此,楚、汉两大军事集团逐渐形成了对峙局面。

刘邦得到捷报,欣喜异常。他便决定不惜一切代价,令樊哙引水灌废丘城,除掉章邯。城破,对有着复杂经历的章邯来说,自杀身亡,也是一个不错的结局。关中地区全部平定后,刘邦立儿子刘盈为太子,使萧何辅佐,制定法律,建立祭庙、社稷、宫室,以安定人心。

不过,此时仍很紧张,楚军不断向西推进,企图歼灭在黄河一线的汉军。而原先归附的"五国"联军之一的魏王豹,以母亲病重为借口,回家省亲,一到魏国平阳,便调兵遣将,在雷首山至临晋渡一线,布设重兵,截断了河口,公然与汉军为敌!

魏国是中原战略要地,从魏国都城安邑出发,向北进攻赵国,向东进攻齐国,向南还可以断绝项羽的粮道。魏豹叛离将使关中与前沿荥阳被拦腰切断,首尾不能相顾。刚刚从彭城大败阴影中走出的刘邦,于是决定重返荥阳前线,与韩信一起抗击来犯之敌。

"我待魏豹不薄,他为何敢叛我?"不过,刘邦还对魏豹存有幻想。为了全力对付项羽,他决定先派郦食其去见魏豹,晓以大义,讲明利害,两家免动刀兵。可是,郦食其回到荥阳回复使命不久,却又传来了坏消息,魏豹背信弃义,率军抢占了临晋关!其实,这时诸侯已形成共识,刘邦永远不是项羽的对手,由古及今,无人能与西楚霸王匹敌,他们纷纷与楚国重新结成联盟。这对汉军来说,形势极为严峻!

"狗娘养的东西,出尔反尔,这给诸侯树立了一个坏榜样。"刘邦气愤归气愤,他为慎重起见,要先听听韩信的意见。要知道,韩信是刘邦真正的救星,在关键时刻,唯有韩信能够招之即来,来之能战,撑得起大局。

没想到,韩信意见和他们高度一致。战争避免不了,那就不如先动手。魏豹在为楚军张目,尽管汉军目前困难重重,但不能置之不理。一旦天下有变,楚军一定会从这个方向进攻,汉军就被动了。因此,主动出击,防患未然,战争就成为外交努力之后,一种不二的选择。

用人不疑,这是刘邦的高明之处。他随即任命韩信为左丞相、统军大将,独领一军东进。要知道,左丞相一职虽是行政职务,但从政治角度看,有利于韩信对魏国的用兵。刘邦还从关中、上郡、北地、陇西,抽调三万兵马,并将追随自己多年的曹参、灌婴、陈贺、孔聚等将领一并交给韩信。他自与张良、陈平、王陵等人守卫荥阳一线。

第十八章　计擒魏豹

伐魏之战虽不是一场硬仗，但意义特别重大。

韩信率兵马来到临晋（在今陕西大荔县东），随即，召见了部分将领。先期从关中到达的将军高邑向韩信做了敌情报告。

在楚将项佗帮助下，为准备配合楚军，魏豹已从侧翼袭击汉军。在我们未到达之前，河东、河西的汉军已遭到了围歼，除拼死沙场和被俘外，其余都已经逃散。他们还从那里掳掠了大量人口、粮食和船只，并且攻占了河东蒲坂渡口。蒲坂渡至安邑一线为开阔地带，是东去中原主要通道。如今，他们在该地集中了八万人马，号称十万。每当夜晚临晋渡东岸的灯火密密麻麻。据探报，魏豹只等楚军取了荥阳，就要向这里发起进攻。

韩信听的极细致，他问："魏军起用的大将是不是周叔？"回答说："不是，用得柏直。"韩信显得轻松了许多，柏直是个少不更事的小子，不必担心他为大将！

韩信轻咳了一声，对大家说："魏豹背信弃义，在临晋的黄河对岸设置了重兵，抢占渡口，占据有利地形，企图对抗汉军，对我腹背构成了极大威胁。魏豹如此猖獗，应狠杀他傲气，给以迎头打击。由于形势危急，项羽一定会调整布置，将矛头指向汉王，必须赶在他发动大规模进攻之前，先解除北顾之忧。大王在荥阳，已将攻击魏豹的任务交给了我们，我已立下了军令状，只能取胜，不能战败。但是，我们在临晋只有三万人马，敌众我寡，且我军远离荥阳，远离关中，得不到及时支援，如何战胜魏豹确是一个不小的问题。"

魏国主要部分在大梁（今河南开封）一带，魏豹的封地本应在大梁附近，但项羽为了西线安全，却把魏豹撵到平阳（今山西临汾）。

魏豹也是早期义军中有影响的人物。当项羽北上后，魏豹积极响应，连克魏地二十余城，并随项羽进兵关中，被项羽封为西魏王。汉王重夺关中，为了报复项羽，魏豹立即加入汉军联盟，魏地成为通往楚地的重要通道。但刘邦东征途中，十分轻视魏豹，许多事情根本不征求魏豹意见。为了笼络反楚的彭越，竟任命彭越为魏相国，并让彭越独领一军，在攻克彭城后，回头西进，平定了原魏国大梁一带。对此，魏豹十分气愤。

彭城大战失败后，魏王豹自感刘邦不是霸王的对手，又在项羽利诱下，返国后，立刻隔绝与汉地的交通，重新归楚反汉。这时，一个江湖术士给魏王豹妻子薄氏看相，说薄氏生的儿子将来贵为天子，魏王豹信以为真，儿子是天子，老子就是太上皇。于是他雄心勃勃，准备潇洒地大干一场。

夜已深，韩信仍坐在地图旁，做着大战前的准备。

临晋关以对临晋城和河东的蒲坂而得名。关外渡口，也叫蒲坂津。历代倚为秦晋间重险。临晋渡在大荔城东的黄河西岸，岸头峭壁如斧劈一般，险峻异常。不同的是雷首山至潼关是洛水、渭水与黄河交汇之处,又是黄河由北折向东去的转弯口,水大浪高。

沿蒲坂津北上,就是夏阳渡口。黄河像一条巨龙从黄土高原,经龙门跌跌撞撞地奔泻而下,又由于对岸汾水汇入黄河,这里河床特别宽阔,如同葫芦肚见宽见平,水势较缓,也仿佛经过长途摔打已经十分筋疲力尽。

魏豹扼险而守,在临晋早有准备,扬言不会放过一只飞鸟,若强行囚渡,船只目标太大,有如拿鸡蛋往石头上撞。而临晋与黄河上游的阳夏之间,只有三四十里路程,可否将计就计,在临晋渡安排大量船只,做出要从这里渡过黄河的样子,暗中却将主力派到夏阳(今陕西韩城南),从夏阳过河,出其不意地抢占河东。而且,目前战场条件

黄河古渡

非常有利，无能的魏将柏直没有在阳夏重兵布防，从阳夏渡过黄河后，可快速突袭魏国重地安邑城。

此方案好虽好，但要渡过黄河，数百条船只到哪里去寻找，且渡船目标太大，形成不了突袭。渡河的关键是既要隐蔽，又要能迅速解决战斗！

翌日，韩信找来当地几位艄公，了解黄河夏阳段的水情。

黄河浅滩较多，水流湍急，在丰水期可使船只，平时只能用羊皮筏载一至两人。要渡万余人，上万只羊皮筏子到哪里去寻找？要么扎木筏，可是黄土高原雨水稀少，天气干燥，植被稀疏，成材的树木并不很多。一时间，数万棵树木又到什么地方去砍筏？又要弄成多大动静？但艄公们介绍，倒启发了生长在淮水边的韩信，他想起了家乡那一年遇大洪水的事。一个漆黑的夏夜，暴雨频降，漫天的洪水呼啸而来，天亮后，只见一片白茫茫的大水，与天相接，一些大人小孩抱着罂瓮漂浮在水面上，竟也能幸免于难。

韩信马上有了破敌之策！为什么不能用罂瓮加木棍，扎成木罂，用它去渡河，既简单省事，又隐蔽突然。不经意间，韩信为自己的奇思妙想点赞。

不久一切准备妥当，韩信在军中迅速地下达了攻击令：

"各位！临晋关对岸的蒲坂是魏地重要关口，魏军在那里集结了五万兵马，因而，我军不能强攻蒲坂。这仗怎么打？这次仍采用还定三秦之术——声东击西，明里佯攻蒲坂，暗里则从临晋上游的夏阳偷渡黄河，出其不意打敌人一个措手不及！"

韩信唤过骑将灌婴："灌将军，你率领两万人马守卫临晋。从今日起,沿临晋关口至黄河沿岸,虚插千面大旗,制造假象,吸引魏军的视线,明日午后可多派战船,擂起战鼓,佯攻蒲坂,当魏军出击时,则迅速返回西岸。五日后,守卫蒲坂的魏军将因曹参去夺安邑,出现阵脚混乱,这时,你可率本部人马一万五千,全力以赴,直冲对岸,配合曹参部向魏国腹地挺进,明白没有?"

"明白!"

韩信又唤副将曹参和孔聚:"这次攻魏,你们率领一万人马打主攻。今晚吃过晚饭后,人去甲,马卸铃,乘夜色率部向夏阳进发,可先将队伍隐蔽在夏阳后山,午夜时分,渡河出击。待大军上岸后,立刻燃起三堆篝火,向河西报信。并迅速绕道汾阴,分两路直插魏国重镇安邑,一举切断咽喉。至于渡河工具,可找陈贺领取木罂。"

"木罂是什么?"

韩信一笑,告诉曹参木罂的构造。这木罂的造法,系用木棍夹住罂瓮,四周缚成方格,用绳绊住,一格一罂,两格两罂,数罂合为一排,数千罂分作数百排。韩信强调说:"在你们开往夏阳时,陈贺他们已在山中把木罂造好,等待你们赶到。现在,你们可歇足劲儿,几个人抬一排,只管去渡黄河好了。但要注意安全,提前做好检查,不能发生碰撞和损坏,否则后果严重。"

曹参等人恍然大悟,原来寻找的瓦瓮是作渡河用的临时工具,真是想得出来的绝主意!从来没有听说过有样的东西,简单实用,聪明绝顶。

午夜,晋北高原西风飒飒,明月半空。在曹参的率领下,成千上万排木罂投入河水中,场面蔚为壮观,人心震撼。尽管浑浊的黄河水,一浪高过一浪,但木罂浮力很大,恰似一只只羊皮筏子,在风浪中随波逐流。汉军将士情绪高昂,一个个奋力划动木桨,木罂直泊黄河东岸。

安邑在蒲坂东北,处于魏国的中心位置。汉军既然从夏阳方向过来,必然抢占安邑,切断蒲坂与平阳间的通道,可以说,汉军控制了安邑才能控制整个魏国。

当汉军突然出现在安邑城下时,魏军以为汉军从天而降,极为震惊!

守将孙遬仓促应战,被曹参卖个破绽,轻身一闪,顺手牵羊,生擒下马。魏军见主将被捉,如惊弓飞鸟,一下哄散。曹参乘势直入,没费多大气力,夺得了安邑城。

同样,守蒲坂的魏军主将柏直,见对岸鼓声震天,汉军在忙忙碌碌地调遣船只,以为汉军来攻,连忙率部迎战。当快马飞报安邑丢失时,他急忙分兵,回援安邑。不知是计,他前脚刚走,韩信、灌婴便率军从河西掩杀过来。蒲坂的魏军惊慌失措,毫无斗志,一触即溃。

而当魏王豹接到安邑失守的消息时,更是惊得目瞪口呆,完全打乱了他的作战布置。当他得知汉军用木罂偷渡后,恍然大悟,连呼上当,终于明白为什么骁勇善战的章邯,在韩信手下一败涂地,为什么英勇无敌的楚军,在京、索地区,再也无法向前推进一步。

水来土掩,兵来将挡,必须夺回安邑!惊愕之余的魏王豹,定下决心,亲自率大军向安邑开去。汉、魏两军在安邑与平阳之间的曲阳相遇后,过了黄河的汉军,自知已深入敌后,有进无退,个个奋不顾身,锐不可当,只是几阵冲杀,魏军便溃不成军,向东逃窜。到了东恒,汉军又将魏豹团团围住。魏军将士自知已陷绝境,抵抗无益,纷纷丢下武器。此时,魏王豹考虑再三,投降尚可保全性命,无奈之下,他只好下马伏地,举手投降。

　　伐魏的胜利,这是韩信在北方战场独立指挥的第一个战役,旗开得胜,一举灭掉魏国,拔掉了横插在汉军脊背上的一根芒刺。同时,伐魏的胜利也是刘邦彭城大败后取得的一次重大胜利,为汉军进一步开辟新的战场奠定了坚实的基础。

第十九章 "二十一"字新方针

占领了夏阳后,韩信并未乘势去夺魏地北边的城池,曹参、灌婴均感纳闷,他们来见韩信。

"来得正好,我正有要事找你们商量。"韩信连忙将他二人招进大帐,"汉军三万人马,仅用了两个月时间,就成功地打了一个大胜仗,对士气鼓舞极大。可是,战争远未结束,与西魏接壤的赵国,正在增兵边地,你们看怎么办?"

曹参感到错愕:"赵王歇是不是怕我们顺手牵羊,图谋他赵地?"

韩信摇了摇头:"赵歇增兵阏与,其志不小,看来,他们试图抢占魏地的晋阳、邬城,然后关上国门,割据、自保与汉军对抗。"

"大将,你下令吧!让我等迅速率军北上,打他个人仰马翻,绝了赵军的觊觎。"曹参、灌婴心中大惊,迫不及待地向韩信请缨。

"鉴于目前情况,有必要重新调整战略。"韩信微笑着说,"至于邬城、晋阳可暂时搁一搁,不然战线过长,那是要吃亏的。其实赵军敢抢晋阳,我正求之不得!你们想,项羽处于霸主地位,号令诸侯。而诸侯们守境自保,服从霸王,战略形势对汉军十分不利。荥阳、成皋已两次失守,汉王承受着极大压力。如今,摆在我们面前只有两条道路：一条是就此罢兵，固守魏地。这也是汉王所要求的。一条是横下一条心，继续向东进军，开辟第二战场。思考良久，还是第二条可行。为此，我提出'北举赵燕，东击齐，南绝楚之粮道，西与大王会于荥阳！'的新作战方针。"

韩信稍加阐述："当前项羽忙于对付汉王，又派大将龙且去剿灭英布，无力顾及赵、燕这些反复无常的诸侯势力。我们若能以破魏为突破口，再行北伐东讨，消灭代、赵、燕、齐等国，扩大疆土，进而断绝楚军粮道，迫使项羽陷入两线作战、腹背受敌的境地。即，我和大王对应作战，大王坚守荥阳西线，不停地与楚军周旋，而我则向东进攻，不断开辟广大战场，一守一攻，分进合击，使楚军疲于奔命，首尾难顾，最终彻底打败西楚霸王！"

"真是惊人的计划！"

不久，灌婴押着五花大绑的魏王豹和他的爱妃薄姬，前往荥阳行宫，并带去了韩信一份请战计划。

到了荥阳，灌婴就将魏豹押进宫来。

一见魏豹，刘邦沉下了脸。魏豹与汉军对垒前后不到二个月时间，就被韩信彻底打败，一个美梦就此破灭，真是造化作弄人。刘邦唬道："还留着这家伙干什么？难道要我为他养老送终不成？传我的令，将魏豹及全家斩首示众，并将他的头颅悬挂在荥阳城上示众三日，让诸侯们看看，让天下看看，我刘三也不是好惹的！"

他拍案大骂，慌得魏豹匍匐座前，乞求免死。

刘邦用手扇了扇鼻子："你胆量哪里去了，早知今日，何必当初？我派郦食其苦口婆心上门去劝你，你不但不给面子，还拿我要，你太缺德行了,这叫玩火者自焚,咎由自取!"

蓦地,刘邦意识到杀鸡只能给猴看,不能给诸侯看,激成诸侯异变,谁肯与我联和。要想对付项羽,人心最重要。杀掉一个魏豹,却坏了统一战线的大计,决不做这样赔本买卖。他朝张良看了一眼,张良颔首。

于是,刘邦拉起早已软瘫在地的魏豹,又好言安慰道:"好了,念你我兄弟份上,留你一条性命,只要你能够忠于汉事,好好做人,寡人定会与你共富贵!你的性命留下,但要将你的家属全部没入织室,这算给一个处分,让你长长记性。说罢,他将趴在地上的魏豹撵出。"

留下性命就算不错了,魏豹也顾及不了薄姬。其实,刘邦性取向非常混乱,将魏豹眷属扣下,是因他听说魏王豹的宠姬薄姬是魏国第一大美人,便将她留下送往后宫。身不由己的薄姬,被刘邦宠幸,一年后生了一个男孩,取名恒。说来也巧,这男孩便是后来的汉文帝。

处置好魏豹后,刘邦听取了灌婴的汇报。

"大王!赵国的赵王歇蠢蠢欲动,欲想抢占魏北,汉赵交战已迫在眉睫。据此,大将益请增兵三万,一不做二不休,北举赵燕,东击齐,然后挥师与大王会于荥阳!"灌婴忙向刘邦呈上韩信的请战计划。

"哦?"刘邦心想,"增兵三万不是问题,只是韩信的主意实在太多,而自己下魏以后,对时局如何运筹,尚未好好考虑。"

灌婴退下后,刘邦私下盘算开了。

楚、汉及赵国都处于中原地区,各占一大块地方。但陈余和楚汉都有矛盾,项羽分封诸侯,没封陈余,只给南陂三县。自己也不用说,曾骗过他。故陈余既不属楚,也不属汉。就天下大势来看,这样现状,却大大有利于楚军。而韩信能够不断扩张势力,开辟第二战场,对项羽构成牵制,自己荥阳一线所受压力就会大大减轻。但韩信能用兵,会打仗,运筹帷幄,从拜被为大将以来,在十分险恶的境地下,反应敏锐,极善于掌握局势的变化,度陈仓、定三秦、坚守京索,每战必胜,如今又攻取了魏国,他的声势日益强大,会不会拥兵自重?若如此,依眼前的形势,绝对制止不了。当初把军队交给韩信击魏,是迫于无奈,破了魏,解除了威胁,目的也就达到了。因此,刘邦对韩信心理很复杂,既欣赏,又钦佩,也害怕。

　　这是一份新的战略方针,事关重大,刘邦连忙召开汉军核心成员会议,商讨计划内容。

　　张良首先发表了看法:"彭越、英布虽是天下枭雄,但用兵作战与韩信不能同日而语。好有一比,韩信是大刀,彭越、英布是小刃,所起的作用完全不同。现在,汉王占据荥阳地区,韩信已将魏、代两国收入囊中,若再拿下赵国,中原地区基本就算搞定。这样,汉军与楚军对抗就会占有优势。因此,韩信北伐这是极佳选择。因为破魏后,中原西北门户即被叩开,为北伐提供了可能。这个方案主要意思有三层,第一,大王坚守荥阳,利用荥阳、成皋一带有利地形,持久同楚军周旋;第二,由韩信在北方战场继续东进,完成对楚战略合围;第三,最后韩信由齐地挥师南下,占领楚国后方,转而西向,会大王围歼项羽于荥阳。"

　　在场的所有人,都在静静地听着分析。

　　他又道:"这是一个前无古人的战法创新,高瞻远瞩,深谋远虑,并不拘于后发制人的老一套。此计划如能顺利实施,定会扭转目前战局,为最终能够战胜项羽创造条件。"

张良的阐述,刘邦没有任何反对理由。不过,这支军队不能只交给韩信一个人,以免尾大不掉,难以驾驭。

大王,何不派张耳到韩信军中去做"监督"?心眼极多的郦食其也有同样的顾虑。既要限制韩信的兵力,又要能找一位"督军",与韩信并驾齐驱,分享权力,他认为张耳去一定能牵制韩信,又对韩信方案的实施十分有利。

"一箭双雕",此言正中刘邦下怀。

张良心中暗骂郦食其,这老酒鬼心可够损的,不过,叫张耳去倒更有利于韩信用兵。想到这里,他点点头:不错,这样一来,汉军就名正言顺了。

随后刘邦下令,将西魏封地一分为三,分别设为河东、上党、太原三郡。同时,他让灌婴到平阳传旨,正式任命张耳为监军,带两万新募之卒前往交割,并由灌婴从韩信军中挑选二万精兵,及缴获的大量作战物资,调往荥阳,以加强荥阳的防卫。

第二十章　督军

几年前,刘邦为拉拢张耳,将自己的女儿鲁元公主许配给张耳的儿子张敖,两家成了儿女亲家,派张耳来监督韩信却也因政治联姻这层关系。不过,除此外,两人早年还有一段鲜为人知的情谊。

当时秦国还在兴旺的时候,张耳就在赵、魏等地从事反秦抗暴活动。他在那一带声望很高,极受那里父老乡亲的崇敬。信陵君是战国时四大公子之一,窃符救赵的故事世人皆知。正因为张耳曾经做过信陵君魏无忌的门客,贤名远扬。当时,就连在楚地落拓的刘邦,在未发迹之时,也曾崇拜张耳,像狂热的追星族一样,从沛地一直跑到数百里外的河南外黄张府,追寻张耳,在那里一住就是几个月时间。张耳并没有轻看刘邦,竟能视之为一个了不起人物。两人生死相交,感情极深。项羽占领关中,张耳被封为常山王。常山只是小小边邑,代王陈余攻取了赵国,夺走了常山,张耳非常痛恨,以常山王的身份,只身逃难来投刘邦,欲借刘邦的力量抵抗陈余。

对张耳两手空空到来,刘邦没有另眼相看,而是礼遇加倍。现在,刘邦将征伐赵国的任务交给张耳和韩信,张耳非常高兴,复仇的机会终于来到,恨不能立即过去杀了陈余!

在未和韩信见面以前,张耳很担心,自己率数万未经战阵的新兵前来,是否引起威势正盛的韩信心疑?他知道,自己是代表刘邦到魏地来监视韩信的,如何相处,不免有些尴尬。想不到见了韩信,发现韩信并不这样认为。

"老前辈,你来到安邑,我就放心了。"

张耳没有出声,他不想猜测韩信所指"放心"是指什么。他只想从韩信的表情上了解他对自己的态度。韩信并没有注意张耳在观察自己,他直率地说:"你来了,我可集中精力投入作战。"

他抬眼望望张耳,又说:"指挥作战是我的专长,但打仗离不开政治,如何搞好政治,如何处理好政治与打仗关系,如何稳定民心,我并不在行。收魏以后,一遇到处理地方政务,我就头痛。当地百姓都称赞你是个君子,幸亏你来了,可以好好地做工作,劝抚他们安心地归顺我军。"

当晚韩信设宴为张耳洗尘,并引各将与张耳一一见面。

大家尽管第一次见张耳,但对于张耳和陈余之间的恩怨,早有耳闻。他们觉得任何人都会有私欲,有私欲不要紧,但不能利欲熏心。张耳、陈余是个极端例子。

张耳长陈余十多岁,早年陈余十分崇敬张耳,曾像对待父亲一样。

秦灭魏,秦始皇听说他二人为魏国的大名士,悬赏捉拿张耳一千金,陈余五百金。张耳、陈余改名换姓,一起逃到陈地当差打工。不久,陈胜、吴广举义,张耳、陈余前往,得到陈胜的重用。他们请兵掠河北,攻赵地,陈胜派亲信武臣为将军,张耳、陈余任左右校尉,领三千人马。

这支队伍从白马津渡过黄河,一路上得到当地人的支持。可不久,他们就脱离了陈胜,武臣自立为赵王,陈余任大将军,张耳任丞相。后来武臣遭到将领李良袭击被杀,张耳、陈余又奉旧赵王室赵歇为赵王。秦将章邯击杀楚军后,渡河攻赵,将赵歇、张耳包围在巨鹿城内。陈余在外不敢援救,张耳对此深为怨恨。

钜鹿之战取胜后,张耳责问陈余,陈余沉不住气,一怒之下,将大将军印绶推予张耳,张耳毫不客气收取了兵权。陈余只好率亲信数万人脱离张耳,从此两人反目为仇。后来张耳跟随项羽入关,项羽立诸侯王,将原赵国分为常山、代两国,封张耳为常山王,改封赵王歇为

太行山

代王,对陈余仅封南皮附近三县为侯。陈余大为愤怒。不久,田荣在齐地起兵反楚,陈余就派亲信夏说游说田荣,并向田荣借兵,田荣也希望壮大反楚声势,便派遣一支人马给陈余,陈余又调集南皮全部武装,去袭击张耳。张耳不敌陈余,兵败后无家可归,于是投奔汉王刘邦。彭城大战后,陈余得知刘邦杀了一个与张耳面貌相似的人来欺骗他,义愤填膺,认为刘邦不讲信义。于是,回到赵地后,他就准备凭借太行山险隘来阻击汉军,并布下两道防线,一道晋阳防线,一道井陉防线。

韩信问起陈余是一个什么样性格的人?在这个世上,只有张耳对陈余最了解。

"还看不出来吗?好斗、倔强。"

"好,他越好斗,越倔强,对我们越有利。"韩信又问起陈余和赵王歇之间到底是什么关系?

"相互利用,狼狈为奸。"张耳说,"代原本是陈余地盘,陈余以赵王歇的名义下赵,仍立赵歇为赵王,自立为代王,任命亲信夏说为代相守代,而他则无耻的以师傅的名义留在赵国,辅佐赵歇,行控制之实。"

接下去,韩信谈了破赵的一些想法。赵、代一体,而代在太行山以西,力量微弱,可将赵、代做一个大战役准备,方案已酝酿一些时间,还请张耳最后定夺。

"不敢。"张耳表示自己不过督军而已,指挥部署,该由大将自专,如蒙眷顾,他愿洗耳恭听。

韩信谈了灭赵方案:"可先傲纵陈余,劝陈余井水不犯河水,汉、赵不必交战,并让夏说归还汉魏交战时他们抢去的晋阳、邬城。到嘴的肥肉,他必不肯吐出。以为汉军正面临着同楚军决战,魏地尚未巩固,远离后方作战,人困马乏,不可能再与赵交锋,但这就为我们后发制人准备了条件。接着,可以调虎离山,派一军围住邬城,引夏说前来救援,我军则设下埋伏,吃掉这一块。阏与是通往径井口的战略要道,在代军被歼后,阏与的守敌必然惊慌失措,向赵救援,这时可故伎重演,攻其屏障赵国的门户阏与,引蛇出洞,那时,我们可在阏与跟井陉之间的太行山西坡,伏下重兵,一举歼灭赵军。"

"好办法!"忽然,张耳叹了口气,可惜自己带来的全是未经征战之卒。

"不要紧,把新来的掺进,以老带新,让他们在战斗中锻炼吧。韩信一席话,说得张耳心悦诚服。"

赵、代一体,取赵必先取代。

代原是个很狭小的地区。春秋时,是晋国的附庸,战国时,臣属于赵国。但代国在太行山以西,赵国却在太行山以东,中间被太行山隔开。这个地区,在地理形势上,不太有利于防守,赵、代联军难以做到真正地配合。

代相夏说率代国的主力驻守阏与,邬城由代将戚公率兵屯守。这天午夜,战鼓四起,汉军举着火把从四面八方围攻邬城,戚公自知抵抗不住,便急命一副将率人马突围,请求夏说援救。

韩信指挥军士虚张声势在后面追赶一阵,那副将如惊弓之鸟,急急催马而去。

夏说同汉军的郦食其一样,是个游说之士,对于军事是外行。得到戚公的紧急求援信后,他想,刚刚到手的邬城,岂可轻易丢失,以后在陈余面前又如何交代。他留下副将张仝守城,如此交代了一番后,亲率一万人马,急忙赶往邬城。此时,汉将曹参已经奉命,率领二万人马,设伏于林海中的葫芦谷,伏击从阏与出来的代军。

夏说率军到了林海进路两侧时,即遭到伏击,慌乱回撤,率军企图拼死越过太行山向赵军靠拢。

韩信哪里肯轻易放过,他置邬城的代军于不顾,挥军奋力追杀,半途将夏说擒获,并乘势包围了阏与。然后令曹参迅速回师,从容不迫收拾邬城守军。邬城守将戚公、夜元见大势已去,慌忙弃城而逃。戚公为曹参追杀,夜元投降。韩信又派高邑、杜得臣、冷耳率军一万余人,悄悄绕过邬城,挺进魏地的晋阳。知照守将宣虎,晓以大义,劝其归汉。宣虎考虑再三,魏王豹已经投降,坚持毫无意义,归赵不如归汉,便捧出印绶出城投降。这样,汉军兵不血刃,取得魏地最后一个城邑。

第二十一章　天才与白痴

不久,汉军展开了对阏与的围歼行动。

曹参从邬城,高邑从晋阳,孔聚、陈贺从平阳,分别率军迂回穿插到阏与和井陉西坡,悄悄撒下一张大网,欲伏击援代的赵军。可是一连数日,全无赵军救援的动静。

正当疑惑之际,韩信得到一个可靠消息,赵军决定放弃太行山以西的代地,调集十五万大军,声势浩大,欲坚守井陉,拒敌自保。

韩信大为吃惊:"调虎离山这一招被赵军识破,赵军凭险拒守,我们必将劳师无获,这难道赵军有高人指点不成?"

这话提醒了张耳:"哎呀!一拍脑门,怎么给忘了,赵歇是个无能之辈,他原来就是陈余所拥立的花瓶,事实上的权力在陈余。陈余是个固执、不切实际的家伙,军事上并没有什么了不起的才能。但赵地有两个奇才,一个是蒯彻,一个是李左车,他们说不定正在帮助赵王歇?"

此时,张耳着重介绍了李左车。

李左车为土生土长的本地人,以谋略见长。他的祖父是赵国名将李牧。当年秦国伐赵,王翦用反间计离散赵国君臣,李牧被赐死。

李左车在李牧旧将的协助下，将祖父尸骨巧妙的盗取后运回故乡。在反秦复国中，他更是一马当先，屡建奇功，因而赐号广武君，意为广大武安君的神武。他现在为赵国主要谋士，赵歇攻城略地，其功劳名义上是陈余，其实全赖李左车。然而，家学渊厚的李左车，涉猎百家，尤擅兵学，小则安邦，大则定国，然非常之人不能用之。

韩信点点头，知道遇到了真正的对手。他怕夜长梦多，再拖下去毫无意义，命令强攻阏与。阏与守将张仝没有得到援兵，眼看城防将被攻破，于是刎颈自尽。入城后，韩信厚葬张仝。

赵军改变战略，没有出兵救阏与，不久汉军得到消息，证实确是李左车的主意。

对汉军包围阏与，李左车曾冷静劝阻陈余："代王！急救阏与多有不利，阏与同赵地相隔很远，需翻越太行山，由于山势险要，地形复杂，容易遭到汉军伏击，况且，阏与无险可守，要保住阏与代价太大。现在，汉军放着阏与不打，显然，他们企图调虎离山，围点打援，一旦中计，后果不堪设想。"

李左车的劝说，陈余一时拿不定救与不救阏与的主意，于是，他将救援之事耽搁下来。如今阏与丢失，夏说被擒，张仝自杀，夜元投降，陈余倒又后悔自己听了李左车的话，使他惨淡经营多年的地盘，一仗不打，就拱手送人。由此，他恨李左车，但更恨张耳、韩信的心狠手辣，发誓不惜任何代价一定要报仇雪恨！

这一天，陈余得到消息，楚军已在荥阳一带发起冬季攻势，刘邦频频告急，且楚军大司马龙且已破了不久前反叛项羽的九江王英布，回军荥阳后，楚军声威大振。他拍手称快："魏王豹没有等到这天，可被我陈余等到了,这下要你韩信的好看!"

就在这时,又发生了一件意想不到的事。刘邦给韩信下发了一道命令,抽曹参及其所部,到荥阳以备拒敌之用。这恐怕既是为了加强荥阳的防守力量,也是有意为了抑制韩信的发展,韩信受到了极大削弱,所率兵力已经十分有限。

陈余更加放心,以区区三万军队攻赵,无疑是痴人说梦,绝对无法成功。

太行山脉位于黄土高原东部,北起幽燕,南抵黄河,是中国东部地区的重要山脉和地理分界线。过了太行山,向东就是一望无际的华北平原。韩信如果想从魏地攻入赵国,主要的进军道路就是要穿越太行山。

太行山由一道一道峰棱组成,形成细长峡谷,而狭窄的谷底,便是通道经过处。由于山峦夹峙,道路十分狭隘,当地人把这种自然山脊称为"陉"。

"太行八陉",即古代晋、冀、豫三省太行山八条咽喉通道,只要太行山以东的敌人守住这八个径口,以西的敌人,就休想通过八百余里的太行山。在八陉中,又以"井陉"最为著名,为历代兵家必争之地。

过太行山,和过秦岭完全不同,过太行不是靠栈道,而是靠太行关隘通行。如在井陉两端设兵驻守,其进兵之难绝不亚于蜀中栈道。可是,陈余没有控制隘口,而是在隘口之东较远的地方安营待战。他认为,控制隘口汉军将不得前来,只有网开一面,待他们过了隘口之后,再以绝对优势兵力发起攻击,才能将汉军一举扑杀。

李左车见陈余如此布置,大惊不已。放弃有利地形于不顾,却要打开国门引狼入室,这是万万使不得的事。他又面见陈余,诚恳地劝道:"代王,此次汉将韩信、张耳出征锋芒锐不可当,我军强攻不利,应以智取方为上策。"

"怎么个智取?"

李左车说:"韩信远渡黄河,俘虏了魏王豹,血战阏与,擒了夏说,又在张耳的帮助之下,前来攻我赵国。汉军乘胜而来,士气旺盛,其锋锐不可当。兵法云:'无辎重则亡,无粮食则亡。'井陉道陕路窄,车不能并驱行驶,骑不得排成队列,在这样的道上行军数百里,粮食势必落在后面。代王若能给我三万步卒,让我断他们的辎重粮饷,您却在固关深沟高垒,坚壁不出,这样,韩信进不得战,退不得还。我再以奇兵从背后袭击,汉军定会首尾不能兼顾,军中无粮,军心必乱,不出十日,韩信、张耳两人头颅就可献至麾下。否则,虽有险阻,不足深慑,兵多将广,难以匹敌,那时——"

陈余一听急了:"靠阴谋取胜,赢了能光彩吗?"他一脸深沉:"何必要费这么多心机,绕这么多弯子呢?你意思派兵守住井陉道口,不让韩信进来,把他拖垮,然后施以计谋,再消灭他。我以为这不是好办法。自起兵以来,本王就是以信义为本,助武臣收赵地,抗拒不义暴秦,助赵王歇赶走张耳,向霸王讨回公道——取胜之道,仍为义兵不用诈谋!如今,刘邦居心险恶,欺人太甚,前时他蒙骗于我出兵彭城,现在又让贪得无厌的张耳与韩信抢我代赵,对这样不仁不义之师,可明刀明枪地解决问题。"

陈余要把事情弄坏,他不了解韩信,不知道韩信厉害,耍小聪明,还自以为得计。李左车焦虑不安:"代王!韩信非寻常之人可比,他的兵机将略无法预料,一着失当,后悔晚矣。如今汉军气势正盛,犯不上碰在他的锋头上。最稳妥、最有效的办法,就是先冷他一冷,冷得他沉不住气,轻举妄动,自投罗网,那时施以雷霆一击,方能取胜。"

"唉,你怎么变成这么婆婆妈妈的呢?"陈余回答说,"赵是个泱泱大国,拥有太行山以东、黄河以北千里之地。仅井陉一地就有十五万大军。而韩信、张耳仅有三万兵马,且千里来袭,疲惫不堪。若不敢同他们交战,恐怕要被天下人耻笑,视我们为胆怯之辈。哼!若怕他们,以后就没有日子过了。"

陈余不仅没有接受李左车的建议,反而认为李左车一再夸张韩信的将才,是对自己的轻蔑不敬。他又说:"如韩信、张耳敢冒逆天理,侵我赵地,我就是堂堂正正保家卫国,这是正义之师,正义之师人心所向。我要将他们放进来,乘其长途跋涉,人困马乏之际,掩杀过去。兵法有云,'十则围之,五则攻之',我就不相信十五万人马,斗不过他三万乌兵!但,我们若拒守井陉口,韩信、张耳就进不来,那这仗怎么打?"说完,竟置李左车于不顾,扬长而去。

李左车不禁一愣,陈余死读兵法却根本不懂兵法,无可理喻。望着陈余的背影,他长叹一声:"意气用事的陈余,并非成就大事的长者,他这样做,无疑是将赵国推上了绝路!"

第二十二章　背水一战

面对强敌,韩信在行动上不敢有半点马虎。

借张耳的人脉关系,派人潜入赵地,把陈余的军事部署,打探得一清二楚。他最担心地就是怕采用李左车的计谋,如果那样,汉军将进不得退不得,会陷入覆灭的境地。李左车计谋被否决,韩信大喜过望,李左车真是高人,国之辅也!倘若在我军通过井陉关时,只用三千人,设伏在井陉关道路两侧,势必危也。李左车良策难施,使我军有可乘之机。

正在这时,陈余派人前来下战书。

陈余举动实在让人出乎意料!韩信接过战书凝视着,突然意识到,如今的情况有如当年项羽的钜鹿大战,破釜沉舟既是万不得已,也是险绝之处求生路。他微笑着决定,接受陈余的挑战,去井陉口决一雌雄!

来使走后,汉军大帐却议论开了。

"大将!这是陈余的阴谋,他分明是欺我人少,放开袋口,引诱我军朝里钻,岂能上他的当!"汉将孔聚疑云满腹地说。

"对!大将,赵国兵聚井陉,若深入赵军重围,无意于自投罗网,请三思。"陈贺也不无担心地说,"我军大多是临时从各地抽调来的,其中主要部分,则是刚刚从魏地征发来的乌合之众,且军中无大将!楚军的进攻已给荥阳造成了危机,灌婴一去不归,曹参及所部又被大王调走。说实在的,我和孔将军等人还都缺乏当一面的经验。兵少将寡,这个仗怎么打?"

"萧何、郦商那里有的是人马,却偏偏非在我们破赵的节骨眼上,将曹参、灌婴抽走,大王他是不是不放心?"孔聚不满地又说。

原本是议论赵国下战书,现在却不知不觉跑了题。韩信愣了一下,看看议论已没有必要,即行宣布退帐。

登坛拜将后,尽管刘邦对韩信的谋略深为赏识,但在统军这个问题上,韩信身为汉军之帅,却不能独当一面。或者说只有建议权,没有决定权。从还定三秦和进军彭城两大战役上可清楚看出这一点。攻打魏豹,固然是张良的推荐,但主要因素还是项羽强兵压境,一筹莫展的缘故!现在,汉王是不是对东进战略动摇了,欲抽调韩信去荥阳参加会战?汉王是不是对韩信不再信任了?事实上,就韩信心情来说,巴不得去荥阳痛痛快快决战,以报项羽当年对他的蔑视。但现在还不是时候,楚军最大特点,就是擅长打正面突破的野战,而汉军却相反,打不得攻坚战,若即刻将韩信调往荥阳决战,未必能够取得胜利,最终一盘活棋,将变成死局,对汉军十分不利。现如今,摆在面前只有二条路,一条,干脆返回荥阳,参加荥阳的防守会战;一条,按既定方针,不论代价如何,拿下赵国。按目前汉军的境况,攻赵确实难度太大。曹参部队绝对是主力,曹参的军队及曹参本人被抽走,严重削弱了部署,伐赵能否继续进行下去,不得不重新考虑。只是赵军主动放弃井陉口,这是个千载难逢的战机,可遇而不可求!在此关键时刻,作为一名军人,要头脑冷静,时刻从灭楚大局出发,不计个人得失,敢于承担政治风险和政治责任!

韩信咬了咬牙,站了起来,像是定下了决心,将桌子一拍:"这个险得冒!"

翌日,韩信便与张耳率军从阏与挥师直入井陉。

一路上,奇峰插云,壁立千仞,气象森然,地形异常复杂。山谷中时时传出猿啼虎啸之声,令人十分恐惧。回首仰望险峻的高山,此地活像个井口,唯一一条弯弯曲曲的羊肠小道,横插在丛山峻岭之中。车不得方轨,骑不得成列。真是"一夫当关,万夫莫开","鸟可以过,人不得还"。

韩信不禁想到了李左车为陈余所谋划的计策,以险相阻,以守为攻,真是一条奇谋妙计,幸亏陈余没有采纳,否则,汉军将死无葬身之地。

汉军疾速推进,安然进抵井陉口前方三十里的山谷中,扎下营寨。

不顾行军疲劳,韩信即刻升帐,布兵点将。

他指着帛图说:"我们已顺利翻越了太行山,进入井陉山口。出了山口左侧是萆山,赵军主力便驻扎在萆山前的壁垒,靠山临水。往东,冶河拦住东进的去路。赵壁往南就是绵蔓水。绵蔓水从东边的冶河分流而来,西与滹沱河相接。从上面可以看出,井陉口附近是重山叠嶂,河水纵横,地形险要。故此,我军可先在萆山之后,埋伏两千轻骑,然后着一万人沿绵蔓水布阵,引陈余、赵王歇出战。我料定,他们欲置我军于死地,必会倾巢出动。那时,埋伏在莘山后的人马乘虚进入赵壁,拔去赵帜,插上我军的赤帜。赵军见壁垒被占,必然惊慌失措,我主力趁机拼杀,定能一鼓而胜!"

一鼓而胜?众将心中无不惊愕,三万人马三分两分还有多少,能顶住十五万赵军的冲击?

韩信看出大家的疑惑,笑了。他嘱托众将,破赵成功与否关键在此一役!希望将士们树立必胜的信念,同心同德,敢打恶仗,就一定能够取得胜利!他下令:"军情紧急,今夜三更起身,四更出发,不得生火造饭,多预备干粮,待明日破赵后,本将会好好地犒赏三军!"

接着,他唤来高邑、夜元:"你二人率两千骑兵,每人手持一面赤帜,从小径潜入赵壁后的莘山,依山隐蔽,窥伺赵军的动静,待其倾巢出动、追逐我大军时,你们立即乘虚驰入赵壁,拔去赵旗,全部换上我军赤帜,动作越快越好!"

韩信又唤来孔聚、陈贺二将:"赵军占有井陉山口的有利地形,并修筑了坚固营垒,目的是等我大军都出了井陉口再行决战。你们随我带一万人马去赵垒前的绵蔓水布阵,引诱他们出击。只要你们不打出大将旗号,我料定他们不会出来,是怕我大军遇险而退。"

孔聚愣了一下,鼓起勇气问:"大将,兵法云'背水列阵为绝地'。万一赵军突入阵中,后有锦蔓水——"

谁都能听出他的潜台词,大将怎么了?是让我们跳入背后的绵蔓水溺死吗?

韩信不得不略加解释:"这,毋庸置疑,本帅这样安排自有道理,只要你们记住'死战能生'就能取胜。心情上要放松,一定要放松!"

信心是取胜的保证,这些听韩信的话,跟随韩信从汉中走出来的将士,认为韩信就是一个神帅,一切不用怀疑,从汉中到关中,再到魏地,有如秋风扫落叶,再强大的敌人也会被彻底消灭。

拂晓时分,他们穿过井陉口来到了绵蔓水东岸,顾不上揩一把,乘着尚未完全退去的夜色,靠着绵蔓水东岸边,排开一字长蛇阵。排毕,韩信又亲自巡视一遍,很为满意。他这才嘘上一口气,清瘦的脸庞露出了自信的微笑。

红彤彤的太阳从山冈上升起,光芒四射,忙碌一夜的汉军并没有疲倦之色,一个个精神百倍。

可是,当万余名汉军沿绵蔓水布阵时,无论赵军将帅还是士卒,都在哈哈耻笑。人人都称赞韩信是个天才,但今日看他点兵布阵,连兵法中的要义都不知道,还打什么仗,真不愧为胯下之将!

"代王,事情不对,背水列阵乃兵家之大忌,韩信怎会不知道?他这样做难道其中有诈不成?"赵王歇不放心地对陈余说。

放汉军进来,陈余嘴上说不紧张,可心里还是十分紧张。陈余仔细眺望汉军旗鼓,只见汉军悉数在此,随即发出一阵轻蔑地笑声:"哈哈!我可不像魏王豹那么嫩,轻易受他的欺骗。韩信是势穷力竭,定在刘邦面前夸下了海口,打肿脸充胖子,硬行来攻,所以才不得已背水列阵,究其原因显然是兵力不足,无兵可用。我还是那句话,十五万大军难道斗不过他三万兵!"

"自然是,那就请丞相发兵吧!"赵王歇连忙说。

"唉!不急。君子打仗不做不仁不义之事,我乘他阵脚未稳去进攻,打胜了也不光彩。等他布好阵,大将旗号出来了,我们再行出击不迟。放心,不怕破不了这钻裤裆的家伙!且叫他输得心服口服!"

正在说话之间,鼓声震天,大将旗号打出,韩信亲率一队汉军,大摇大摆地来到赵垒前搦战。

在战史中,使用诱敌之计的前例不少,但像韩信这样,以大军统帅身份亲作为诱饵,来钓敌方大鱼的,倒是前所未见。

看清楚了,张耳也出来了!陈余气不打一处出,老不死的张耳是自己的死敌,岂能轻易地放过他。陈余立即传命赵军,大开寨门,抢夺井陉,切断汉军退路,与汉军决一死战。他亲率大军漫山遍野,有如潮水般地蜂拥而来。

战鼓声如雷鸣,喊杀声震天动地,汉、赵两军就在赵垒前偌大的地盘上大战开了。只是赵军的来势太凶猛,兵力太强大,不久汉军渐渐力不能支,纷纷丢弃旗鼓器械,争先恐后地随韩信、张耳向背水阵方向退却。

绵蔓水呜咽地流动着,它能阻挡得了退路吗?

陈余见汉军退却,激动地不能自持,只要再加一把劲,汉军失败似乎已成定局。他将令旗一挥,命守护赵垒和攻打井陉口的将士全部出动,追击汉军。

古时的绵蔓水比今天要宽得多。当汉军退到绵蔓水背水阵时,个个惊傻了眼,河水汹涌奔腾,若被赵军赶入绵蔓水,将死无藏身之地!回头再望铺天盖地、杀气腾腾的赵军,意识到已经身陷绝境!

真正决战的时刻到了!

韩信将大戟左右一晃,孔聚、陈贺分别率军从蛇头、蛇尾卷向赵军。

汉军与赵军又是一番混战。此时,红了眼的汉军,求生的本能点燃了决死的信念!拼杀成仁,成了共同吼声!汉军将士没有孬种,个个是汉子,以一当十,喊杀声撕心裂肺,惊天动地,响彻整个井陉口!

汉军与强大赵军绞杀一团,尘土飞扬,遮天蔽日,死伤遍地,血流如注。不久,赵军却透出了慌张。

万余汉军竟奇迹般的顶住了十五万赵军的冲杀,个个着了魔似的不怕死!

正在这时,从井陉口冲出一支汉军,直扑绵蔓水。得到生力军的援助,原先拼死搏杀的汉军将士更加精神抖擞。而赵军不愿为代国的陈余卖命,军心不稳,斗志全无,有些士卒甚至被汉军赶下河去。

真是不可思议!人数占优,原先一边倒的战斗,怎么会变成这个样子?战力强大的赵军,怎么像霜打的茄子蔫了?陈余大骂韩信狡猾。罢了,罢了!不如收兵回赵垒,休整一宿,明天再行决战不迟。他怕拖下去对赵军不利,只得鸣金收兵,往赵壁撤回。

不一刻,赵军后队已来到壁垒前,抬头观望,竟傻了眼!赵军旗帜不见了,数以千计的汉军赤帜,在阳光下,随风招展,汇成一片红色的海洋。

这怎么是汉军大营?汉军已经偷袭了赵壁?!陈余如梦方醒,后悔莫及,韩信的算度是多么精明!他竟敢以自身为诱饵,将数万新兵一分为三,与我十五万大军相抗,还偷袭了我的壁垒,太小看这胯下小子了。

陈余急令攻赵壁,一阵箭雨和滚石檑木落下,攻城的赵军纷纷毙命,使他更加手足无措。

这时,韩信、张耳率绵蔓水汉军已经杀奔过来,城上城下齐呼:"赵军完蛋了,活捉陈余、赵王歇啊!"

陈余眼前一黑,差点从马上摔下来,幸亏众将扶住。经此冲击,赵军心理彻底崩溃,个个像中了邪似的,风声鹤唳,草木皆兵,潮水般地溃散,任由汉军两头猎杀。他砍杀数将,无济于事,到这时候才真正地明白,除了胜利神马都是浮云,不禁仰天悲呼:"我陈余是个不中用的家伙,韩信用兵如神,赵国亡矣!"说着拔剑自刎。

第二十三章 降燕之策

襄国(故城在河北邢台市西南)赵王宫,正准备举行祝捷会餐。

难以想象白天曾在这里发生过一场惨烈、殊死的汉赵两军大厮杀,尽管汉军付出了不小的伤亡代价,但是,他们以一当十,决死拼杀,竟击溃击败了十多万赵军,取得了背水之战的伟大胜利。巨鹿之战,使项羽名满天下,如今井陉之战,同样,也使韩信成为众人崇仰的英雄,成为大众"粉丝"。

当韩信来到宴会厅时,将士们竟向可敬的大将欢呼万岁!

有将校来报,打扫战场的情况,陈余已自刎而死,赵王歇也死于泜水乱军之中,只是李左车下落不明。

赵王歇、陈余伏法令韩信兴奋,但遗憾的是李左车不知去向,他是一个令韩信感兴趣的人物。惺惺相惜,还有一些问题需要请教。韩信随即向众人下令,能活捉李左车,赏黄金百两!

重赏之下,必有"勇"夫,不一刻李左车就被人捉到。

韩信和张耳亲自到襄国城外,来接被俘的李左车。

张耳指着一旁的韩信,向李左车介绍,这是汉左丞相、汉大将韩信,他率我们迎候你来了!韩信挪步向前,亲自为李左车解开绑绳。

李左车是个有骨气的人，绝不会轻易投降。当他惊惧的目光和韩信温和的目光交织在一起时，把头转向一边，并表示没有什么话好说，要杀要砍随你们便！

怎么会杀李左车呢？未来东征的岁月，一定会荆棘丛生，困难重重，韩信身边，正缺少一位像张良那样智囊式的人物。忠义而有胆识。

"久闻广武君大名，今日能够相见，也算是缘分。不过恕我直言，忠于主人，报效国家，这是做人的道理。但不知先生忠的是赵国的赵王歇，还是代国的陈余？"韩信不无认真地说，"广武君，主宰赵国命运的是谁？这你应该比我清楚。赵王歇有名无实，赵国和代国政柄实际掌握在陈余手中，一切郡国大事全凭他来决断。他以赵王歇的名义夺了常山王封地后，本应还政于赵王歇，回到他那南皮三县去，可他却以师傅的名义辅佐赵王歇，实际上行控制之实。赵国到底是姓赵，还是姓陈，这就不好多说了。再者，先生满腹韬略，陈余到底能采纳多少？就是赵王歇的话，陈余又能听多少？"

说的确是事实，李左车惊愕地看着韩信。

韩信又道："秦失其鹿，天下共逐之，高材捷足者先登焉。汉王仁慈大度，广罗天下俊才，定能结束楚汉纷争。你若归汉，既是汉王的福分，也是你自己的福分，岂不两全其美？我相信，到那时你一定能发挥自己的才干，实现自己的抱负，我真诚希望你能够过来，我已期待你很久了！"

没想到，用兵如神的韩信，待人却谦恭而真诚。

张耳上前，拍了拍李左车肩膀："广武君，皮之不存，毛将焉附？

今赵国已亡,君何叛之有?就拿大将来说,本是投效霸王的,奈何霸王不知好歹,不分良莠,言不听,计不从。归汉后,汉王筑坛拜为大将,他明修栈道,暗袭陈仓,破章邯,定三秦,如今又破魏、下代、克赵,天下传为美谈。广武君,大丈夫身处动乱之世,当择主而事,岂可以一死愚忠而为世人所笑,切莫辜负大将一片深情。"

不由分说,张耳将李左车拉起来扶进了准备好的四轮马车,往襄国城中驶去。

此刻,王宫中酒筵已摆好。韩信执意请跼蹐不安的李左车东向主座,自己西向陪,俨然以待师长之礼对待他,十分谦逊恭敬。

酒过数巡,胜利的喜悦,增添了激情,将士们话闸子打开了。

说真的,破魏下代的那种打法,诸将觉得易于理解。对于守卫井陉的十五万赵军,韩信不按兵法行事,结果却以三万之兵,赢得了空前的胜利,创造了军事史上的一个惊人的奇迹。他们知道韩信不是那种只知鲁莽轻战,却不知胜负利害的赳赳武夫。相反,韩信既善战而又慎战,每战之前,他都能做到对敌情已情,天时地利,了如指掌,并进行周密的部署。他指挥的战斗,总是未战即已稳操胜券,既战则有章有法,必获全胜。那么,破赵之战到底怎么取胜的?秘诀在哪里呢?

孔聚拜服于地,请教道:"大将,兵法云'右倍山陵,前左水泽'。昨日您命我和陈贺将军等人背水布阵,并说破赵后会餐,我们虽不相信,但军令如山,不敢多提异议,更不敢违抗军令,没想到,大将这样做竟真的取得了最后胜利。这种韬略高深莫测,骗了敌人,怎么连自己人也骗了?实在让人不能理解,又让人不能不相信这是事实!"

"对！这仗打得太神，请大将将秘诀讲出来，让大伙听听吧。"许多将领跟着说。

"这，没有什么秘诀。背水列阵为绝地，今弄险而为，实在是不得而已。"韩信微笑着说，"诸君都是带兵打仗之人，常读《孙子兵法》，我的计谋就在上面写着，只是你们没有在意罢了。兵法云，'陷之死地而后生，投之亡地而后存'。其一，背水列阵，我军左右两翼是河流，两面皆是天然屏障，一时难以逾越，后翼是绵蔓水和太行山，赵军不得击；其二，摆背水阵，示愚示弱，麻痹赵军，引诱其出壁而战；其三，常言道，'宁带千军，不带一夫'。最为关键的是我军战士大都为新征调之人，未曾与我亲历战阵，同生共死，对他们来说，我没有什么恩德可言，在此关键时刻，必不能为我所用。这有如率领素不相识的市井之徒去作战，若有退路，敌方势大，将不战自溃，唯有置之死地，人人才会死里求生。所以，赵军虽众，奈何我军以一当十，岂有不胜之理呀！"

背水列阵，没有人敢这样做，天下只有艺高胆大的韩信一人敢为！看着韩信，众将崇拜之情油然而生，一起再拜。

有人又问韩信有无名师指点，韩信笑了，说自己既有名师也无名师，而成功总是给有准备的人。他语锋一转，却对李左车说："广武君，我欲乘势北攻燕，东伐齐，时至今日无计可施，愿不吝赐教。"

李左车感叹地说："古人云，'败军之将，不可以言勇，亡国之大夫，不可以图存'。今我为大将阶下之囚，哪有资格讨论郡国大计？请大将另择高明之士相助！"

韩信知道李左车的疑虑，恳切地道："先生之言差矣。春秋时，百里奚在虞国做官，但虞国却被晋国灭亡了。后来他又被秦穆公请到秦国，结果帮助秦穆公实现了霸业。这并非为虞计拙，为秦计巧，而是因为虞国的国君不肯采纳百里奚的建议，而秦穆公却对百里奚言听计从。同样，如果书呆子的陈余，肯听你的计谋，现在被俘的恐怕会是我韩信。正因为陈余不用你的计谋，我才侥幸打了胜仗。韩信诚心求教，务请先生不要推辞！"

李左车为韩信诚意所感动。"韩信确非陈余、赵王歇之辈能比，他是当今难得的天纵之才。士为知己者死，他把我当人，敬重于我，我就心甘情愿地做牛马，陈余把我当牛马，蔑视我，我却要昂头挺胸做人。"于是，李左车转变了态度，真诚地说："智者千虑，必有一失，愚者千虑，必有一得。狂夫之言，圣人择焉。左车之策未必适用，愿效愚诚。"

宴罢，韩信独留李左车，促膝请教。

李左车道："大将统兵东征以来，涉黄河擒魏王豹，调虎离山擒夏说，东下井陉，一日破赵军十多万，名闻海内，威震天下。但迭经战阵，师劳卒疲，其实难能再战。如果强行攻燕，兵屯于坚城之下，欲攻不克，日久粮尽，情必势危。而齐国也会乘机备战，坚决与大将为敌。如不能迅速解决燕、齐两国问题，那么，楚汉战争就难见分晓，形势变化就难以预料。这就是大将目前的短处和不利所在。"

"依先生所言，将如何行事为好？"

"当今之计，可按兵息甲，先安抚赵民百姓，丰飨将士，鼓励军心，然后，暗中派遣一辩士下书，大张声势，陈说利害，劝降燕王，燕王畏惧大将声威，岂敢不从？燕一旦降服，齐必定闻风而从！"

韩信十分赞同李左车的计策,击燕不如降燕,这是目前汉军进军的最好办法。他击掌说:"先生说得对!这是先虚张声势,吓破敌胆,然后再实施进攻,谨遵教诲!"

不久,依李左车计行事,韩信派人到燕国去游说。燕王臧荼是个明白人,在这生死关头,慑于韩信的声威及魏、代、赵等国败亡的教训,果然举国归降。这也为韩信击齐解决了后顾之忧。

韩信差人将燕王降书送往荥阳,同时奏请刘邦恢复张耳为赵王封号。

很快便接到回信,刘邦称赞韩信能用他人之智者为上智,获李左车而不杀,延为上宾,卒用其谋而下燕,正是韩信聪明过人之处。没动一兵一卒,却屈人之兵,一举收复了燕国,灵活用兵创造了战争史上一个范例。这与愚蠢的陈余恰恰形成鲜明的对比。他还称赞韩信破赵胁燕,干得有声有色,瓦解了楚军的进攻,巩固了赵地防线,这对汉军又做出了一个重大贡献。并同意韩信建议,封张耳为赵王,同时,还将颁授给张耳的赵王文诰、玺绶一并送来了。

其实,刘邦的内心真正感触,韩信一定不会想到。刘邦对张耳的忠诚毫不怀疑,但对韩信为张耳请封一事,认为是在拉关系,为自己出难题。

第二十四章　死不瞑目

韩信一路高歌猛进,有效地牵制了楚军,而人员、物资的大量补给,有力地支援了刘邦,即便如此,刘邦守护的荥阳战场,还是危机四伏,险情不断。

项羽先是派悍将龙且、侄子项佗,率大军围剿被随和成功策反的英布,没想到,一代猛将根本不堪一击,只是短短几个月,就被彻底打败。接着,楚军发兵截击汉军的粮仓,攻克了荥阳以东汉军的全部据点,将矛头直指汉军总部荥阳,并要一鼓作气夺下它。

楚军强大的攻势,汉军已透出慌乱,刘邦十分忧惧,寝食难安。

"大王别急!"郦食其跑来给刘邦出了一个主意,就八个字"分封诸侯,恢复六国"。

郦食其是想让在汉掌控下的旧王室成为诸侯,通过他们来对抗楚国,分散力量,缓解汉军的压力。然而,这能做得到吗?刘邦竟听从了他的建议,令人刻印,要郦食其去分封诸侯。

这时,张良正好外出看病回来,刘邦告诉要封六国后嗣的事情。"大事完了! 大事完了! 张良很少这样激动。如今天下楚国势力最强,就算恢复六国,六国与项羽之间的关系,就像六只小狼面对一只强壮的头狼,它们照样会摇着尾巴,依附过去。再说,商汤、周武的时候,封桀、纣后人,以示宽大为怀,天下没人反对。而如今,汉弱楚强,天下豪杰离开故土,追随大王,无非是盼望得到一块封地。如果把六国都恢复起来,拿什么去封赏?他们一定会各回其国,各事其主,还有谁会来为大王夺取天下?"

"竖儒!尽出馊主意,几乎坏了我的大事!"听了张良的一席话,刘邦吓得一身冷汗,立刻下令取消郦食其的任务。

当晚,垂头丧气的郦食其,独自一人喝得酩酊大醉。

耍嘴皮子尚可,谋划天下大事,郦老先生远不及张良。张良真是天下少有的大谋略家,思维缜密,考虑问题切中要害。为了保住荥阳,他又建议刘邦先稳住项羽,示和罢兵。

刘邦于是派出专使,试探性的到楚军游说,愿意订立盟约,把荥阳以东的地方全部划归西楚,荥阳以西的地方立为汉界,然后再收回韩信东路兵马,从此,楚、汉两家各自收兵。

项羽觉得刘邦势力渐大,韩信又善于用兵,且已取得了秦、魏、代、赵、燕、韩等地。而楚军粮草不足,长期征战,将怠兵疲,楚汉议和,也似无不可。但此议却遭到了范增的竭力反对。

"大王!议和这是刘邦的缓兵之计,把战局拖住,坐等韩信救兵。"范增阻拦项羽说,"如今正是天绝刘邦的大好机会,一定要猛打穷追,千万不可再错过了,否则,又是一个鸿门之恨。"

"亚父!"项羽从范增声色中似乎看出什么,犹豫起来。

他对汉使说:"你暂且回去,待我考虑一下,再通知你们。"

使者返回荥阳城,将情况一一转告刘邦。刘邦心知范增从中作梗,恨恨不已,下决心要除掉范增。

护军都尉陈平了解刘邦的心思。他提醒刘邦,项羽部属中只有亚父范增、钟离昧、周殷等人有些谋略。其中,范增和钟离昧威胁最大。而项羽为人猜忌,最容易听信谣言,如能离间他与范增等人关系,就可以瓦解楚军核心组织,削弱他的进攻力量。

好计!刘邦忙让陈平带上四万斤黄金去楚营贿赂,到处散布谣言,诋毁范增、钟离昧。项羽不免起了疑心,终于先使钟离昧失去了信任。紧接着,又让项羽怀疑范增和刘邦私通。暴怒之下,项羽竟要把范增抓来质问。

项羽身边的几个谋士劝住了他。抓人要有真凭实据,来自汉营的消息,不会是刘邦编造出来的阴谋诡计?

项羽这才忍了又忍,没有向范增发难。

人人都清楚,只有范增蒙在鼓里。他心中非常焦虑,项羽怎么对攻打荥阳懈怠下来?他又来劝说:"时间就是一切,请大王快快攻城!"

项羽已经不再相信范增了。他一改平日温和恭谨的态度:"亚父,我不过是你手中一把大刀,任凭你耍弄!"

"这是从何说起?"范增终于明白过来了,项羽竟对自己产生了怀疑!多年心血将要付之东流,楚地大好河山将要被刘邦夺走。他痛苦绝望的心情涌上心头:"天下大势去矣,请霸王好自为之!老朽不堪为驱使,请赐回乡。"

亚父既要回乡,我也不能勉强。对于范增的离去,项羽没有再做挽留。

范增是个很厉害的人,年七十,平时居家好设奇计,见识不凡,很有谋略,可以称得上是项家肱股之臣,被项羽尊称为"亚父"。"亚父"在当时的意思和叔父差不多。他辅佐项氏叔侄二人,殚精竭虑,吃尽了万般苦头,从来都是忠心耿耿,毫无二心。当年,是他挺身而出,力主恢复大楚国,用一招"挟天子以令诸侯"让人追随项梁、项羽的脚步,为其征战四方,因此,才有今天项羽称王称霸的局面!

记得那一年薛城大会上,项梁惴惴不安对十八路义军首领说:"各位,秦二世任命章邯为大将,率领二十万大军,东渡黄河来太行山以东平乱,秦军一路破关斩将,来势汹汹。前不久,我打听到一个确切消息,大泽乡举义的几位主要导领人已经死亡,赵国的赵歇、齐国的田儋、燕国的韩广、魏国的魏咎等人疯狂抢占地盘,跟义军分道扬镳。而秦军主帅章邯在杀了陈胜后,正调动大军,集中兵力,攻打楚军。在此紧要关头,我们不可一日无主呀!"

陈婴脸色平和,并没有什么表示,韩人张良好像在深思。沛县泗水亭长刘邦却站了起来说:"兄弟们,我是沛县中阳里人。先前在芒砀山释放了刑徒,犯了法,从那里带人逃出来做了强人,听说陈王举义,就回老家沛县夺了兵,同秦将司马尼战于萧西,取下邑,不很顺利。现在听说项梁将军过了长江,就带着人马赶来投奔。你们说我这是为什么?因为项梁将军世代将家,有名于天下,今欲举大事,当立项梁将军为楚王,亡秦必楚矣,请大家速速决定!随即,响起一片附和之声。"

"不妥!不妥!"项梁仍谦虚地说,"沛公,这我不能。前些日子我击杀了秦嘉,不仅因他阻挡我们进兵灭秦,更是因他还没有得到陈王确实死去的消息,就擅自立景驹为王,这是不义之举呀。"

"确实如此,老朽以为将军不可称王!"范增看了看项梁,接下去对大家说,"无可讳言,陈胜的死是在意料之中。他本非望族,又缺乏容人之量,不听忠言,匆忙称王,还不自取其咎?想当年,六国为秦并吞,其中楚国最为无故,楚怀王被秦昭王骗至秦国,一去不返,楚人至今十分悲愤。楚南公曾言,'楚虽三户,亡秦必楚!'如今,将军起兵江东,为何天下反秦义士都云集响应?那是相信将军准能恢复大楚国,立楚王的后人为王,大公无私替六国报仇。因此,希望将军因势利导,顺乎民心,何愁暴秦不灭!"

范增的一席话语掷地有声,全场一片寂静。

片刻,只见项梁表态:"先生之言,正合我意。如立个楚国后代,有利于凝聚天下人心,有利于大楚国同暴秦展开决战,就按先生的意思办!在场的人们一齐欢呼起来——"

项梁对范增言听计从,十分敬重。没想到他这糊涂、没有政治头脑的侄子,却在耍野!现在,他虽有机会赢得了霸王的称号,却错失了成为天下霸主的机会,而自己也成为最委屈的失败之人。范增坐在一辆牛车上,悲愤的心情难以平静下来。当到达彭城时,他便"疽发背",愤懑而死。

反间计成功了!刘邦轻而易举地除掉了项羽最得力助手。

只有人死了,才能使活人明白过来。

项羽对范增的死非常伤感。项梁战死之时,项羽刚满二十五岁,范增却已经七十多了,高官厚禄、珍宝美女,对于他来说,已经没有太多意义。他所以辅佐项羽,完全是出于与故人项梁的情义。但也正是这种关系,使得他在项羽面前知无不言,言无不尽,甚至像训斥一个孩子一般。由此他产生的逆反心理,给了陈平以离间的机会。刘邦手下,有萧何、张良、韩信、陈平等人,而自己这里却实实在在的,只范增一个是王佐之才呀!

复仇的怒火在胸中燃烧!项羽让季布、钟离昧、项伯日夜不停地挥军猛攻荥阳——

第二十五章　假投降

荥阳被围日久,这次刘邦纵有天大的能耐,项羽绝不会撤兵!而城破只是早晚之事。

刘邦不得已向张良、陈平做最后安排:"算了,干脆开门投降,让我一人送死,一来能保住将士们的性命,二来荥阳城里的大人小孩,男女老幼皆能不被屠杀。"

投降还有活路?这话倒提醒了张良。

"如今楚军势大,破城必唉!他对刘邦说,"当此关头,只有因势利导,金蝉脱壳,才能转危为安。可搞个假投降,骗过霸王,求得一条生路。"

此时,与刘邦长相十分相似的纪信将军见有此说,便站了出来:"末将自从追随大王,倍受恩遇,今日正是报恩良机。末将相貌、体态与大王极像,军中难找第二个,可替大王蒙骗霸王。"

刘邦迟疑未决。

张良、陈平来劝:"纪将军将个人安危置之度外,句句说得有理,只要纪将军愿意这样做,你就同意了。"刘邦泪流满面,将纪信拉了起来:"难得将军忠心耿耿,侠肝义胆。几年来,你随寡人走南闯北,吃尽了辛苦。如今,又要替寡人赴难。真不知该如何谢你。既然如此,将军若有个好歹,你家的高堂就是寡人的高堂,你家的妻子就是寡人的嫂嫂,你家的儿女就是寡人的儿女!"

陈平又使出一绝招,着人写了投降书,单请项羽晚间受降,并放出城中妇女。

这里顺便介绍一下陈平,他是楚汉争霸中比肩张良的人物,眼光独到,才华横溢,但手段狠辣,"阴谋"是史家最喜欢用来描述他谋略的词汇。

他本是一个农民,家里很穷,但从小就喜欢读书。秦末战争爆发后,他先投魏王咎,后又投项羽得到重用,任都尉一职。关中分封后,殷王司马卬一度叛楚,陈平受命平定。刘邦灭殷,司马卬降汉,项羽迁怒于陈平。陈平料想大难临头,又知项羽失道寡助,终将难以辅成大业。于是,他携着一柄宝剑,偷偷地逃走了。他想起在汉王手下的魏无知是自己的老朋友,不如也去投奔刘邦。

陈平到了汉营,经魏无知推荐,面见刘邦。陈平在咸阳帮助过刘邦,今日来归,刘邦十分高兴。两人纵论天下大事,十分投机。刘邦欣赏陈平的才华和洒脱的性格,破例任陈平为都尉,留在身边做参乘。这比起当年投汉的韩信,不能不说,刘邦更欣赏于陈平。这也引起了许多人的不满,他们向刘邦告状说,陈平这个人很坏,一来他曾和自己嫂子通奸,生活作风有问题;二来他来到汉军,收下级的钱财。更为严重的是,此人反复无常,最早效力魏王,却反叛魏王归顺霸王,而现在又投奔大王。

刘邦经不住众人再三诋毁,便也心生疑团,召陈平来质问。陈平不紧不慢地回答说:"我的信义绝对没有问题,同样一件有用的东西,在不同的人手里作用就不同了,我侍奉魏王,魏王不能用我,我离开他去帮助霸王,霸王也不信任我,所以我才来归附大王。我虽还是我,但用我的人不一样了。我久慕大王善于用人,故才不远千里前来投效。来到这儿,我什么也没带,所以什么都没有,才接受了人家的礼物。若大王听信逸言,不起用我,那么,我收下的那些礼物还没有动用,我可以全部交出来,请大王给我一条生路,让我辞职回家,老死故乡吧。"

寥寥数语,话中有话,刘邦的疑虑顿消,对陈平好感倍增,并重重地赏赐一番,提升他为护军中尉,专门监督诸将。也因为刘邦的态度,此后再也没有人找陈平的荐儿了——

翌日傍晚,天空下着细雨,天地间一片昏暗,荥阳城东门按约洞开。正在围城的楚军见状,急忙擂动战鼓,四面八方的楚军一齐向这里汇聚。

从城里先过吊桥是一队队披红戴绿的妇女,楚军围城士卒大为惊奇,纷纷举着火把前来围观。二三千名妇女之中,有不少姿色艳丽者,她们一片哭喊。楚军的统帅部对这些女子也没有任何戒心,他们只想是刘邦开门投降,保住了荥阳生灵,百姓们为了感激刘邦,出来送行也在情理之中,只是行动过于缓慢。过了一个时辰,才见一辆黄屋车从城门内驶出,那车子用黄绫作盖,车的左侧插着汉王大纛。这是刘邦的专用车呀!

楚军将士又惊又喜,他们起初不怎么相信,仔细一看,确实如此。"刘邦"头戴"竹皮冠",身着杏黄衮龙袍,坐在车中不惊不俱,泰然自若,这不正是汉王吗？一阵短暂的平静,四周突然爆发出一片欢呼声。征战多年,终于把汉军打败了,家中父母妻小,都在眼巴巴盼着他们胜利回家呢!

项羽闻声也捺不住性子,从队伍中奔出,走近那辆黄屋车。楚卒将火把挪近,朝那车子喊道,霸王驾到,汉王赶快下车请降!楚军将士用戟挑开车门,定睛一看,此人不是刘邦!

"不好！我们受骗了。"项羽勃然大怒,气节败坏。即刻令司马龙且带人将纪信守住,他亲自与钟离昧、项庄、项伯等将领前去追击,但为时已晚。刘邦乘着东门混乱之际,带着张良、陈平、樊哙等数十骑,杀开一条血路,从西门冲出,向成皋方向逃去。

项羽懊恼无比,不禁记起范增曾说过的那句话,"刘邦是只狡猾的狐狸,当今世上,唯有刘邦才是心腹大患！"望着范增离去的方向,那个为他出谋划策的父辈已远去,以后再没有人可以商量大事了。他向冥冥苍天举起双手,呼喊道:"亚父！一个无敌的英雄,应该是有勇有谋,对不起呀,我先杀了纪信来纪奠您！"

回到东门,项羽立即下令将纪信连同所乘车马一道活活烧死。

而刘邦从成皋突围后到了宛城、叶县,正遇上叛楚的英布残兵败将,刘邦和英布两人合兵一处,进了成皋。可楚军哪里肯放,穷追猛打,荥阳和甬道丢失,成皋已难以阻止楚军的进攻。

刘邦打起精神,他和张良、陈平、夏侯婴又悄悄出了成皋,奔南阳,流动于宛、叶之间。项羽得知汉军进入宛城,他让楚将终公带一部分兵力留守成皋,便亲率主力,铺天盖地杀奔过来。刘邦终究势单力孤,且战且退,在宛、叶又陷入了楚军的重围。

刘邦只得授予彭越将军印，令彭越从侧后断绝楚军的粮食补给，以游击作战方式，与汉军在西方作战相配合，并于这年四月间渡过睢水，向北突袭楚军。

项羽生怕彭城再次陷落，他再次引兵东去。彭越毕竟不是项羽的对手，他收拾人马，渡睢水向西逃命而去。

项羽见追不上败逃的彭越，便又转过头来对付刘邦。他这次吸取上次取攻荥阳的教训，当你急攻，他可以逃跑，不如先攻荥阳外围的成皋，进军巩县，等取得了敖仓之粟后，斩断汉军西逃之路，然后一举合围荥阳，彻底打败汉军！

第二十六章　入帐夺印

楚军回攻，刘邦自度难以坚守，趁着黑夜，他只拉着夏侯婴一人悄悄溜出成皋的北门，又开始了逃亡。黄河以北韩信的汉军，是他倚重的唯一力量。

此刻，他的心情凄凉又复杂。

萧何远在汉中，远水不解近渴，韩信只有一河之隔，就真的过不来？下魏破赵后，韩信也曾派灌婴、曹参等人过来，前后补充过不少精兵，助我在成皋、荥阳一线与楚军的相持。然而，韩信为人高傲、锋芒毕露，不像张良沉稳细密，淡泊名利，也不像萧何兢兢业业，忠心耿耿。目前的失利，究其原因，不外乎敌强我弱，没有得到韩信有效地救援，形成犄角，孤军奋战，终为项羽所破。而目前我正处于危难之中，此次前去夺兵，他会不会不答应，如果不答应怎么办？

夏侯婴打断了刘邦思路："大王！韩信的那条命，还是我从大王的刀下捡回来的，否则他能有今日？想不到他稍有功劳，就翻脸不认人了。如今急需要他过来，他不来，难道等大王彻底垮了他再来？"

平日火气盛大的刘邦，这刻倒是很平静。他知道英布、彭越虽能，但力量太过分散，经不起霸王挥戈一击，成不了大气候。从他们智慧、才识、用兵和气势上来看,更不及韩信。韩信是旷古少见的英才,自从他统军以来,连战皆捷,有如秋风扫落叶,除了齐地外,河北已为他所占有,常人能做到吗?能有人和他相比吗?就天大势而言,万一我被楚军打败,恐怕能够自立天下,扛得住项羽的,唯韩信一人而已!可是,如今到了这个地步,自己说什么好呢?孤身一人,性命难保,此刻只能把怒火埋在肚里,让鼻子也不冒烟。

夏侯婴又对刘邦说:"韩信高深莫测,我看去修武是凶多吉少,倒不如大王先住下来,我一人去韩信营中搬兵,比较妥当。否则,万一有个三长两短,我怕我保不了你!"

"只有我去才行。"刘邦看了夏侯婴一眼道,"难道万二八千的跟着,就不会危险了?我看未必。不过,我命在天,什么人能奈何得了?至于韩信,我待他不薄,知道他的为人,目前看他心还没坏透,到修武我自有法子对付他。"

修武(今河南获嘉县)城,具有县城的规模,却只是个大镇,是黄河流域中文化发祥最早的地方,周代称宁邑。商末周武王兴兵伐纣,大军途经此地时,暴雨三日而不能行,就近驻扎修兵练武,所以改宁邑为修武。附近山势险峻,峰峦常年云锁雾绕,但土地肥沃,人口众多,军粮供应不乏。井陉大战胜利后,因赵地还未完全归服,韩信与张耳暂时驻军修武。

翌日凌晨,启明星刚刚露出头来,已渡过黄河的刘邦与夏侯婴,乔装打扮后,悄悄出客栈大门,直奔韩信大营。

修武城外东郊,是地势相对平坦的小丘陵。韩信在城里只派驻一部分维持治安的士卒,中军大帐则设在城东门外的巽关。

刘邦与夏侯婴来到一座石桥旁,此刻,军中尚未早起,还在平静的睡梦之中,营地一片寂静。

"何人来此!"哨卒用戈拦住了他们去路,偏将何公带一队人马巡查过来。他上前打量,大吃一惊。这高个子不是滕公夏侯婴将军?他身后商贾打扮的长者,凤睛龙须,这不是汉王?何公吓得半死连忙下跪:"恕小子有眼不识泰山——"

没等何公把话说完,夏侯婴已将他拉了起来,向他使个眼色,压低声音:"还不快带我们进去!又问何公,大将兵符平日放在哪里?"

在帅帐之中。

看出了何公的疑惑,刘邦狡黠地一笑:"不必惊动大将!我们先到那里去坐坐。"

到了帅帐,刘邦瞥见了放在桌子上的帅印和兵符,上去摘了下来,系在腰间。不觉叹了一口气,冷汗一身。

随即,他传令三军将帅帐前集合。没一刻,张耳和诸将先后到了,还以为韩信点兵,统来参谒,等走近定睛一望,并不是韩信,而是汉王刘邦。大家惊愕万分,也不便细问,诚惶诚恐,只好依礼下拜。

这时,韩信已被人唤醒,整衣前来。抬头猛见自己的印符系在刘邦腰间,汉王为什么要拿走印符?他一边跪下,一边不安地叩拜:"为臣不知大王驾到,有失远迎,罪该万死!"

刘邦责备韩信、张耳说:"这也没有什么死罪,不过军营应该加强戒备,免遭不测,况且天色将明,若敌人猝然而至,或者刺客混入军营,你们怎么办?"

韩信、张耳听着,禁不住满面羞惭。

接着，刘邦厉声责问张耳："赵王！我原先命你们平定赵、燕后，赶快与我会师，可你们却把兵马驻扎在这里一动不动，单是进修武，就已经八个多月了。这八个月中，难道你们一直躲在修武城里睡大觉？"

张耳分辩说："汉王，我们是有苦衷的。赵地虽被攻克，若此时移兵东向，难保赵不蠢动，就使张耳驻守，恐怕兵单力薄，局势难以稳定。加之，霸王数度派骑兵渡河袭击赵地，我和大将往来救援，牵制了许多兵力。如今，我们虽已组织好一支十万人的大军，但击齐计划不得不推迟，所以大将拟定，稍等几日将引兵东去。"

刘邦与张耳是儿女亲家，这可好，张耳什么情况也不向他提供，处处还护着韩信，真是太让人失望。转而，刘邦对大家说："本王到修武来，引起诸位的惊慌，其实大家用不着乱猜。说句实话，荥阳形势严峻，我是来调兵的——"

张耳仗胆直问："汉王，为何来前不先告诉我们一声？"

"为何？我会告诉你的。"刘邦并不正面回答张耳提出的问题，却转过身去，温和地对韩信说："无可讳言，我来得有些突然，事先没有和大将打招呼。"

刘邦随后宣布四项决定：一、韩信下魏、破代、击赵、降燕，皆获成功，论功行赏，由汉左丞相擢升为丞相；二、即日起，从赵地抽调一半兵马随汉王去荥阳御敌；三、张耳留守赵国，其主要任务是管理赵、代之地，加强守备，把握后方，保证荥阳侧翼安全；四、击齐是既定目标，也是韩信在汉中所提出来的战略重心，谁能拥有齐国，无疑最终的胜利将会偏向于谁。韩信等人可征发赵地尚未征发之人，组成一支新军,进攻齐国。为加强韩信的力量,汉王近日再将曹参、灌婴二将调拨回来。相信韩信定能克服困难,击齐再获成功!

"是!一切听从大王命令。"

韩信尽管擢升汉丞相,这在汉国职官序列中前所未有的,三军统帅兼国务总理,职位比萧何、张良都高,但韩信并不高兴。这四项决定中,刘邦没有否定韩信的东进击齐计划,仍是要抽调赵地精兵,削弱韩信的力量,不断抽取韩信的血液,也未免太狠心了!也许韩信就是这个性格,往往在强压面前,忍辱负重,一声不吭。他就是要用别人不敢想象的一个又一个胜利,来证明自己内心的不倔和强大。

此刻,张耳心头罩上了不安和悲凉。

刘邦主要怕韩信和张耳在赵地势力膨胀,所以夺了两人兵权,又将两人分开,再派最为信任的曹参作为助手,来协助、监视韩信。

调兵令已下,大局已定,刘邦这才告诉大家荥阳已丢失的消息。他不无叹息:"荥阳和甬道丢失,成皋难以阻止项羽的进攻。项羽拔荥阳、诛周苛、枞公,虏韩王信,遂围成皋,战斗十分惨烈。我如同一只丧家之犬,只能从荥阳跑到成皋,又从成皋跑到修武,险些被他要了命。到了这个地步,没有其他办法,只好用你们的兵。"

韩信领悟到了刘邦的手腕,在困难时期,他要利用好自己,以便做出新的布置,这也足见他的良苦用心。

刘邦和颜悦色地说:"井陉一战,打得太好,说句老实话,荥阳那么多的兵马都败了,而你却胜了!由此可见,再大的困难也拦不住你。击齐之事还请你费心筹措,只要荥阳一线稍有转好,我还会将在齐地附近游击的吕泽、冷耳和陈武三将军调拨过来,全力支援你!"

韩信与大家离去后，刘邦又单独留下了张耳。

张耳确是一位刚正不阿的君子，思考中稍带埋怨。刘邦为什么如此惧怕韩信？为什么不能大大方方地来？他对刘邦说："汉王你今日所为有些过分。据我观察，韩信虽是高傲，但却忠心耿耿，不愧为当世难得的统军之才。他修栈道，度陈仓，定三秦，出函谷，项羽反扑彭城汉军大败西走时，他率部赶到荥阳接应，击败京、索之间的楚军，遏制了楚军继续西进势头，现在又下魏、破代、取赵、降燕，对困境中的汉军来说，贡献实在太大。对这样一个人，汉王为何老是心存恐惧、放心不下？"

"现在是评功摆好的时候吗？"刘邦大笑，"俗话说'防人之心不可无'，今日，我与夏侯将军只身到此，不得不采取非常手段。"

他上前拍了拍张耳肩膀："你是我尊敬的大哥，两家又是亲家，让你留在赵地，有何不好？这样，你既帮了我，又做一个名副其实的赵王，岂不两全其美！"

张耳不再言语。

第二十七章　贪功

自刘邦带兵打仗以来，输得多，赢得少，已形成一种放得开的心态，屡战屡败，屡败屡战。

现在，他将韩信主要兵力夺到了手中，既拯救了荥阳战场的危机，又削弱了韩信的权势，真可谓一箭双雕。成皋的将士也纷纷赶到，声威重新复振。刘邦又开始盘算着如何夺取荥阳了。

这一天，郦食其迈着坚定的步履，来找刘邦，脸庞上有种焕发的光彩。

郦食其，六十余岁，是一儒者。青年时代是在战国时期渡过，当时风靡一时的纵横游学，使其仰慕不已。他苦读书，有辩才，为人狂傲，且常混迹于酒肆之中，嗜酒成性，人称"高阳酒徒"。陈胜、吴广举义后，当时，过高阳的各路义军将领很多，他认为唯有刘邦不温不火，有长者气度，能成就一般大事业。但刘邦不喜欢儒生，在初次见面时，他一边洗脚一边接见郦食其。郦食其实在看不下去，既不行礼，也不下跪，神态高傲的只是做了一个揖。怒道，要是你真打算联合诸侯去消灭暴秦，就不该这么傲慢地接见长者！这人不简单！刘邦虽玩世不恭，但他从善如流，立即起身，脚都来不及擦一擦，忙整整衣服,恭敬地请郦食其上坐,上酒上菜,马上热聊起来。没有想到,两人聊得十分火热,很快成了酒友。

如今,在军中知道郦食其本名的人并不多,提起"高阳酒徒"却都知道。他经常被刘邦派作外交特使,往来于诸侯之间。不过,成效大不如从前,但关键时候也不糊涂。

郦食其还有一个特点,就是太自负。除了刘邦外,其他人一概不放在眼里。他对韩信既羡慕又妒忌,几年工夫,就能下魏、克代、破赵、降燕。而自己六十多岁了,垂垂暮年,时不我待,再不寻找建功立业的机会,恐怕一切都晚了。但他相信只要有机会,且凭自己三寸不烂之舌,也一定能够建立丰功伟绩。

封六国后嗣之事,我心中一直不安,愧对大王。郦食其前些日子挨了刘邦的骂。

"别提了。你不来找我,我还要找你哩!"刘邦猜想郦食其一定有事。

"大王准备移师巩县、洛阳,以拒楚军,那么,韩信那边的事情有没有什么安排?"在客厅落座后,郦食其问刘邦。

刘邦告诉郦食其:"用人不疑,疑人不用。已授韩信丞相之职,并派曹参、灌婴协助筹划攻齐,至于怎么布置,如何行动,一切由韩信决断,他虽在这里,但不须指手画脚,不做障碍人的事。"

"不妥,都不妥!"郦食其提出二点看法。

"其一,应立即停止进军巩、洛。常言道:'知天之天者,王事可成;不知天之天者,王事不可成。王者以民为天,而民以食为天。'敖仓之地储备各类谷物,很是丰盈,素称足食之地。如今霸王虽攻拔了荥阳,却不坚守敖仓,不懂得敖仓的重要,可让汉军夺取粮食来源。此外,霸王虽夺去了成皋,却因彭越南下,夺了睢阳、外黄,他只得留下曹咎和司马欣,亲自率兵回去讨伐彭越,这正是我们伐楚的良机呀!拙以为当今之计,应速速派兵夺回荥阳、成皋,占据敖仓,夺得那里的粮草。然后,在成皋的险要之处派兵驻守,控制住太行山的出路,坚守蜚狐口、白马津,就着这些险要地势,阻击楚军的前进。这样,楚军担心后路被切断,必不敢轻易向关中进军,以此可使关中平安无事,这不是很好吗?又何必去驻守巩、洛呢?

"其二,可暂缓击齐。现在燕、赵已定,唯齐未下,田广据千里之齐,又置二十万之众于历城,诸田宗强,负海岱,阻河齐,南近楚,韩信虽遣十数万强劲之师,未必能够一举攻克。倘若一年半载打不下齐国,十数万大军徒耗岁月,难于征服,而连连争战百姓死伤无数,民力疲惫。而当前最好的办法,强攻不如劝降,只要把天下大势给齐王剖析清楚,约定两家不必刀兵相见,齐国一定会自动请降!"

"不错!"刘邦认为郦食其这二件事说得都有道理,特别是处理齐国的思路,正合自己的心意。

他面孔忽然起了痛苦地痉挛,韩信善于用兵,下魏破赵,不过数十日,齐军恐怕也不是他的对手。前几日,虽派曹参和灌婴前往"协助",但他们只能监视,不能控制,韩信究竟是主帅呀。正因为如此,韩信的杰出才能也成了一块心病,总是担心有朝一日控制不了这个人。现在郦食其有此一说,倒很中听。此刻,刘邦下意识的瞟了郦食其一眼,故意问劝降齐国可派谁去?

"臣凭三寸不烂之舌,愿去齐国说服田广!"郦食其想抢在韩信之前劝降齐国,想和韩信争上一功。他不无挑拨意味地说:"韩信是一个插上尾巴比猴子精明的人,不能不警惕啊!"

他抹了一把胡须,接着说:"田横虽早已同霸王和解,但从没给过楚军帮助。他还同彭越保持着极为密切的关系。彭越大肆破坏项羽的后方,田横一向坐视不理,有时彭越被项羽打败,还可以到齐国境内避难。而田横对我们也从来没抱过敌意,因此,田横不是霸王的真实朋友,不久前还是不共戴天的仇敌。现在韩信大军压境,齐国的压力很大,而齐王的基本国策是割地自保,你不怎干他,他不怎干你,井水不犯河水,可以相安无事。臣想,仅凭以上情况,完全可以劝说齐王和我们结成同盟。"

"这么有把握?"

"如说不下田广,我也不敢向大王进言了!"郦食其手捻胡须,双目微闭,仰面朝天,一派洋洋自得的模样。

刘邦看了看充满信心的郦食其,郑重其事地拉住他的手:"要是能游说成功,一定会重重有赏,我刘某说话从来是算数的!"

郦食其却不无幽默地回答:"请大王多赏点美酒给臣下喝吧!"

刘邦转过身来,呼来侍卫,让他将从汉中带来的白酒先赏一坛给郦食其。侍卫抱着一坛酒送上后,刘邦告诫说:"美酒有的是,但不能因酒误事,此去重任在肩,关系重大,切莫负我殷殷之托。此外,要注意保密,以免节外生枝。"

"臣,谨记!"郦食其争到了这个机会,乐颠颠地跑出去了。

信使连夜飞驰入赵。

次日下午,信使已将书信送到齐国边地平原(在今山东德州市)。

韩信正欲进兵平原津,忽然接到郦食其十万加急的书信。展开看毕,他大为惊愕!郦食其劝降齐国,这是怎么回事?我十万大军在发,他却暗说齐王,如此重大军情,怎么没有人先告我一声,难道汉王和郦食其有瞒着我的隐情不成!虽然如此,他没有说出口,却对来使说:"请转告广野君,既然已说下齐国,我即刻回兵。"

入夜,寒风瑟瑟。韩信在查看了中军布防后,回到大帐,刚卸下战袍,有人来报蒯彻先生前来求见。

半夜求见,一定有什么急事?

蒯彻汉初范阳固镇人,客居赵地,属于纵横家一类。此人第一次出现在历史舞台上,就体现了他高超的说话技巧。秦二世元年(前209年)八月,赵王武臣受命陈胜北上,曾以三寸不烂之舌,游说范阳令徐公主动请降,不战而下三十余城。现在他已来韩信幕下为谋士,本欲受命去说齐国,尚未成行,情况却变化了。

韩信连忙请他进屋。入帐坐定后,蒯彻问韩信:"听说汉王已派郦食其说降了齐国,你的态度是罢兵,还是继续攻齐?"

蒯彻所提的问题,正是韩信考虑的。

如若罢兵,两年来苦苦所求,将被白白断送,楚汉相争不知哪年才能结束。如果向齐国进攻,那又将造成自己和汉王的矛盾。让人困惑难解的是,井陉之战后,所得精兵屡次派往荥阳,支援汉王对楚军作战,实现自己的"中线牵制、东线迂回包抄"的战略,数月前,连主力都被汉王拉去,也没有什么怨言。

没有料到,自己忠心耿耿,处处以大局为重,而汉王对自己竟会如此不放心,暗留手脚,不声不响,悄无声息和齐国搞幕后交易,实在叫人寒心。

但转念一想,现在大敌当前,上下同欲者胜。虽然心里不痛快,还是随他去吧!

第二十八章　谁害死了"高阳酒徒"

蒯彻见韩信缄默着,摸不清韩信的心思。

他试探性地问:"从历下来的人都说,当地的防务已撤,战斗的迹象已不见,边界士卒都随便出入,汉、齐和谈已告成功。"他强调,跑在韩信前面暗说齐国,虽说是郦食其所为,不如说是汉王的本意。

韩信摆摆手:"齐是个大国,如今远离汉王,远行千里,要取得胜利也不是轻而易举的事。"他认为这一定是有人从中挑拨,说了一些不三不四的话,不然何以至此?叹道:"既然郦食其已劝降齐王,我想回师,也好让大军休整休整。"

"大将,臣以为不可!"蒯彻走近韩信说,"大王初命大将取齐,其意已定,今又遣郦食其说齐,此必是郦食其与大将争功,并非大王初衷。请想一想,你奉命击齐,费了若干心机,才得以东向。今大王独使郦食其,先往说下齐国,究竟可是与否,尚难料定。况且,大王并未颁下明令,止住大将,大将岂可凭郦食其一书,仓促旋师?郦食其是个儒生,凭三寸不烂之舌,下齐国七十余城,而大将带甲十数万,转战南北,出生入死,才夺取赵地五十余城,试想为将数年,难道战无不胜、攻无不取的一代战神,还不及一老书呆子?若真是这样,以后天下还有谁瞧得起大将韩信,我们还有何脸去面见汉王?"

"依你之见,该当如何?"

"倘若能攻下齐国一切都好办!"

韩信觉得这样做,那郦食其肯定要吃亏了:"郦食其为人豪爽,既有儒者气度,又有纵横家的遗风,实是当今难得奇士,一旦攻齐,岂不是要害了他?恐怕使不得。"

蒯彻一听,笑道:"大将不负郦食其,郦食其早已负了大将,大将万万不能因可怜他而失去天赐良机。况且,平定一国之功难再碰到。大将何须为区区儿女之态呢?郦食其私下说齐,贪为己功。齐今日虽降,不久肯定复叛,不如一鼓灭齐,以除后患。即使郦食其送了性命,而成平定一国之功,他日论功行赏,其子孙也不失裂土受封。再说,即便是郦食其说下齐国,但汉王只给了你进军的诏书,没有传来停止进兵的命令,有问题也是汉王的问题——"

韩信一怔,随即两眼闪亮。

"对!机不可失,失不再来。郦食其既然卖了我,我还护着他干吗?击齐非我个人之意,乃是汉军深谋远虑的决策。如能借此袭击成功,控制了齐地,也就提前完成对楚国的战略包围,这是楚汉战争中最重要的一步。但战场瞬息万变,历下是必争的战略要地,不能因一人误了国事,大丈夫打天下不易,到嘴的肥肉岂能轻易送人。如今齐国答应议和,定会放松戒备,这是实施奇袭的绝好机会。战争无成全之策,为了取得胜利,也只好对不起郦老先生了!"

韩信思而不言,只是说:"这样也正合我意。"

蒯彻不解地问:"那你为何告诉使者回师?"

韩信笑道:"这叫兵不厌诈,攻其不备。"他收拢了笑容:"这需要先生为我去一趟齐国,禀报齐大将华无伤和田解,告诉他们两家和解,汉军将于日内回师。"

于是,韩信于三日后与冷耳、傅宽等大军从平原津强渡黄河,突然向二十里外的齐重镇历下发起猛烈攻击。

历下(在今山东济南)落于历山之下故得名。南有泰山之险,北带渤海之利,地处通衢要道,是齐国西部边境的第一军事重地。

历下齐军因齐、汉议和,已奉命撤防,城内外到处是懒散的将士和喜气洋洋的百姓,城门洞开,吊桥平放,任凭出入。现在,突然遭到汉军意外打击,毫无抵抗能力,即刻溃散,齐将华无伤被俘,副将田解被杀,万余齐兵被围投降,韩信不费吹灰之力,击溃了齐国主力,占领了历下。

临淄城齐王宫中,却是另外一番景象。

酒宴丰盛,歌舞飞欢。田横、田广等齐国一班文武,正在宫中为郦食其回成皋交差举行送别宴会。郦食其在田广、田横及文武群臣的陪伴下,饮酒取乐,还叫来一班歌女伺候着。田横端起酒樽,扫视大家一眼,然后对郦食其亲切地说:"郦大夫使齐,使百姓灵免遭涂炭,功高泰山,来,干上一樽!"

忽然,有士卒入内急报:"启禀大王! 不好了! 韩信已率汉军攻打过来!"

田广惊得不知所措。郦食其呆呆的出神,手里拿着的酒樽,酒已洒净。刚才热闹的场面一下变得安静下来,宴会厅里鸦雀无声。

田横许久反应过来,对士卒厉声喝道:"怎么回事,你瞎说?"

士卒颤抖着答道:"小人不敢瞎说。汉军趁我军防务撤离,已经占领了历下,韩信正率军向临淄杀来!"

"啊?!"田横向郦食其一步步逼来,他猛地将郦食其手中的酒樽打在地上,指着郦食其的鼻子,"好啊,老不死的东西,与韩信合谋,引我上钩。你从实招来,否则,我扔你下油锅!"

这突如其来的变故,使郦食其陷于百口莫辩的境地。然而,他明白过来,韩信背约攻齐,坏了自己的好事,使他技穷了。他沉声说:"不要把话说得这么难听——"

大将田光与几位将军早已拔剑在手。

"慢着!"老谋的田横连忙止住,对郦食其说:"老哥!我再给你一次机会,你若能劝说韩信立刻止兵,我就放了你!快快修书,让韩信止军!"

郦食其淡然一笑,意识到这时候就是将天说红了,韩信也不会止兵。他倒十分坦然地说:"举大事不顾细谨,盛德之人不作矫让。韩信既然击齐,我不想再做辩解。我倒要劝劝你们,齐国迟早都会灭亡,不如干脆降汉算了。"

田横在旁边冷笑一声:"老杂种!当年刘邦派你带着厚礼去见秦守关的将军,说秦将立盟倒戈。而你们乘其不备,又突然对秦军发起攻击。今日又在故技重演!"他喊道:"来人,炸了这个无耻之徒!"

此刻,郦食其叹道:"事到如今,我还有何话可说,可恨韩信小儿,利欲熏心,不讲信义,害得我这个花甲老者,无脸再见世人。天意!天意!功既不成,反要下油锅,韩信!韩信!今日算我倒霉,日后你也不得好死!"

田广怒不可遏,命人抬过油鼎。

寂静,可怕的寂静,整个大殿上下,除了滚油沸腾、烈焰翻腾的声音外,竟悄无声息。田横喊道:"再问你一次,能否让韩信止军!"

"少说废话!"

"来人,把他炸了!"

"且慢!我郦某为人一生,从没有请求过别人什么,今日死到临头,请赏我一坛酒喝。"

"真不愧为高阳酒徒,给他酒!"

士卒递过酒坛,郦食其捧过"咕噜咕噜"痛饮起来,喝干后,他放下酒坛,抹上一把花白胡须上的酒,举头向西,大声道:"汉王!使命不成,愧对你呀,老夫该上路了!说着挥开衣裤,光着身子,赤条条地向油锅跑去,田广等人吓得闭上眼睛。"

半晌,田广回过气来,命令紧闭城门,登城防守!可是没过几天,当汉军将要杀到临淄城下时,田横决定分路出逃,田广逃往高密,自己则逃往博县。临淄很快落入了汉军之手。

韩信击齐是一件争议极大的事,而郦食其的死,更是令人感叹不已。

郦食其贪功在前,韩信私心于后,真正罪魁祸首应该是刘邦。他有意让韩、郦二人争功,结果却害死了郦食其。只是郦食其至死气节不失,为了刘邦大业,慷慨赴死,不知刘邦知道这一切后做何感想。

唐代大诗人李白在名篇《梁甫吟》中这样叹道:"君不见高阳酒徒起草中,长揖山东隆准公!入门不拜骋雄辩,两女辍洗来趋风。东下齐城七十二,指挥楚汉如旋蓬。"可惜的是,诗仙未能把郦食其不怕死的情节展现出来。

不过公元1973年,毛泽东主席续写道:"不料韩信不听话,十万大军下历城。齐王火冒三千丈,抓了酒徒付鼎烹。"两位大诗人的生花妙笔一对接,呈现在人们面前是一幅鲜活的"高阳酒徒"画面。

第二十九章　救援

　　韩信东进的胜利，有力支撑着刘邦在荥阳、成皋一线与楚军鏖战。

　　项羽则没有这么幸运，先前，他留下曹咎等人守成皋，自己亲率大军来到梁地讨伐彭越。可是彭越早已得到了消息，按既定方针，三十六计走为上计，连滚带爬地向北撤去。项羽怒气冲冲提兵追击，没有遇上什么阻拦，就收复了陈留、外黄、睢阳等全部丢失的城邑。

　　反击胜利了，项羽的心中却有一种说不出的苦涩滋味。

　　虽然屡战屡胜，却总在关键时候后院起火，不得不东奔西跑，疲于奔命，楚军将士疲惫不堪。这时，项伯劝项羽犒劳一下三军，将队伍休整休整。

　　这一天，项羽在行辕中，摆下酒宴，酒过三巡，菜过五味，忽然，探马匆匆入帐禀报，成皋已失，守将大司马曹咎不幸阵亡！

　　这突如其来的事件，使众将都愣住了，帐内立刻弥漫了一股不安的气氛。

　　项羽听了这消息，也大惊失色。成皋是洛阳门户，九州咽喉。我嘱咐曹咎死守成皋，这汉军是怎么夺走成皋的呢？定是曹咎擅自出击,才有此败!

项羽判断是正确的。那一天,项羽走后,刘邦迅速进兵成皋,对付不了项羽,但对付曹咎还是小菜一碟。因项羽叮嘱在前,留守的曹咎、司马欣等人,面对汉军的挑战,决不出战。刘邦得知后,就下令在成皋城边设台,每天派人站在台上,用最难听、最恶毒的语言,轮番叫骂、攻击、侮辱。一连进行了五六天,骂得曹咎憋闷难受,狗血喷头。曹咎与项梁是世交,在项梁叔侄没有起事前,项梁曾因触犯刑法,他写信给栎阳令司马欣,抵过了项梁的罪。他虽能力不强,但对项氏的绝对忠诚而被项梁重用,官至大司马、封海春侯。暴怒终于使曹咎丧失了理智。原本性格沉稳的他,再也沉不住气,难道项王也是你们可以辱骂的!一怒之下,忘记了叮嘱,打开城门,率军冲出城去,决心与汉军决一雌雄。可是刚刚渡汜水,渡到一半时,刘邦下达攻击令,数万汉军突然发起猛攻,情知中计,楚军顿时大败。曹咎这才懊悔自己不该忘记项羽的嘱托,如此惨败,怎么向他交代?曹咎见大势已去,愧对项羽,于是在河边与司马欣拔剑一起自刎而死。此时,楚军多已无力抵抗,汉军大胜在望,刘邦便下令渡河,会合各路,齐入成皋,楚军大量物资也被汉军夺去。

项羽大发雷霆,他不能原谅死去的曹咎,大骂曹咎的无能,但更愤恨刘邦的狡诈,他要报复,要彻底捣毁成皋!

就在项羽将要启动兵马之际,齐国专使风尘仆仆,飞驰入辕来报,韩信率十万大军,突然发动了对齐国的攻击,现已占领了齐都临淄等地!齐王恳求霸王挥师救援,若能击败汉军,救得齐国,齐王愿以半地相赠!

真是屋漏偏逢连阴雨,祸不单行!

韩信进展如此神速,齐国也如此不堪一击,半个齐国相赠事小,如果不予救援,对楚都彭城将会形成直接威胁。唉,实在没有想到当年一个执戟小子,竟有如此作为。刘邦在荥阳一线,被打得焦头烂额,溃不成军,而韩信开辟北方战场以来,却打出了一个刘邦想要的局面。现如今,又以迅雷不及掩耳之势,攻入临淄,扭转汉军颓势,攻守易位,汉军将会从战略防御转入战略反攻,形成包围,置我楚军于极其危险境地,对楚汉争战的全局,必将带来极坏影响!

项羽的心情沉重。韩信击破齐国,真是出乎意料。而项羽没有征讨韩信,也并不是完全轻视他,如同当年伐齐国田荣,没有伐还定三秦的刘邦一样,有一定战略上的考虑。不过,在项羽的脑子里,韩信只是一个多嘴多舌的家伙,能有什么大本事,只可惜当时在楚营没有杀了他,反而留下无穷后患。但时间紧迫,刻不容缓,不容许慢慢地思考,目光必须聚焦东方。他断然做出决定:韩信威胁很大,但目前主要矛盾是刘邦,孤王仍将从荥阳下手,率领楚军主力西去,尽快决战。同时,答应齐王田广的请求,派二十万大军救援齐国,巩固楚军的后方。

但是,救齐由谁担任主将呢?

打发齐使回去后,他在偌大的帐中,来回踱起步子,思索着合适人选。

在项羽高傲的目光里,看得起的人不多。从军事角度审视,他对龙且还是称道的。龙且是当代名将,能征惯战,无敌天下。项羽拿龙且与楚军中其他几位将领做过比较,认为在统军作战方面,龙且比他们明显高出一筹。况且,龙且统率的二十万机动部队,现在是项羽手中最后一张王牌。

项羽找来了龙且,对他说:"瞒天瞒地不瞒你,如今战局比较危险,韩信挥师东进,齐国危在旦夕,不救,齐将被攻灭,我大楚将处于两面受敌的境地。"

听了项羽的话后,龙且感到事态严重,他提出了自己的疑虑,齐国反复无常,田荣首先发难,田横又反我于成阳,从此才搅得天下不得安宁,如今虽和解,但面和心不和。当年打的是他们,今日救的又是他们,将士们可能难以接受这个事实。

难怪龙且会有这种想法。齐、楚之间有深仇,齐国民众十分痛恨楚军。两年前,项羽亲率大军,北上攻齐,进入平原县击杀田荣后,劫掠妇女,残酷暴虐,胡作非为,齐国广袤的土地上经历了一场空前的劫难。人们记忆犹新,齐人群起反抗,打得楚军深陷齐地不能自拔。

"天下没有永远的朋友和敌人。昨天乱天下,要整治他们,今天情况变了,汉军攻齐主要矛头还是对准楚军,齐楚唇齿相依,唇亡齿寒。齐国是楚国北方最后一道屏障,眼下他们全力抗击汉军,保卫家园,就应及时救援,这是楚国的全局性策略,这个道理要和将士们说清楚。"项羽又说,"龙将军,现在我们虽两面作战,但这没有什么可怕,俗话说:'打蛇先打头,擒贼先擒王。'我将按原计划返回荥阳,寻求决战,尽快解决荥阳问题。本王再三考虑,能担当救齐重任者,唯有将军。但话说回来,韩信没有多大得能耐,他能顺利东进,主要是没有强手制约他,使其侥幸成功。相信龙将军此去,一定会马到成功!"

项羽亲自与龙且研究救齐方案,他最后交代:"汉军由西而东,下一站的目标,将由临淄向高密一线推进,意欲打通潍水南北通道,上控潍水上游,下趋彭城。故而,你须尽快赶在汉军合围田横叔侄之前,打韩信一个措手不及,先解高密之围。"

龙且不无自负地说:"楚军一到高密,韩信必将后退。因为齐地十分广大,韩信兵力不足。至时,他将回缩,我即可乘机掩杀,一举遏止汉军进攻,救得齐国。"

项羽点点头,嘱托说:"尽管如此,也不可太急躁用兵。韩信的为人我是知道的,鬼点子、弯弯绕多,定要防他阴谋诡计。我把周兰将军拨给你,他平生谨慎,不肯冒险,又在齐地作战多年,那边情况熟悉,遇事多和他商量。战而能胜最好,否则,拖住韩信,也就达到救齐目的。但绝对不能退,退了没有理讲。犬牙可以交错,大不了准备长期对峙。龙将军,此战关系重大,切莫大意!"

项王从来一言九鼎,言语干脆,今日怎么如此唠唠叨叨,畏畏缩缩?龙且向他保证,倘若不能取胜,龙某提头来见!

项羽将二十万大军交给了龙且后,就自率兵马攻打荥阳去了。

第三十章　两个大胆鬼

龙且率楚军,迅速沿山东莒县至五莲、诸城一线,向北推进。

在战地会议上,龙且在战略上做了进一步分析和判断。他欲直接挥军临淄,激韩信作主力决战,或者大军先入高密与齐军会合以后,再渡潍水西向,和汉军在潍水以西的广大地区进行决战。

亚将周兰提出了不同意见：

"韩信平定魏、赵、燕,如今又打下了齐城四十余座,一路连连取胜,士气高昂,其锋锐不可当。齐军则是在自己的境内作战,士卒家室都在附近,稍有不利就会逃回自己家中,极易溃散。如今最好的办法,就是深沟高垒。一来,可诏谕各地,告知齐王尚在,那里必定群起反汉。二来,尽快将三晋流落在齐地阿、甄等地的人组织起来,让他们去骚扰、收复三晋故地。这样,汉军没有稳固后方,势必粮饷难济,旬月以后,必将不战自垮。"

"避敌锋芒",这和当时李左车在赵国提出的策略完全相同。可是,龙且根本听不进去这样的话,认为太保守了。《孙子兵法》云："兵贵胜,不贵久。"又云："十则围之,五则攻之。"齐楚联军少说也有四十万,而汉军不过十万,汉军绝对处于劣势,楚军为何要逆兵法却战机,作茧自缚?

周兰将军见龙且如此轻敌,十分担心,他劝道:"韩信弃齐降而不取,偏要大动干戈,可见其心高气盛,志在必得。他们又因千里征战,必欲速决。我楚军虽为强悍,却处于疲惫救援状态,齐军又临家门,军心不稳。我以为,联军吃不起挫折,更吃不起失败。在此状态之下,只应稳固防守,不可轻易出击。更何况韩信诡计多端,将军千万要小心呀!"

"小心?外面将韩信吹得神乎其神,其实韩信徒有虚名,根本不会打仗。"

龙且狂妄自大地说:"当年,他在淮阴城,拖着长剑,穷困潦倒,曾乞食漂母,甘受胯下之辱,哪里来的真本事?他的'辉煌战绩'吓唬那些小猫小狗可以,遇到真正的将军,可要现出原形。这几年,我大军忙于同刘邦作战,让他碰上运气,钻了空隙,占了魏、赵等地。这次我龙某来,就是要和他斗一斗,让世人瞧瞧他的嘴脸!"

转而,龙且用无可置疑的口吻对大家说:"我奉项王之命救齐,若不经过战斗迫使韩信投降,还有什么战功可言!如若坚守不战,而使齐人反汉,令汉军无粮而败,结果必然是齐国田氏重掌齐国,作为楚国援军龟缩不前,将失威信,为田氏做了嫁衣。所以,我们只有在战场上消灭汉军,才能获得齐国的控制权,而不是被动等待齐人反汉,夺回汉军控制的地方。"他下令:"方案就这样决定了,抢在汉军来到之前,将大军推进到潍水以西的高密附近,与齐王田广会合,然后待机破敌!"

潍水,发源于齐五莲西南箕屋山,东流至诸城县折向北,经过今高密、安丘、潍坊、潍县境内,再经昌邑鱼儿铺注入渤海。全长二百公里,是胶东半岛第一大河。潍水与高密分界处为一望无际的大平原,河床较宽,水大浪高。

见齐楚联军汹涌来到高密后,韩信一面主动后撤,一面令曹参率部向潍水一线靠拢,为潍水之战做必要的准备。

这一天,韩信与李左车、曹参、灌婴等人沿潍水上溯,对潍水沿线进行了实地察看。因枯水季节,眼下的潍水水位只有一尺多深,一行人骑马便可涉过河去。傍晚时分,他们爬上了潍水河堤,极目眺望,只见对岸楚军营地灯光点点滴滴,首尾相接,十分有序。

回到帐后,夜色已深,韩信却毫无睡意,在帛图旁踱着步子,苦苦思索着。齐楚联军声势浩大,特别是素有"铁军"之称的楚国将士,擅长进攻和野战,战斗力极强,而汉军将士多为赵国新征招之人,经不得大战。若盲目渡河,无异以卵击石;若坚壁不战,粮草难以为继,将不战自溃;若袭取即墨,恐被楚军切断后路,困于海隅,也终非长久之策。而要最终取得胜利,必须设谋用计,斗智更胜斗力。

第二天清晨,韩信、李左车又带着侍卫一行,专门考察了潍水南浯河口。

潍、浯二河交汇处,一段河水穿过高岗,出口处宽仅数丈,形成峡口,上流的潍水蜿蜒其间。高岗之上,平地突兀,森林茂密,古木参天,靠近峡口的一处瀑布,高达数丈,跌落之处的河床,被冲击成一大片沙滩,与峡口形成鲜明对比。韩信察看后,喜出望外,两天来的疲倦一扫而光。

刚刚回到军中,副将曹参及灌婴等将领已聚集在大帐外,来向韩信请战。

不一刻,进入大帐坐定后,韩信却首先提出问题。汉军进军齐国后,楚军插手使战局发生很大变化,我们的主要对手,已不是齐军,而是强悍的楚军,大家看看下面的仗怎么个打法?

众将知道韩信习惯,不思考成熟的方案,不会拿出来,拿出来的,一般都有绝对取胜的把握。任何事情,只要是韩信最后敲定的,众将只要遵令即可。此刻,谁都不愿表明自己的看法。

韩信见无人开口,他将战场情况先给大家做了介绍:

"汉军挥师入齐已有一月余,占领了潍水以西半个齐国,深入纵深数百里。潍水贯穿齐境南北,是兵家必争之地。现在,汉军从潍水东岸撤回西岸,重点布防在潍水中段的淳于、昌安、平昌一线,集结十万军队。齐军占据潍水以东,主要集结在潍水中段偏东的高密、即墨、夷安、郯琊一带,兵力超过二十万,特别是楚军派大将为龙且、周兰率二十万军队来援,已到高密,齐楚联军增至四十万,人数超过我军数倍。敌强我弱,夹潍水而阵,一场恶战难以避免。"

他强调说:"齐楚联军声势浩大,又在自己境内作战,而我们深入齐境,看来有点孤立了。我看不孤立!要告诉大家一个消息,不久,汉王将派丁复、蔡寅、丁礼、季必、傅宽等十数将入齐参战,还将送回五千骑兵,来高密与我们汇合。虽然如此,人马还是少了点。但不怕!只要我们上下用命,齐心合力,我们就会处于主动地位,就一定能够打败龙且。以往的胜利,各位都是有功之臣,可那是过去,如今,我们来到齐地,困难是前所未有的,不拼死战斗还能退到什么地方去?东去不能,南下又有胶东诸将所阻,北去无路,若回军赵地,楚齐联军必集而击之。与其跪着死,不如站着拼,要想我们死也没那么容易。这就要求各位,发扬拼搏成仁的精神,鼓足士气,亲冒矢石,勇敢作战,毫不懈待。这一仗,不打则已,打就要打胜呀!"

接着,韩信介绍了作战计划。

他把这次行动计划名之为"囊沙阻水"。第一步"退避三舍",先从高密撤围,避开齐楚联军锋芒,骄纵敌军;第二步选择潍水做战场,变不利为有利,诱敌下定渡过潍水的作战决心;第三步先在强敌面前退却一步,待其半渡,奋力攻击。第一步我们已施行,二三步实际是一气呵成之事,利用潍水,引诱敌军过河,然后乘机攻击。

众将明白过来,从高密撤围后退,并不是一触即溃,而是有计划的行动,但齐楚联军能听从"指挥"吗?龙且能轻易地过潍水吗?

为了鼓舞士气,韩信还把龙且性格、惯用的战法做了介绍。

龙且是项羽嫡系,他自幼与项羽一起长大,情若兄弟。随项梁起义后,每战皆亲力亲为,拼死杀敌,深得项家叔侄的信任。龙且身材魁梧,个性刚强,行军布阵、作战方略与项羽如同一辙。在巨鹿大战中,他紧随项羽,破釜沉舟,九战九捷。彭城之战后,项羽将雇佣的楼烦精锐骑士尽数交其统帅,在九江王英布背楚之时,不过几月,就把响当当的英布打得灰头土脸,满地找牙。他与钟离昧、季布、英布、虞子期并称为楚军五虎大将。除项羽外,又被称为天下第一猛将,官拜西楚国大司马。

接着,韩信又谈了自己的一些感受。

在楚时,他和龙且接触得不多,那时龙且已是项羽得力大将,韩信还是一个手持长戟的小卒。总的感觉龙且有勇有谋,又刚愎自用,盛气凌人。他能倾听士卒的意见,却听不进将军的意见,这是龙且的致命伤口。龙且还同项羽一样,有许多冒险的经历,经常冲锋在前,撤退在后,当年章邯追围田荣于东阿,项梁与龙且共救田荣,龙且敢打敢拼,一人斩杀章邯军七十余首级,大出风头。吹捧龙且的人称他为"大胆鬼",是楚军一个传奇式的将领。

"打吧!大将,你指到哪儿,我们就打到哪儿,绝不含糊!"

听了详细介绍,群情振奋,大家齐声说:"能挫辱龙且者,恐怕当今只有大将韩信。龙且素来目中无人,恃勇争胜,不把我等放在眼中,而他的这种心理,正好可以为我所用。只要我们谋划得当,定能击破龙且!"

"好!"韩信点点头。为了引诱龙且上钩,需在战术上、心理上促成龙且的骄纵,促成对我韩信轻侮和藐视,放心大胆地主动出击。

灌婴在一旁大笑起来:"不少人说大将用兵如神,天不怕地不怕,陈仓之战、安邑之战、阏与之战、井陉之战、历下之战,等等,哪一件不是出其不意,险中取胜?这下子'韩大胆'碰上了'龙大胆',斗智斗勇,看看到底谁能斗得过谁?"

第三十一章　智斩龙且

天气清冷,更鼓声声。

龙且升帐,宣布明晨将与汉军决战,并问诸将有何话要说?

龙将军,汉军兵马频繁调动,得先派人弄个明白。田广愁云密布,龙且刚愎自用,抗击汉军能否取胜尚难推断,需劝龙且慎重处之。

龙且不以为然:"韩信虽是一代将才,我动彼动,情势正常,要求大家千万要抓住战机,不可自乱心气。"

田广仍疑虑重重。韩信已从刘邦那里调来曹参、灌婴二处人马,如汉军再行增兵,联军有何战机可言?

刘邦增兵韩信,霸王便可将荥阳汉军彻底消灭,刘邦是不会做这样傻事。汉军本来有限,又兵力分散,这是歼敌的良机。他笑着说:"韩信没有那么可怕,我对韩信战法,也做过一些了解,他擅于利用山势河流,因形设伏,而胶东多为平原,潍水冬季也几近干涸,如今我龙且来了,难道会钻他的裤裆不成!"

龙且随即照知各将:"明日与汉军决战,项佗,你率大军乘船筏过河,定要一举成功,我率中军随后便到,亚将周兰殿后,以为策应。违令者,立斩不饶!"

同样,汉统帅部也在紧张部署着。

韩信从容不迫地宣布,时机已到,明日卯时将与龙且决战!

他先做了一番动员:"龙且匹夫,恃宠逞能,好勇轻狂,楚齐联军又数倍于我,硬拼是下策,必须智取。明日,我与曹参将军在潍水西岸摆出决战的架势,吸引对方的注意力,造成我军欲全军渡河与之决战的错觉,引蛇出洞。陈贺将军率本部兵马,各带布囊,连夜潜往河口,阻断水流。他告诫说,此战干系重大,关乎汉军的命运。胜,则打过潍水,斩断楚军的右臂,全部占领齐国,实现对楚国的合围。败,则无退路可言,人头落地,危及汉军的存亡。这也是一着不得已而为之的险棋,一着不慎,满盘皆输。此战不比井陉之战,也不比下魏之役,诸位务必小心为是,竭尽全力!"

翌日天色微明,韩信亲率五千步卒,鸣锣击鼓,勉强踏入水中,向潍水东岸缓缓地涉过,其余大军都隐伏在潍河大堤后方,待命杀出。

龙且也率军来到潍水东岸。只见隔岸灯火通明,韩信居中,曹参右军,灌婴左军,三面大纛在朔风中招展,一串红灯,高高地吊起在河边的旗杆上。

"龙将军,别来无恙?"韩信坐在马上拱手大声道,"你我各事其主,当尽臣子职分,将军能否让出一箭之地,使我渡过河去领教将军的神威?"

"韩信!你原是楚臣,为何叛楚投汉?今日我龙且到此,还不下马受降,更待何时?"

汉军人少力单,防守还唯恐不及,怎敢主动进攻?但仔细一想并不奇怪,汉军千里远来,粮草难济,怎么能拖得下去。龙且自语:"这可不怪龙大爷,是你自己送死来的!"

"何不乘汉军过河之际,来个半渡而击。"有人一旁提醒。

"天下无敌的龙某,不做小人之事,还是等汉军登岸后,再行决战!"龙且传命,让出渡口一箭之地。

韩信将令旗一挥,汉军十几只竹筏连成浮桥,依次过河,排列成阵。

两军对阵后,龙且指着韩信道:"小子!你拿着这点人马来和我对阵,倒也是个有胆量的。你不是不知道我龙且的厉害,何必以卵击石?"

"你这个有勇无谋的粪桶,楚地退下来的蠢货,霸王用不着的废物,如今也敢跑到齐国来混口饭吃,真不知'羞耻'二字,今日还敢逞能,挡我大将的道路,真是不识高低、麻木无知的小儿!"灌婴在一旁,不管三七二十一,高声怒骂,把个龙且气得连眼珠子都快蹦出来了。

龙且一边狂呼,一边举刀直取韩信。韩信急忙退入阵中,众将杀出,敌住龙且。龙且抖擞精神,与众力战,约有十余合,未决胜负,楚将项佗随即挥军上阵助战。

经过半个时辰冲杀,汉军力不能支,韩信率先拍马退却,众将也跟着往回撤去。有的从浮桥上跑过河,有的被赶下水去,干脆蹚水过河。

曹参边打边退,到了浮桥旁边,迅速砍断绳索,浮桥沿着潍水向下游漂去——

"是男人就不要跑!"龙且见状,一阵狂笑,"我早知道胯夫是个胆怯之辈!汉军已败,给我奋力追击!"说罢,他一马当先跳入河槽,率先向汉军追去。

曹参、灌婴、孔聚拼死敌住龙且，四匹战马在河中盘旋一起。

仲冬的河水，冰冷刺骨。楚军官兵见龙且身先士卒，也纷纷冲下河床，与浅水中的汉军打斗。打到河心，只见西岸的那串红灯扑地从旗杆上掉下来，接着，从汉营中传来鸣金的响声。曹参等人虚晃一枪，拨马奔向西岸。其余汉军也纷纷离去。

活捉韩信，有赏千金！

眼睁睁看着汉军逃跑，龙且哪里肯舍，把刀一举，匹马冲过河心。楚军一见主将过河，便一拥而上，刹那间蹚到河中心。

汉军在蹚水的时候，周兰就有些疑惑，原说潍水深处冬天也有丈余，眼下浅得怎能下河蹚水，莫非有诈不成？当他听到汉营鸣金，见曹参和汉军将士马上停止作战，不要命地往西岸狂奔，立刻意识到事态严重，也急忙传令鸣金收兵，可是哪里还来得及！说时迟那时快，河水如山洪暴发，呼啸而来。河床中的楚军呼爹喊娘，争相逃命，然而，两只脚哪里跑过这滚滚而来浪头！

原来，两军夹潍水布阵，韩信决定利用潍水，创造利于己而不利于敌的战场态势。因此，会战的前夜，他令陈贺用一万多条沙包，装满沙石，堵截潍水上游。决战时，他亲率一部兵力，强渡潍水，去攻击龙且军队，然后，又佯装不支，撤退过沙河。龙且只当韩信胆怯，立即渡河追击。此时，红灯掉落，韩信命令部队在上游决开堵堤，那叠起的薄薄几层沙袋，怎么经得住十来丈水深的压力，河水急涌而下，一下子被冲得无影无踪。龙且的主力无法再渡，军队被分割成为两部分。河心的，还未弄明白怎么回事，便被水头席卷而去。靠近岸边的，纷纷登岸逃命。来不及登岸的，即使会水，又怎么经得住这刺骨的冰水，一个个抽起筋来，哭爹喊娘，挣扎了不久，也被河水吞没了。

正在赶杀兴头上的龙且，忽遇此变，惊得目瞪口呆。闻得水声相迫，他策马前奔，一到西岸，惊魂未定，曹参、孔聚、陈贺等将，已将龙且围在中间，不能得出。此刻，天虽微明，但能辨彼此，龙且虽奋力冲杀，怎奈众将各举兵器一齐拥上，他措手不及，被斩于马下。

此时，汉军对于齐楚联军，主要在精神上形成了绝对的优势。被迫奔上西岸的万余人，不是被杀就是投降。阻留在潍水东岸的十数万军队，只能望洋兴叹，却无能为力，全部作鸟兽散。

于是，韩信指挥大军乘胜前进，追斩田广于城阳。田横得知死讯，自立为齐王，又先后两次被汉将灌婴打败，只好带着一帮残兵败将从齐地出逃。

第三十二章　十大罪状

一条奇绝凶险的深涧，把地势险峻的广武（在今河南荥阳县北广武山上）分成东西两部分，东边的称为东广武，西边的称为西广武。汉军败退下来后，撤到西广武，凭借险阻，依涧扎寨固守。项羽率兵追至西广武，见刘邦坚壁不出，只好在汉军对面的东广武停住了脚步，筑垒相拒，待机破敌。

这期间，刘邦虽屡战不利，但敖仓运粟，源源接济，粮草充实。项羽则不然，彭越在楚后方时出时没地骚扰，楚军补给线接连不断地遭到破坏，粮草渐渐出现了严重困难。尽管如此，汉军终因打仗太烂，士卒心灰意冷，士气低沉，刘邦十分犯愁，并无良计可施。

这天清晨，刘邦正在帐中拥衾睡觉，一阵呼喊被吵醒。

大王，楚军又隔涧大叫大骂！

楚军连日叫骂都已成了家常便饭，刘邦不耐烦地从榻上坐了起来："慌什么，按老规矩，紧闭寨门不出，任他骂去，骂够了，他还骂？以后这类事情再不要来告诉我！"

士卒惶恐不安地解释："大王！今日与往日不同，霸王将太公、王后捆绑在俎上，推在涧前，声言大王今日不出来决战，就要杀了太公。"

刘邦大惊,急忙穿起衣服,披上铠甲,来到涧前。只见对岸楚军列着战阵,张弓搭箭,涧边支着一座巨鼎,烈火熊熊,沸水翻滚,太公被放在宰猪的案子上。

项羽喝叫着,声音有如炸雷:"鼎上的水已经沸腾!令尊正在俎上,太公的生路只有一条,那就是你弃械投降。否则,休怪我烹了他!"

刘邦内心叫苦不迭:"父亲从小把我拉扯大,吃尽了苦头,若真有个好歹,我愧对父母的养育之恩。"其实,这时,三军粮食匮乏,韩信又进入齐国,照此下去,楚军终不能持久驻守下去。所以,项羽改变了以往猛打猛冲的习惯,将被俘虏在楚营中的刘邦父亲和吕氏妻子做人质,来逼迫刘邦决战。

项羽用这样下流的手段对付刘邦,可是刘邦是一个老江湖,很快镇静下来,以项羽的性格怎会弄死太公?他大声答道:"项王,记得五年前,你我曾在怀王帐中,约为兄弟,你还尊我为兄长,家父如汝父。倘若你一定要烹杀他老人家,兄弟之间我居长,请别忘了分我一勺肉羹,这叫有福同享!"

"有福同享?"项羽暴怒,拔剑指向太公,"刘三太无赖了,是个地地道道的老流氓,他不要老子,难道我还替你做养老儿子不成?"

他令左右,欲将太公投入鼎中,就在这千钧一发之际,项伯出面阻拦:"大王!干大事的人往往不顾家室,如今,天下未定,杀了太公也徒劳无益,只能引起天下人的耻笑,以为大王无能——"

项羽想想也有道理,于是把手中的剑渐渐缩了回来,插入剑鞘,说了声:"罢了。"

不久,项羽又生出一计。他草拟了一封书信,内容大意是楚汉日久相持,胜负不能决,丁壮苦于军旅,老弱疲于转运粮草,为此请刘邦隔涧对谈,并约了时间。

刘邦接信后,闷闷不乐。太公被捆绑在宰猪案子上,做儿子却没有办法,真是丢尽脸面。一味回避,对军心不利,谈就谈,有什么可怕,但要克制情绪,不被污言秽语扰乱。

刘邦来到涧前,也不施礼。

项羽横槊挑矛,大声喊道:"连连打仗,天下不安,民生凋敝,十室九空,死伤亦数百万,无非为了你我二人相争不下。今日我愿和你单独挑战,比个高低,免得天下百姓跟着受苦受累。你意下如何?"

"楚汉相争,岂是儿戏?你我对敌完全是为了竞逐争天下,谁来同你单打独斗?看来,项羽也是无可奈何、没有办法了,不妨再激他一激。"刘邦对项羽说,"我无意与你单独挑战,宁斗智,不斗力!"

项羽见挑战不能奏效,又让三名将士替他继续骂阵,嚷道:"刘三有种的出来!非教训你不可。"

刘邦心想,不出来岂不让人耻笑,出来又隔着一条涧,有众将士护卫,你又能奈何得了。他壮着胆子过来,大声道:"项羽!你休得逞强,你有十条大罪还敢跟我作对?"

"噢,十大罪状?我倒是闻所未闻。"

"你听着吧,"打嘴仗刘邦是天下一流,他大声数着,"第一条,当初怀王与大家约定,先入关中者为王,你违背了约定,把我贬逐到巴蜀汉中,这是大不义;第二条,你假传楚怀王旨意,杀害了宋义,犯上作乱，自己窃取了上将军的尊号；第三条，你奉令去援救赵国，本应还报楚怀王，可你却擅自劫取诸侯之兵进入关中，蔑视怀王；第四条，怀王曾经规定，入秦之后不得暴虐劫掠，而你烧毁秦国的宫殿，发掘始皇帝的坟墓，盗取秦的财物，胡作非为；第五条，秦王子婴本已投降，你却还把他杀死，不讲信义；第六条，你又以欺诈手段，坑杀秦降卒二十万人于新安，却封降将章邯等三人为王，如此暴虐，天下少有；第七条，你将附从你的人，都封好地为王，却无理地驱逐齐、赵、韩的故王，使其臣下争为叛逆；第八条，你放逐义帝，自取彭城为都，自私贪婪；第九条，义帝曾为天下共主，你秘密派人暗杀他于江南，更是天理不容；第十条，你为政不公，主持公约而不守信，真乃大逆不道。今我以仁义之师，联合诸侯，诛除残暴。像你这样十恶不赦的罪人，难道还配和我挑战？"

这十大罪状使项羽气得七窍生烟。

"我西楚霸王，英雄盖世，推翻暴秦救万民于水火，功高万世，难道也是可以让你刘三辱骂的吗？叫你尝尝我的厉害！"他悄悄从箭囊中取出一支箭矢，猛地朝刘邦射去，刘邦刚想回头，不偏不倚正中胸骨，差些使他摔倒。

刘邦明明是胸部中箭，却顺势一弯腰，故意右手握住自己的脚，骂道："哎呀！贼射中了我的脚趾！"

汉军将士连忙簇拥刘邦回营。

刘邦受伤的消息很快传遍军营。对于他的伤势，军中猜测、谣言四起，军心动摇。汉军自与楚军交战以来，除京索一役外，无一仗不败，兵士对楚军深怀畏惧。谈起西楚霸王，老兵们更是谈虎色变。他们是彭城战役的幸存者,亲眼看见过那场空前的屠杀和项羽叱咤风云。五十六万大军,竟被从千里以外奔袭而来的三万楚军杀得人仰马翻,死伤大半。现在汉王又负重伤,不知能否保住性命,若再与楚军交战,恐怕凶多吉少。

士气就是战斗力,稳定军心压倒一切。细心的张良非常着急,意识到如不采取措施,后果不堪设想。他来见刘邦,刘邦正倚衾半躺,面色惨白,满头直冒冷汗,脸色很是难看。张良请他强打精神,到军中巡行一下。

子房先生说得有道理,军心不稳,万一楚军强行来攻,后果不堪设想。"于是,他强忍着痛苦,披挂好后,在人搀扶下登上战车,面色沉静而又安详,绕营巡行一周。汉军将士见刘邦无大伤害,也都放下心来。

这情景,也被对面山上的楚军看到,见刘邦没有死,还可以在汉营转动,项羽惆怅不已,终于不敢轻举妄动。

回到帐中,刘邦一阵眩晕后,栽倒在榻上,隔日黄昏,刘邦带着几个亲随,偷偷地去成皋养伤去了。

为了不让刘邦喘息,项羽立即发兵迂回到西广武东侧,以迅雷不及掩耳之势又夺下西广武,进而一举包围成皋。

刘邦在病榻上,急得团团转,为了不使成皋陷落,刘邦四处调兵遣将。

萧何意识到成皋再度失守的严重性,又急忙增发三万人马,由于连连征召兵源枯竭,他将自己的子侄、族人、亲兵、伙夫都陆续派来了。

刘邦对张耳、彭越、英布等人寄予厚望,希望他们多发精兵,可他们加起来仅发不足二万人马,而且大半是老弱病残。刘邦简直连肺都气炸了,恨不得跑去扇他们的耳光。

此时,刘邦已经得知打败龙且的消息,欣喜之余,望眼欲穿,急切盼望韩信大军的到来,可他一兵一卒也没发过来。

第三十三章　怒封齐王

不久,韩信派一专使来见刘邦。

专使前来,莫不是来责备自己暗派郦食其说齐降汉?郦食其被韩信卖了,刘邦却说不出口,这是他心痛的地方。张良叮嘱,大王见了使者,使者不论说什么,当忍住性子,别轻易上火。

刘邦从卧榻上起来后,这才传唤专使进帐。

专使来到台阶下,向刘邦奏道:"汉丞相、大将韩信派臣下觐见大王,并让臣禀告,我军托大王洪福,几经浴血奋战,阵斩楚将龙且于潍水之上,击破楚齐联军四十万,军威号振!如今,我各路大军正在分头追击田横、田光等残部——"

"真没想到,韩信这么快就平了齐地!"

韩信用兵灵活,打得是神仙仗,胜利总会不经意取得。破齐总比降齐有利,从根本上为寡人消灭了一大诸侯,此举倒也没有给汉军造成什么不好影响,只可惜让郦食其白白丧失了性命。刘邦对专使说:"大将平了齐,为我又去了一敌国,可喜可贺。只是霸王久稽太公,使我父子离间,近日又会兵成皋与我鏖战,以决雌雄,因相持日久,恐怕难以取胜,非借大将之威,不能成万全之策。兹着使臣星夜往返,召大将相议,协力破楚。不知大将意下如何?"

"大王!大将已知道广武战况,只是田横等人未除,齐地很容易闹事,维稳十分困难,待稍安定后,大将即发兵荥阳,会大王击楚,为此,大将还有一简嘱臣献上。"说罢,专使将策简呈上。

刘邦接简观看,顿时脸色大变。

"齐人狡诈,反复多变,且南境连楚,难免不再发生叛乱,齐相田横,逃遁东南海岛,企图卷土重来,以求一逞。大王若要保住齐地,不使前功尽弃,乞望大王恩准臣代理齐王,方能镇抚齐地,免大王一方之忧。"

坐在刘邦两旁的张良和陈平相觑摇头。

刘邦将策简抛在一旁,口中骂骂叽叽:"寡人被霸王围困在此,危在旦夕。今身负箭伤,太公、吕雉尚在楚营扣押,日夜盼他来救,他竟置若罔闻。可恶的家伙,翅膀拐一硬,就要飞走?龟孙儿,眼里到底还有寡人没有!"

张良、陈平一见刘邦发怒,不约而同地暗暗伸出脚,用脚尖踩了踩刘邦的脚。

刘邦感到脚下不对,抬头看了看张良和陈平。他俩若无其事,在一旁装着喝水的样子。

刘邦一下子明白过来,他用眼角的余光睃了站在帐门口的专使,拍着桌子,故意提高了嗓门:"当王就当王嘛,啊!大丈夫东征西战,平定诸侯,要当就当真王,'代理'有屌用!你回去告诉大将,去掉'代理'二字,寡人封他为真齐王!"

张良与陈平相视而笑。

刘邦又高声喊道:"来使听令。你速回齐地,代为转告对大将加封齐王之意,寡人制得印章后,当立即派人送去。"

专使开始心里七上八下,见刘邦面带怒色,再听下去,才知道骂的是韩信还不够气魄,心里这才踏实。不过,刘邦的举动让他感到十分反常。

专使走后,刘邦大发雷霆。

"韩信这家伙,狂妄自大,野心不小!前番弃齐降而不取,为了争功,不顾将士死活,悍然发动战争,造就了潍水之战的"政绩工程",使我以仁义相号召之人,失得仁义于天下。今番举兵而不发,却要逼我封他为齐王!关键时刻见真心。哼!走着瞧,钩上的鱼还在水里,等抓到篓子里再整死他不迟!"

"大王,韩信此举并不能说是什么坏事。"陈平一旁道,明枪易躲,暗箭难防。韩信持功有心要挟大王,但其羽翼未丰,现在暴露出来是件好事。不过,该封王的就要封王,韩信及彭越、英布等人都该封。

刘邦不耐烦:"啊?!你们以前不是都不赞成分封的吗?如今怎么变了?"

陈平解释道:"情势不同了,那时分封则诸侯人心易散,现在不封功臣则不为所用。何况,政出于大王,封也在您,废也在您,何不便宜行事?再说,去赵地配合作战的张耳都封王了,韩信却什么也没得到,他能没有想法吗?以我拙见,只封一王,其尊无比,若封多王,其宠轻矣。当今之时,抓住人心最为重要!"

转而,刘邦看了看张良。

张良一言不发,来回踱着步子。

平齐的胜利,宣告东进计划的基本完成。韩信前后只用了一年零四个月,东进两千里,先后战胜了秦、魏、赵、代、燕、齐等诸侯国,无一败绩,在中国北方大地上,划了一道非常漂亮的弧线,战役手段无一雷同为古今用兵的最高境界,堪称一代兵圣。

但张良清楚刘邦心里的碴子。韩信击齐在政治和道德上显然是欠妥的,齐国既已归降,未经请示而悍然攻齐,现在又依仗手握重兵,逼迫刘邦承认自立三齐王的事实。这样做,必然引起刘邦的疑心,韩信到底想干什么?无疑,会给刘邦心头蒙上一层阴影。而从灭楚大局来看,尽管韩信孤傲自为,有私欲的成分在内,这却完全符合韩信当年在汉中提出的东向灭楚思路,利大于弊,从根本上铲除了一大割据势力,扭转了楚强汉弱的态势,并可利用齐国丰厚的人力物力,给项羽以致命性的打击,这正合刘邦集团利益。否则,尽管齐国已降,但仍割据自保,绝不会给汉军实质帮助,汉军最终难以从根本上战胜楚军。他不安地道:"大王,我认为造成目前局面的根子在大王身上,大王对他心存疑忌,修武夺兵,暗派郦食其劝降齐国,实为不该。莫说善于追求名利的韩信,就是换个人,对唾手可得的胜利果实,能没有想法吗?"

张良瞧一眼躁动不安的刘邦,继续说:"若因此把事情弄僵,硬是将韩信推向项羽阵营,这是项羽梦寐以求而不得的好事,天下三分,难道大王五年的鏖战,所求就是这样一种结果?我劝大王抛却恩恩怨怨,让我去城阳颁诏,消除韩信心中的隔核和疑虑,让韩信南下开辟战场,完成对楚军的合围。大王,你以为如何?"

张良说得有道理。韩信虽以军功相要挟,个人欲望与野心开始暴露出来,但他统帅下的那支军队,举足轻重,决定着汉军的生死,决不能在此关键时刻让他倒向项羽一方。因此,要因势利导,把主动权牢牢操在自己手中,就像耍把戏的猴子,要不断给吃糖豆,它才肯为主人干活。对韩信,现在应尽可能多的满足他的要求。

此时,刘邦直冒虚汗的身子已干,全身感到冷冰冰的。

最后,他向张良交代三点:其一,郦食其虽被烹而死,他对汉军的贡献是一个不争的事实,寡人感念他的功劳,应尽快地对其子进行封赏;其二,彭越、英布封王之事,待后再做定论;其三,请子房赴齐地一趟,专送齐王印绶,代我行册封大礼。不管怎样,定要拉住韩信,让他尽快地发兵围剿项羽!

张良是刘邦的首席辅臣,在汉军的地位举足轻重。可以说,由他代表刘邦去见韩信,表示对韩信的尊重,同时也表示对册封齐王的重视。还因为,刘邦知道韩信对张良极为敬重,他们之间的关系非同寻常,张良前去将会稳住韩信,促成韩信发兵南下。

第三十四章　天下三分

龙且战败的消息,迅速传到广武楚营。

项羽如五雷击顶。大司马龙且完了!二十万救齐大军完了!韩信必将乘胜南下与刘邦会合!项羽满脸铁青,胡须像刺猬的钢针在竖着,吹胡子瞪眼,气愤不已。

烦躁的项羽心情久久难以平静。他想不明白,突然间,天上怎么会掉下一个力大无穷的韩信,一路东进,几乎摧毁他的王霸大业。他凄凉地对众文武说:"龙且兵败,输光了我的老本。如今,我们遇到前所未有的困难,五年的楚汉之争看来将要功亏一篑!"

帐中的诸文武当然也看到了问题的严重。韩信平定了齐国,完成了对楚地的包围态势,而楚军不堪重负,人员匮乏,败迹已经显露。对此,他们个个垂头丧气,束手无策。

一阵沉默,但谁都知道沉默的含义。

这时,谋士武涉站出了班列对项羽说:"大王,胜败乃兵家常事。臣愿游说韩信,韩信如能反汉,大王东线便可无忧。"

"要同韩信讲和?"项羽愣住了,讲和就是求和,这是他无法想象的事。韩信曾在他帐下,充任禁卫军的郎中,是个职位很卑的小官,他对韩信的记忆已经发黄,只是记得一个大概轮廓,高高个子,呆愣愣的形态,指手画脚,行为不端。现在要让堂堂的西楚霸王,向一个没有骨气的胯夫懦夫求和,这是不可想象的事。但是,仗已打不下去,路怎么走,要不要向现实低头?

"讲和不过是一种手段,只有安定东方,才能全力向西击败刘邦,摆脱目前的困境,转危为安。再说,讲和又不是认输,只不过是暂不交兵罢了,何必耿耿于怀?等缓过手来,再与韩信秋后算账不迟。武涉做着解释,刘邦数调韩信之兵,还曾夺其兵权,可见对韩信深怀疑惧。此次韩信又按兵不动,足见他们君臣已有裂隙。况且,韩信是您的旧臣,只要您肯给他好处,还是有希望争取的。"

这一天,一个亲兵来报韩信,有位四十余岁,留着长胡须的人前来求见。

韩信感到纳闷,齐地动荡不安,尚未平定,是谁跑到城阳来找?他想了想,如今十数万大军在齐,军政事务极多,还是尽量少惹闲事。他一挥手:不见!

亲兵退出不久,又回来了,双手递上一张竹制名帖,上面工整地写着:盱眙武涉。

盱眙人武涉与韩信同是淮楚老乡,当年二人同在项羽幕下,且有一份不错的情谊。这时,武涉已带着项羽致韩信的书信,来到了城阳。

这让韩信感到蹊跷,武涉能言善辩,饶有口才,多年不见,好像仍在项王那边干事,怎么千里之遥来找我?韩信沉吟一下,"我与项羽素有恩怨,他为何又派使者呢?想来必定是做说客,劝我弃汉投楚?

可我心中已自有打算,不妨见一下,看他到底有什么话讲。"

韩信便令亲兵引武涉前来相见。

武涉进了大帐,韩信从座上起身相迎。寒暄过后,叙过交情,武涉环顾左右:"大将,请屏退左右,有要事相商。"

见左右已退,武涉连忙呈上金帛礼品,他说:"当年西进咸阳,我们一起同在项王帐下为臣,如今虽是各为其主,但那份情谊至今难忘。这次来,项王首先要我向你致意——"

"谢谢!楚、汉交战已历五年,不知项王如今有什么打算?"

"能有什么打算,得韩信者得天下,韩信是刘邦取胜的唯一资本,楚军迟早也就是一个死。不过,项王咽不下这口气,死在谁手中都可以,就是不能死在无赖刘邦的手里!"武涉知道自己的使命,他狡黠地说,"大将!其实项王十分仰慕大将,这次令我前来,主要是向大将致歉,欲意述及昔日未能重用之罪,通两方之好,谈谈与大将合作的可能。请大将不要拒绝!"

"合作?"当年韩信屡呈干策,项羽一句话听不进去,现在遇到困境,就让武涉来谈"合作",这还是不是当年那个傲慢的项羽!

韩信不禁大笑起来:"武兄之言差也,我不过汉王所封臣下。从前在项王那里,我官不过郎中,位不过执戟,所做建议,项王从来不听,我极度困惑,万不得已才离楚投汉。汉王知遇我,授我上将军印,给我数万之众,言听计从,我才有今日。如今,天下之事很快就要平定,我总不能逆天行事,放着现成的大道不走,却要拆墙开路,这样的'合作',不是明智者的选择。武兄,你说不是吗?"

武涉闻言,并不感到诧异,他要认真跟韩信讲讲道理:"依我却不这么看。当初,天下由于苦于秦的残暴统治,所以才起来造反。秦朝灭了后,项王按功行赏,破土分封了十八路诸侯,为的是天下安宁,与民休息。可汉王却无端挑起战事,大举东征,侵夺别人的封国和土地。破三秦,占关中,仍不满足,又继续引兵出关,拉拢诸侯,挑起战争。看来,他不把天下全部占下,就绝不罢休,贪得无厌的欲望永无止境。他的为人,也很不可靠,他曾多次落入项王之手,项王怜悯于他,给他出路。可当他一旦脱险之后,马上就背弃诺言,又来攻击项王。就拿鸿门宴来说,项王搓死他不费吹灰之力,但顾及汉王乃自家举义兄弟,虽有过失,不当杀死,高抬贵手让他到南郑去,可他却恩将仇报。大将,如今虽然你觉得和汉王交情很厚,拼命地为他东征西讨,他只是借用你的才智和谋略,用来剪除项王,实现他的狼子野心。我可以断言,如果这样下去,将来终有一天你会遭他暗算。此人只能共患难,却不能共富贵,得天下之后,他最终还会加害于你!"

看来武涉对刘邦还是了解的,但说到要加害韩信,那是绝对不可能的事。韩信为汉王夺得那么多土地、兵员和物资,可以说有韩信,才有他汉家天下,这样不世功劳,汉王的心也不是驴肝肺,况且,齐地韩信还占据着,就是怕他反复无常这一手。

武涉摇摇头:"你至今无恙,是因为项王的存在。话说回来,当今楚汉激战,谁能取得最后胜利,这全在于你。你若支持汉王,汉王就会战胜项王,你若支持项王,项王就会打败汉王,这两种结果,我看,都不是你的福分。"

"这是为何?"

"项王的存在,汉王需要你。若项王灭亡了,汉王还需要你这位手握百万重兵,坐掌魏、赵、燕、齐的盖主功臣做什么?这绝不是危言耸听,若项王今日灭亡,明日灭亡就该是你!反之亦然,所以我要说——"看了看思绪起伏的韩信,武涉故意停顿了一下,"有鉴于此,我劝你谁也不依附,顺应时局,楚、汉、齐三分天下,鼎足而立!末了又添上一句,我的肺腑之言,你可要好好想想呀!"

"不必了!"

武涉说了这么多,主要就一点,刘邦为人狡诈,不厚道,不能相信,而韩信之所以能活到现在是因为还有项羽的存在,为了自保,得独立天下,助汉攻楚则是必死之路。但汉王毕竟有大恩于自己,不当与他决裂,这是做人的准则。韩信向武涉拱了拱手:"务请转告项王,鼎足而三之谋,是叫我韩信失义于天下,虽死不能从命。"

武涉满脸窘态,痛苦地说:"你难道一定要斩尽杀绝,必欲为汉王剪灭项王而后快?这,这不是明智者的选择。"

韩信站了起来,走到武涉的面前,拉住他的手:"常言道,'义不背亲,忠不违君','水背流而源竭'。若我背汉联楚,天下人将指着我的脊梁,骂我是一株墙头草,是一个反复无常的小人,万望能够理解。武兄!我看,不如你留下,你我同扶汉王,不必与项王同归于尽。"

"不!武涉见韩信太重感情,不肯背叛刘邦,"感叹地说,"人各有志,不可相强。还望大将好自为之,我就此告辞了!"

不久,回到广武的武涉,向项羽报告了劝说情况:"韩信意气用事,非言语所能打动。"项羽听后气愤不已。"如今派人去联络你韩信,是看得起你,你倒摆起臭架子来。"他对武涉说,"既然胯夫不肯归楚,不必强求,我同样可胜刘邦,主宰天下!"

"大王,楚军最终取胜,这是不用怀疑的。我只是说,韩信不可忽视,还是尽力争取为好。我替大王劝说韩信,他抱有敌意,真相难明。倘若,从他们内部找人能站出说明利害,韩信可能接受。我认识范阳人蒯彻,此人现居韩信帐下,能言善辨,我已请他出面劝说,不妨一试,以达一石二鸟。"

项羽默不作声。

第三十五章　相背,贵不可言

就在武涉来人离开城阳后的一个黄昏,果然,谋士蒯彻来见韩信,欲劝他脱汉自立,天下三分。

蒯彻多策略,如同刘邦身边的陈平,也是一个天下少有的"鬼才"。上次为韩信出谋袭击齐国后,在韩信帐中地位大大提升。他认为韩信气度不凡,奇货可居,是一巨大的潜力股,要像战国时阳翟大商人吕不韦一样,投资韩信,做一桩政治大买卖。一旦韩信弃汉联楚,自己就是天下第一功臣,第一谋士。

"今晚什么风把先生吹来了?"韩信问道。

"我是向大将贺喜的。大将一举拿下齐国,不当受封吗？封王封侯,封妻荫子,人生之快意大莫过于此。"蒯彻在韩信对面坐了下来说,"贵贱在于骨法,忧喜见于面色,成败在于决断,我蒯彻能言善辩是个纵横家,人所皆知,而我精通相术,指点迷津,人所不知。是凡人皆有命,不可违逆。昨夜我观星相,禄星在齐,知道大将已经被封王了。"蒯彻小眼珠直转,他以"相术"为切入点,事先已拟好了一套说辞。

星相、堪地和相术在秦汉盛极一时,上至郡国大事,下至百姓婚丧嫁娶,无不占卜打卦,问天问地。韩信本来对相术不太感兴趣,只因处于人生前途的十字路口,内心惴惴不安,以及由此引起的彷徨,既然蒯彻能算命,何不问他一问:"那就请先生给我看看吧,却不能胡诌。"

蒯彻心中似乎有了底:"我平时不给人相骨,即使相,也只是随便说说,说个七八成的样子,对得起人就可以了。我看大将心诚,要认认真真地看。"

他煞有介事,先看了韩信的面相,从额门到眉眼到鼻梁到人中到嘴唇到牙齿到舌苔到下颌到颈项。接着,又问韩信知不知道秦将白起相面的事。

白起是秦国有名的军事统帅,屡建奇功,后来却被秦始皇赐死,为什么呢?这里有奇巧。有一次,他请人看相,请的是位瞎子,善于摸骨,人称是未卜先知的神仙。白起似信非信,在见面前又让人用绢条将他眼睛再遮住,以防他是假瞎子。让随从将他带进客厅,白起和在场的人一言不发,任他逐个摸骨。他先摸了两个随从和一位幕僚。还真的大差不离地说出了他们的生活经历。他接下来给白起摸骨。众人仍一言不发。他从白起前额、五官、两颊一直往下摸,摸了白起的手臂,再摸白起胸骨——他摇摇头说,从你面前的身骨来看,粗硬而带有棱角,说得丑些,好似狗骨。书云,"男人骨硬必贫贱"。这位恐怕是讨饭的乞丐,了解白起的都知道,他脾气非常火爆,秦始皇还惧他三分,岂容如此侮辱!但见白起怒目圆睁,差点儿要发火了。在场的人都为瞎子捏着一把汗。后来,那瞎子却又慢慢悠悠地说:"待我再摸摸你的脊背,便见分晓。"他转至白起背后,从后颈骨摸起,向下摸到背脊骨时,突然"扑通"一声就跪了下去:"将军在上,小的冒犯了,死罪死罪。""怎么说我是将军?错了吧。"白起脸色转晴,扶起瞎子。"错不了,我敢拿头颅打赌。将军脊背龙骨又粗又长,必是一位将军,绝对错不了,绝对错不了。我如若说错了,你就砍我的头!砸我的招牌!白起听了满心高兴,赏了许多钱,还称瞎子'未卜先知,神机妙算。'"

蒯先生肚里东西真不少,一套套的。韩信对蒯彻说:"先生,不要神神道道,刚才有言在先,有啥说啥,不别绕弯子。"

"好!我说。"蒯彻沉吟一下,用手拈着胡子,把声音放低,"臣得大将知遇之恩,因此臣斗胆放言,相君之面,隆准三折,至多封侯!且日后前途多有危险又难于保全——蒯彻走到韩信背面,猛然咽喉却迸出尖锐的叫声:相君之背,贵不可言!"

贵不可言自然是指"帝王之尊",韩信犹当胸被刺,脸色陡变:"蒯先生,今日之言,确实当真?"

"大将!蒯某没有必要胡诌。面、背之异相,竟是如此不同,只有避坏就好,因时就势,才能逢凶化吉。"

"此话怎讲?"

蒯彻拱拱手,直截了当地说:"大将,恕我直言。秦失其鹿,天下共逐之,高才者先得。陈涉、吴广首举义旗向秦发难,仁人志士纷纷响应,目的只是消灭暴秦,救斯民于水火。如今,楚汉争雄,却背离了初衷。为了争夺个人好处,弄得天下烟火纷飞,无罪者肝脑涂地,父子骸骨暴露于野。霸王彭城反击成功,继而又挥戈荥阳,如同席卷,威震天下。其后又被困于京、索,阻于成皋以东险岭之中。汉王将数十万众拒巩、洛,阻山河,一月数战,竟无寸土之功,汉军败于荥阳、成皋之间,走逃宛、叶,不能自救,屡遭挫败。今成皋得而复失,荥阳被围,若不是彭越敌后用兵,断楚粮道,大将不遗余力,怕是汉王早已不在人世了。纵观天下,楚汉双方已是智穷力竭,疲惫不堪,民众哀怨,只有高明的圣贤站出来,才能平息旷日持久的战乱。而当今圣贤,就是你大将韩信!"

蒯彻继续道:"如今,汉王和霸王的命运都捏在你的手心,你助谁谁胜,战谁谁败。若让臣为你谋划,莫如坐山观虎斗,楚汉谁也不相助。俗话说:'两利俱存,两败俱伤。'楚汉鏖战,对你来说未必不是好事。存则天下三分,鼎足而立,败则以柔顺之道,坐等胜利之果,兵不血刃,收拾天下,南面称孤!"

韩信瞪大了眼睛,这同武涉的说辞实质一样,也是要我背叛汉王,但内容还是有所区别,楚汉两军相持多年,均已疲惫不堪,最终的胜负关键在韩信手里。

蒯彻用眼角余光扫了一眼韩信,没有等韩信开口,他又道出了平定天下的策略:"凭大将的贤能英才,统帅齐地百万甲兵,辅以燕、赵之众,西向为民请命,止息楚汉争斗,振臂一呼,天下定会望风而从,待时局大定,便可将强大的楚汉一一分割,册立一些弱小的诸侯,使他们都失去左右天下的条件。新立诸侯都会对你感恩戴德,旧王必然相率来朝。古语云:'天与弗取,反受其咎;时至不行,反受其殃。'这是千载难逢的良机,切莫错失。"

如果从自身的"利"出发,背叛刘邦,得大于失。如果从"义"出发,失大于得。这能吗?这是陷韩信于大不义!

韩信喃喃地说:"汉王待我甚厚,把他的车子让给我坐,把他最好的衣服送给我穿,把他最喜爱的食物留给我吃。穿别人的衣,就要分担别人的痛苦,吃别人的饭,就要牺牲于别人的事业。以道义报答信任,以忠贞报答恩惠,是做人起码道理。汉王正处危难之际,岂能趋利背义。"

蒯彻摇摇头。绝大多数的时候,权高位重的人,宁可选择随波逐流,而不是逆势向前,这不是道德的问题,而是政治高度的问题!

但蒯彻诱导,韩信心灵也引起震动。他并不是没有私心,过去也曾考虑过和汉王的关系,但想得比较简单,也想过灭楚后的一些事,但确实没有想的这样深。他站了起来:"今日已不早,先生暂且回去休息,这事让我细细地想来。此外,相面之事,请缄口不言,免得招惹是非。"

蒯彻一听只好起身告辞。

第三十六章　不思拒汉

趁热打铁，蒯彻知道这个道理，没过几天，他就迫不及待来见韩信。

韩信见蒯彻来又欲提起那个话题，忙用无可置疑的口吻，告诉蒯彻还是连汉击楚为上策。

"大将！你可不能执迷不悟。请恕我直言，逆水行舟，不进则退。现在是你一生最为关键的时候，进一步坐拥天下，退一步万丈深渊！"

蒯彻再次劝道："成就大业的人岂能为感情所困扰？你自以为与汉王友善，欲帮他创建万世功业，忠心可嘉，但不会有什么好结果。想当年，常山王张耳和成安君陈余，亲如兄弟，誓同生死。可后来相互攻杀，这都是患生于多欲而人心难测的缘故！如今，你想用忠义之心对待汉王，却不能投桃报李，你与汉王的感情远远比不上张耳、陈余，而你与汉王的矛盾，却大大多于他们之间的误会，其后果如何，大将心里自会清楚。俗话说：'恩有多深，仇有多深。'春秋时，文种与范蠡明知勾践只可共患难，不能同安乐，却偏要以身相试。勾践灭吴，保存了危亡之中的越国，后来又辅佐勾践当了诸侯霸主。功成名就后，文种却被赐死，范蠡却被流亡。以交友而言，你不如张耳、陈余，以忠信而言,你超不过文种、范蠡,'狡兔死,走狗烹',这样的教训是不能等到大难临头时才去吸取的。我还听说,权高震主,功高不赏。你破魏、下代、灭赵、降燕、定齐,又斩杀了龙且,歼灭楚军劲旅二十万,展露了旷世才能。有了这样震主之威和不赏之功,投奔项王,项王不信,归汉,汉王疑惧。处于人臣的位置,功劳却压倒了君主。大将你将归于何处?!"

将归何处?!这确是要认真考虑的大事。

人世间的关系最复杂,自己有大功于刘邦,刘邦也未必会真心感激自己。但天下权在我韩信,也未必见得。现虽身处强齐,广有甲兵,自己贸然起兵独立,这绝不是男子汉大丈夫所为!

其一,从良心上讲,韩信会被指责为不仁不义之徒。其实,一个来自淮阴南昌亭的穷小子,是个最念旧情的人。漂母、萧何等人能忘记吗?特别是刘邦筑坛拜大将能忘记吗?自己曾对天发誓,不论遇到何种情况,定要竭尽全力倾报刘邦知遇之恩,现如今,却要让韩信恩将仇报,实在做不到。自己的这一切都是刘邦给的,不能落个谋反不忠的骂名,也不能做一个不要脸的厚黑君主。

其二,从人心上看,自己缺乏刘邦的政治手腕,也不及项羽四世三公的门望和"力拔山兮"的气概,天下人未必真心归服。刘邦武有曹参、樊哙、周勃、灌婴,文有张良、陈平、陆贾。项羽虽是"家天下",文武仍有钟离眛、桓楚、季布、项伯、项庄、虞子期、陈婴。他们都是当代豪杰。而我呢?虽有李左车、蒯彻、陈贺、孔聚,但比不上张良、陈平、曹参、钟离眛、季布等人,且这些人还多是刘家班底,不少人还是刘邦的嫡系,一旦不是汉军统帅,这帮将士还会帮自己打仗?

其三,从趋势上看,齐地虽刚刚征服,残寇骚扰不断,民不聊生,而全天下百姓,更是饱受秦末战乱之苦,土地荒芜,粮食腾贵,以致人相食,祈盼结束争战,休养生息,使天下归于一,这是人心所向!虽然韩信军事能力,不是刘邦能相比的,如果造反,天下必将成三足鼎立之势,而最终受苦的却是天下百姓!

韩信又拿刘邦与项羽做对比,项羽追求的是霸业,而刘邦追求的是一统帝业,尊刘灭项也是自然的选择。

其一,得人心者得天下,刘邦以集权总揽大局,一切都围绕统一天下这一目标进行。而项羽则以裂土封地为理想,以万夫不当之勇推翻暴秦后,分裂天下。如今已不是前秦,更不是战国,天下已不支持贵族复国。天道有变,顺之则昌,逆之灭亡。

其二,刘邦懂得拉拢人心,动之以情,懂得运用团队的力量,有较强的凝聚力。所以得张良、萧何辅佐并各尽其才。而项羽好勇斗狠,自认为凭借一己勇力可以拼天下,缺乏政治手段,以致气走了唯一谋士范增。

其三,刘邦取得关中后,与民约法三章,收买人心,拉拢诸侯,建立统一战线。而项羽目光短浅,在灭秦之后,却采取了一连串荒唐措施,扰民、焚宫、封王、杀义帝,引发了四起的民怨,缺乏人主的气度。

蒯彻的策略看上去很完美,其实可行性相当差。算了吧!做事不能咄咄逼人啊!张子房曾说过"天下游士离其亲戚,弃祖墓、去故国,追随人主不过是为了封王封侯,做个天下英雄"。前代的苏秦、张仪、李斯,今人英布、彭越也都是这样,我韩信何尝不是?

蒯彻见韩信不语,知道了韩信心思,但他还是要做最后一搏:"大将！我听说，善于听取正确建议，是大业垂成的先兆；善于做出正确决策，是大业垂成的关键；一个甘心听人摆布的奴仆，永远不可能获得天子的权威；一个情愿守护微官薄禄的小吏，永远不可能得到高位。对正确的话应当相信，且要果断地接受，若无端生疑，必然受害。专在细微之事上精明打算，为百事之祸。游移不前的猛虎，不如蜂蝎敢于放刺；良马的盘旋局促，不如劣马的稳步前进；虽勇于孟贲，若疑而不动，不如平庸之人的埋头苦干；虽有舜禹之智，吟而不言，不如哑巴、聋子会指挥调度。世上的大事，都是功难成而易败，时难得而易失，机不可失，时不再来。这些金石之言听不听完全在于您啊！"

话都说到这个份上了，韩信应该了然于胸。

然而，韩信再一次用要报答刘邦知遇之恩的理由拒绝了："我是一个苦命的人，只想一辈子打工，并不想取代他人做老板。这个想法，已根深蒂固，难以排解。屈一身之欲，乐四海之民，有何不好？"

直觉告诉蒯彻，韩信有震主之威，无擎天之志，怀鸿鹄之才，恋雀燕之居，只想独霸一方，绝无背汉自立之意，孤芳自赏，不敢担当，怂，更不知道后面的凶险！但可以确定，韩信的盘算，不是谁劝说就可以改变的，在未来，一切全凭运气了。蒯彻不禁伤感、懊恼起来："既然如此，臣不多说了，愿大将保重，臣告辞了！"

蒯彻走出大帐，仰天长叹："忠言逆耳，竖子不足共谋，其日后必被刘邦所害！"事隔十余日后，他突然间口吐白沫，撕碎衣裳，疯癫不知所踪。

韩信深知蒯彻是因建议未被采纳，知事关重大，万一传到刘邦耳中，就是大逆不道的死罪，势必灭门九族。他不放心，他要去，那就随他去吧。

汉王对韩信军事上极度信任，生活上极度厚待，反而让其不适从。汉王是一个志存高远，玩弄权谋的高手，如何与他相处，韩信也是战战兢兢，如履薄冰，是个未来人生探讨的一个重要课题。在现实生活中，韩信与项梁、宋义、项羽等人的关系都处理的不是很好，其中有许多原因，但最重要一点，就是缺乏政治权谋和政治手腕，显得单纯而幼稚。

只是现在刘邦对自己到底是个什么态度，可不能王婆卖瓜一头热，想当然地去判断。

第三十七章　鸿沟议和

　　成皋连日大雨，让人不堪其烦。

　　这一天半夜，久卧病榻养伤的刘邦从睡梦中醒来，他梦见一群魔鬼张牙舞爪地抓住他，撕开了他的肚皮，欲要摘走他的五脏六腑，一个个面目睁狞，青面獠牙，血口大张，真是吓死人！

　　刘邦明白，这些群魔就是韩信、彭越、英布等人，对！四年战争，荥阳屡战屡败，未进一尺，而韩信们个个肚大腰圆。韩信打下天下三之二，已占据三分之一，不久前，自己就伸手来要王，这王是自己要的吗？王给他了，日后还有什么能吊起他的胃口，拿什么再封赏他？韩信当年从霸王那里过来，一副丧魂落魄的样子，是我刘邦一手栽培、简拔，如今吃饱了，撑足了，成了大气候，反而要跟老子平起平坐，教训呀。我和霸王拼了老命苦苦厮杀，他却打着我的旗号，放手壮大自己力量，发展了三十万军队，这是多大的数目！

　　他也曾拿霸王和韩信做过比较，可以说韩信更厉害一等。霸王骁勇善战，就连我能斗智的刘三，兵力占优时，常常被他打得落花流水。但究其实质，霸王还是一个徒知力征的典型。而韩信或以寡击，或声东击西，或背水列阵，处处尽显权谋之术。若霸王一旦遇上韩信这样胸藏韬略,长于斗智的对手,恐怕也会败下阵来。因而,从某种程度上讲韩信也更为可怕。现在关中援兵虽络绎而至,可以我一方之力,未必能打败霸王。即使以后打败了霸王,韩信这帮诸侯们,能肯俯首称臣?能轻易地把天下拱手让与我吗?我看不太可能,天下属谁还未定。四年了,实在厌倦了!人生有多少个四年,与其如此,不如和霸王约和算了,霸王如能将刘太公和吕雉放回,我就撤回关中休息去。

刘邦有些恍然若失。他顺着长廊向前走去,在长廊的拐弯处,看见了内侍陆贾站着,问陆贾为什么站在这里?

陆贾回答,护卫大王是为臣的职责。

也够辛苦。刘邦转而想到今日大业,正是许多将士抛头洒血的结果。他对陆贾说:"连连征战,将士死伤无数,战死疆场者尸骨无人收拾,家人不得抚恤,日复一日,妻儿老小望穿秋水,扯断柔肠,却连个亲人死活的音信都得不到。今后,凡军士不幸阵亡,由官府负责制备丧服及棺材,转送其家。他要陆贾派人快快告诉在关中的萧何,令他替我拟旨,通告全军将士。"

陆贾刚要走开,又被刘邦呼唤了过来:"楚汉争战多年,民力疲惫,这样天长日久的下去,已没有什么意思。铁嘴随何不在此地,一代高人郦老先生已作古,如今唯有你堪当此任,去到楚营说动霸王,划定边界,两家言和算了。"

陆贾大惊,犹豫地望着刘邦:"张良先生已去齐地,他知道此事吗?恕臣直言,此等大事张良先生不知道,营中也未议过,若有闪失,贾吃罪不起!"

"怕什么？陆贾呀，自古定大事不过一二人而已，你想想，霸王若再推出太公，挟制多端，或乘怒将太公杀死，我不是一辈子将落个不孝骂名吗？楚军乏粮，这时议和，正好可以救回太公、王后。"

陆贾虽有话却不敢多说，连忙出城赴命。然而，不知什么原因，项王并不答应，坚持要决战到底。

这回刘邦似乎铁了心，悄悄又改派侯公再去劝说。

侯公是洛阳世家，遭乱不仕，年轻时就以豪气著称乡里，后来汉王东征过洛阳，同董公三老策杖见汉王，谈论陈国政，相切时弊，汉王很是喜欢，于是留在帐下听用。

来到楚营见项羽，项羽知到侯公又是刘邦差来的使者，便命刀斧手分列两边，自己仗剑坐于帐中，睁目虎视。

侯公从容而入，大笑不止。汉王让我再次致意大王，几年相争，大仗打了七十余，小仗不计其数，白骨暴野，积尸如山，双方如能止息战争，撤回军队，保持兄弟情义，不但可以共享富贵，而且黎民百姓也能过上太平日子。

他还意味深长地说："如若不然，继续刀兵相加，谁胜谁负，鹿死谁手，难以预料，长此以往兵疲粮尽，苦的是天下生灵。我看，还是以和为贵，望大王再思。"

项羽叹了一口气："话也有道理，久困于此，兵疲粮尽，终难取胜。况且，整个战局对楚十分不利，不久将处于四面被击的境地，这是危险不祥的信号，何不顺水推舟，卖个人情给刘邦。"

项羽看看项伯，项伯颔首。

项伯建议两国订个盟约，以鸿沟为界，中分天下，鸿沟以西归汉，鸿沟以东归楚,楚汉平息干戈。

鸿沟,为战国时一条人工开凿的运河,故道从今河南荥阳北引黄河水,东流经中牟县北,又东经开封北,折而向南经通许县东、太康县西,至淮阳东南入颍水。它沟通了中原地区济、濮、汴、睢、涡、汝、淮、泗、荷等主要河道。

所谓中分天下,实际上汉已据天下七成以上,且背后是自己的封国广大地区,粮草兵员充足,而楚的封国一天一天在缩小,被挤压在今天的河南、安徽、江苏及浙江一带。项羽清楚地知道,以鸿沟为界分天下,这只是暂时性的停战,楚军目前已危机四伏,以退为进,进行战略收缩,待机东山再起,这也是无可奈何的选择!

他请项伯与侯公办理具体订约之事。

汉四年(前203年)八月,楚汉双方经过艰苦的谈判,终于在鸿沟楚地正式缔结和约,结束楚汉相持多年的战争。项羽遵守诺言,十分爽快地放回刘太公和吕氏。内侍审食其也在同列。

汉王很是高兴,当下封侯公为平国君,以嘉奖其功。

鸿沟西边,汉军营地,为了庆祝"鸿沟和约"的签订,他亲自带着太公、吕雉巡行军中。汉军将士一片欢呼,"万岁"之声不绝于耳。

这天傍晚,张良一行从齐地回到了成皋。他见平日戒备森严的营中,却是另一番景象,马放南山,刀枪入库,军中上下一片喜气洋洋,这到底是怎么一回事?下车一问,他才知道汉王与霸王议和了,这不啻晴空扔下一个霹雷!

他急忙来见刘邦:"大王急欲罢兵,臣不明白,这到底为了什么?"

刘邦连忙将张良扶起来:"子房,将士疲惫,无力再战,今霸王能放回太公、王后,就此两家划鸿沟为界,约和罢兵,中分天下——罢兵就罢兵吧!"

张良道:"当局者迷,旁观者清。大王对臣有知遇之恩,这等大事不妥,臣定要阻拦。你想想,楚国的盟军三秦、魏、赵、燕、齐等地,都已被韩信拿下,诸侯大多已归附我们,汉军已占据大半个天下,且楚军兵疲粮尽,形孤势危。那反楚的彭越重新占领了梁地,威胁着楚军粮道,项羽已抽不出机动兵力回去剿抚,反叛的英布在淮南战场上已活跃起来,攻占了九江数县,牵制了楚大司马周殷十数万军队。而韩信近日成功地清剿了齐地残余,一切进展顺利,出兵绝无多大问题。何况,这是一支战无不胜的英雄军队,无人能够抵挡,一旦发兵南下,随时都可夺取楚军后方,歼灭楚军。大王!这正是天赐灭楚良机呀!"

刘邦说出了自己的隐忧:"这,恐怕灭楚之后诸侯离心离德。"

张良道:"大王不必担心,天命归汉,人心所向。臣观诸侯王,虽有国士之人,却无帝王之资,无一能与大王匹敌,如能因势利导,天下尽在大王掌握之中。战国混战了数百年,不就是因天下不统一,百姓得不到太平。如今,百万将士们追随大王,戎马数载,抛头洒血,出生入死,还不是想安定天下,立功受爵,用刀枪剑戟回家换取良田?再者,项羽未除,诸侯疑惧之心未消,正是人心可用之时,一旦大局已定,诸侯各保其地,谁还肯听您的调遣?机不可失,时不再来啊!"

张良条分缕析的话语,精辟透彻,刘邦已听得入神。不过,他还有些犹豫,楚汉已签下协议,如若违约,失信于天下,会被诸侯们耻笑。

这时,陈平、随何等人也过来劝道:"子房先生的话有道理,干大事不拘小节,请大王不必犹豫。"

刘邦感激张良对国事的高瞻远瞩,上前拉住他的手,使劲地拍了拍:"能看清天下大势者,唯子房先生也!幸亏你及时回来,不然将失却战机,误了大事。"

见到刘邦转变态度,张良兴奋不已。

第三十八章 讨价还价

刘邦赶来与太公、吕氏相见,痛哭流涕,悲喜交加。

按规矩礼,他先拜见了父亲,却高兴不起来,觉得对不起父亲。刘太公没有责怪,却十分理解,人生遭点磨难是难免之事,为天下者不顾家,这是千古常理,要刘邦不必在意。

见过父亲,又见妻子。万万没有想到,被项羽掳去三年,吕雉居然安然无恙,完璧归来!他拈着胡须,眼睛上下打着量吕雉。吕氏回瞥了一眼,不觉泪水又滴了下来。见状,太公和刚刚从楚营一同放回的审食其等人都悄悄退出。

突然,吕雉问:"刘邦楚汉约和所以项王放我们回来了,这是不是真的?"没有等刘邦回答,她又说:"目前百战百胜的楚军将士因饥饿而疲惫不堪,士气已今非昔比。恕臣妾冒昧,太公和妾已经回来,还怕项王什么呢?汤武要是顾虑臣下之礼,能得到天下吗?要成大事,就顾不了那么多仁义道德!"她鼓动刘邦将计就计,抓住楚军后撤之机,剩勇灭楚。

刘邦斜着眼看了看吕雉,三年未见换了个冷美人似的。告诉吕雉,他以布衣手提三尺剑,就是想夺得天下,使四海之内定于一。

久别重逢胜于新婚,刘邦一下搂过吕雉——

夜已深,张良和樊哙、刘贾、陆贾等一干人前来求见。

刘邦听了叫唤,知是有大事,连忙穿上件衣服走了出来。

张良拱拱手说:"大王!刚刚得到探报,楚军已于傍晚撤离广武,浩浩荡荡地向彭城方向开去。愚以为这正是消灭楚军,夺取天下的大好时机,如不追击,楚军获得喘息之机,后患无穷,到那时,后悔可就来不及了。"

樊哙等人也在一旁迫不及待地道:"大王!让他们就这样一走了之?"

楚军已撤?没想到这么快就走了。刘邦在帐里大步流星来回走动,蓦地停住了脚,命令立即追击!

随即,他做出三项部署:一、令樊哙率所部人马向胡陵进军,和成皋汉军成犄角,尾随配合追击楚军;二、令刘贾、陆贾率三万军帮助英布,定要死死地拖住楚大司马周殷,迫使他不能机动作战,尔后由南而北,袭击楚军;三、再约彭越由北而南,韩信由东而西,刘邦、张良则率军由西而东,全力追击楚军。

这样的意图很明显,就是要造成一个东西夹击,南北共进,四路齐攻的态势,乘楚军麻痹和松懈,会歼项羽于撤退途中。

对此,张良提出了疑虑。他认为,眼看霸王即将被歼,韩信和彭越都没有得到新的分封,若大王能和他们共享灭楚后的胜利成果,他们一定会立即发兵前来会师,否则都不会。因为,封韩信齐王,并不是大王主动分封,况且,封王就该封地,不然只是个空头衔。彭越,与我们合作也有多年,曾经夺得梁地,可大王却派他辅佐魏王豹,彭越去那里没多久，魏王豹已死，国中无主，所以彭越只想您一定会封他为王，可大王并没有加封，心中难免不高兴。他二人当会心怀疑虑，左右观望，不来参战。而决战关键在于韩信能否及时赶来参战。否则，仅凭汉王一人，很难置楚军于死地。

刘邦最后还是决定先派人去临淄、外黄召韩信、彭越二人，若不听令，再做其他打算。他让张良迅速安排使者，日夜兼程，告诉他们，汉王已率大军尾随楚军而去，望他们迅速行动，切勿贻误击楚战机！

临淄，战国齐国都城。从西周至战国齐桓公时，一直很发达，有户七万，以每户五口计可有三十五万人。

点将台

临淄人富庶殷实,喜欢吹竽鼓瑟、弹琴击筑,斗鸡走狗及六博蹋鞠等娱乐活动。曾有记载:车毂击,人肩摩,举袂成幕,挥汗如雨。秦灭六国后,临淄为临淄郡治所,失去了都城的地位,但繁华依旧。秦末,陈胜、吴广举义,派周市攻取魏地,北达狄城。狄城人田儋借机杀死县令,宣布起兵,自立为齐王。齐地战事不断,临淄城受到严重破坏,但比起其他城邑,仍有几分王都风采。现在韩信占领齐国后,也将大营从城阳正式迁到临淄。

"大事不好啦!"

这一天,两位汉王专使喘着粗气,滚下马鞍,跌跌撞撞地冲上大殿,跪倒:"齐王!汉王已和张良、陈平等人率众十万,跨越鸿沟,夜行昼止,尾随楚军而去。怎奈十万大军远道跟踪,怎能一点消息密不可透?突如其来的事变使楚军惊骇万分,但他们毕竟是训练有素、久经沙场的军队,很快镇定下来。现在,楚军已止军于阳夏,两军交战迫在眉睫!汉王请齐王赶快发兵。

嗯!韩信心想,自己满腹忠诚,并无二心,而封王就该封地,这是人人皆知的道理,可是汉王到现在仍无动于衷,不闻不问。

这时,又来一位:"齐王!霸王以强大的声势,突然回师袭击固陵(在今河南太康县南),汉王慌忙应战,溃不成军,不得已率部逃入西面的崇山峻岭之中,令士兵掘沟坚守。而项羽又将汉军紧紧围困,下死令要全部消灭汉军,割下汉王头颅,形势万分急迫,汉王急盼齐王援救!"

韩信红润的脸上,顿时煞白,问楚军如此猖狂,那彭越、英布等人为何不战?

彭越未能如期前来与汉王会师,英布与刘贾则在寿春一带,被楚将周殷牵制,一时难以脱身,所以都未能赶来。专使告诉后,连忙呈上加封诏书:"齐王!汉王派臣快马加鞭,日夜兼程赶来临淄,与齐王破土裂封。"

韩信打开诏书,只见上面写道:"项羽残暴,诸侯共愤,救黎民于水火,同伐顽逆于九州。齐王信屡建奇功,因争战未止,疆界难定,虽封齐王,未授实土。今项羽亡在旦夕,四海当宁,着齐王信领自陈以东至于大海。望善治之,泽被子孙。"

韩信不由心头一热,知我者,汉王也!对刘邦疑虑立刻烟消云散。汉王乃深明大义的仁厚长者,能以天下城邑封功臣,自古少有,霸王和他完全无法相比。"前次汉王封王赐印,已使臣感恩不尽,今又授土,叫臣何以为报?"

他非常歉意地对使者说:"上次汉王约我出兵,适逢小病,未能如约,心中忐忑不安!"

使者知道这不过是韩信的借口,便道:"前次汉王派人使齐后,原本以为齐王一定会及时领兵前去,所以放心大胆地深入楚地,以期与齐王及彭越会合——所以,造成了孤军奋战,楚军抓住了战机,对汉王发起反击,汉军损失惨重!"

韩信闻言,颇为难堪,一时沉默。

使者又道:"汉王希望齐王尽快领兵南下解围!"

"不只是解围,现在该是将功补过的时候了。"韩信说,"楚军虽胜,但其士卒疲惫,粮草匮乏,不过是困兽犹斗。汉王虽遇挫折,但并未完全失去战机。请使者回禀汉王,同项羽决战是韩信的梦想,复仇的这一天终于来到了,我愿立即出兵,与汉王会天下诸侯,共歼霸王,毕其功于一役。倘若,汉王在西边紧紧抓住他的尾巴,我将在彭城附近揪住他的头颅,可令英布、刘贾从南边过来补上一刀,霸王定会招架不住,这样,破楚必矣!"

就韩信而言,全局着眼,策划天下大计,也不是一日。他仍是汉大将、汉丞相、三齐王,王侯将相一人而已,是汉军名副其实的"老二",对即将展开围歼楚军的行动,早已成竹在胸。

使者大喜,谢过韩信,连夜赶回去禀告。

第三十九章　十面埋伏

不久,韩信留下曹参镇守齐地,自己亲率大军南下。

大军所过,楚军望风而靡。不过十数日,连克胡陵、薛县,渡过泗水,以迅雷不及掩耳之势,攻克了沛县,骑将灌婴又率主力骑兵一举成功突袭留县,切断了楚都彭城与外界的联系。此时,韩信可用兵力三十万左右,项羽可用兵力十万左右,只占三分之一,仅韩信对付项羽就绰绰有余。

扫清了彭城外围后,韩信调整兵力部署,伺机发起对彭城的进攻。

这天大帐下,将军灌婴、孔聚、陈贺、郎将傅宽、陈武、贺祁、夜元、扬喜、高邑、冷耳、王周、陈涓、尹恢、丙倩、杜得臣等数十位战将端立两旁,鸦雀无声地静候将令。

韩信翻开一份简书:"综合探报看,好像楚军有撤退的想法。"

接着,他分析说:"彭城是楚国的都城,彭城的丢失,政治上则意味着西楚国的覆灭。所以,项王当得知我大军南下,并已攻克了薛县、沛县、留县后,他定会率主力回援彭城。从探报看有这个迹象,虞子期已率部向东而来。那么,当楚军向东扑过来的时候,我们何不顺手牵羊,分几块后将他们吃掉!又因固陵附近地形复杂,不利我军展开作战,且楚军擅长野战,围而不能歼之,反而后患无穷,一旦突过我们的防线,他们可能从苦县、谯县、相县、萧县附近朝前推进。同理,打得过急,打草惊蛇,楚军可能干脆放弃彭城,退入淮南,从东城方向过长江。有鉴于此,我们可把彭城搁一搁,让彭城楚军苟延残喘数日,围而小打,吸引项羽加快回援步伐。"

随即,他决定主力放弃与汉王汇合的计划。

他唤过灌婴、吕欧、贺祁。令他们各率本部兵马,夺取萧县后,迅速挤压楚军的战略空间,只要不发生重大不利变化,不惜任何代价,在五日之内拿下相县,十五日之内拿下谯县、苦县,然后集结陈地拦截楚军。

又唤过傅宽、陈武。令他们各率一万人马,火速转锋西向,先去固陵与汉王会合,然后,随汉王折回追击楚军!

接着,唤过陈贺、孔聚、宣虎、陈涓。他指着地图向四将交代说:"你们各率本部人马十日后突入彭城,夺取楚军巢穴,随后取下邳、僮县、徐县,从东南一线伏击楚军。这是一路奇兵,要做好最后决战的准备!"

却说,项羽从荥阳撤军,本意是向东回归彭城,现在,他虽然把刘邦围在固陵,心中却惦记着彭城。

彭城,北达齐鲁,南控江淮,自古有"得中原者得天下","得彭城方能得中原"之说。中原为九州腹心,奔腾的黄河横贯其间。

可不久,当项羽得知韩信率主力南下,已攻克了沛县时,大惊失色。他来不及召集诸将碰头,便慌忙留下季布,绊住刘邦汉军,自己亲率十万主力,以及项伯、钟离昧、虞子期、陈婴、项声等众将,企图乘韩信立足未稳,杀个回马枪,并在彭城附近组织一次会战,像三年前一样,再创造一次奇迹,把汉军打得落花流水。

就在项羽仓促率领十万楚军,从豫西回撤,沿鸿沟向东奔走了三天三夜,前锋到达陈县(今河南淮阳)西北时,得知彭城已被汉军取了,他勃然大怒,愤然挥军要去夺回彭城。

钟离昧、项伯、虞子期、桓楚、陈婴等苦苦劝阻,项羽仍痛恨不已。悔不听亚父之言,那时在鸿门宴上杀了刘三这个流氓,不就像拈捻个蚂蚁?这才五年,蚂蚁竟变成了老虎!还有那个被我羞辱过的韩信,竟有如此大的能耐。

钟离昧上前献策,江东是大王发祥之地,百姓思念大王,我们何不一面坚守淮北,一面派人到会稽去搬兵,到大司马周殷镇守的舒城和六安去搬兵,等三路兵马会合在一块,就可以对付汉军了。

项羽点头赞同。目前从固陵拉回十分疲惫的楚军将士,立即同汉军展开决战,这不是上策。不如深沟高垒,安营扎寨。如今天气寒冷,汉军数十万人马,粮草一定难以接济,一月后,他们不退也要退。到那时,等我大军开到,还不知鹿死谁手。

汉五年(前202)冬,北方已经下雪了。

项羽睡不着觉,披衣站在营寨雪地中,雪花片片,不断落在身上。他心中思忖大司马周殷等人怎么很久也不见踪影。就在疑惑之际,有士卒来报,周殷已举兵降汉了!这个消息,像一记闷棍打在他的心口上。周殷一直对项羽忠心耿耿,因此才命周殷为大司马,主持南方军政,统九江军,率部坚守巢湖边的舒城,他怎么能投降汉军。

巢湖位于长江下游北岸,湖周港汊不下三百,环湖有庐江、舒城等大城邑。其中,舒城为楚军军粮补给要地,一旦失去舒城,对楚军的军粮补给,将是一个十分沉重地打击。

士卒又讲述了周殷投降经过。为了争取诸侯支持,刘邦新近封了英布为淮南王。英布封王后,更加疯狂地与楚军作战,他又得到汉将刘贾的协助,进兵九江。接着,他们派人围困舒城,诱降周殷,而周殷看到汉军强盛,贪图苟且,终于叛楚投汉。周殷降汉后,便率舒城之兵配合汉军攻六安,遭六安军民顽强抗击,城破后,楚军和百姓被杀极多。

周殷背叛使项羽尽失淮南地,并截断了楚军南下之路,固守待援的作战方案也落了空,他第一次意识到汉军难以力敌。

要守住一个地方,就要有粮有草有外援。现在,粮草没有,周殷又叛变,使楚军回夺彭城的计划落了空。兵法有云,以进为退才不致没有后步,以攻为守才能真正守得住。只知道以退为退,以守为守,是退不了守不住的。虽说汉兵远道而来,运粮困难,绝不能住得长久,但是,楚军只困于死地,坐以待毙,万一汉军进攻守不住,那楚军退兵就更难了。所以,项羽想要利用刘邦求战心切的心理,欲意在陈城决战的愿望,趁汉军包围尚未合拢之际,在陈县补给后,迅速引军改变行军路线,避开汉军主力,走项城——新阳——蕲县一线,南渡沱河,穿过垓下,向东南方下邳紧靠过去,进可夺中原,退可过江东。于是,他令钟离眜带一万人马沿陈城周边,遍插旗帜,虚张声势,造成欲同汉军决战架势,掩护楚军主力人马向东开拔!

"不可!不可!"上国柱陈婴连忙拦阻。

"汉军势大,又兼韩信诡计多端,大王不可轻敌。以臣愚见,只可深沟高垒,暂不与他战,然后再发檄文,调东楚人马前来救援,再差人过江,调会稽各郡县粮米,以为军粮。与彼相持日久,汉军定会疲乏,供给不便,那时,大王以逸待劳,鼓兵而西,使韩信无以用其谋。大王!如不依臣言,空壁而往,寡不敌众,战而不胜怎么办?"

"孤王取天下没有成法,但有秘诀,那就是'勇'字当头,立在其中,天不怕地不怕。孤意已决!"项羽说完径自走出大帐。

陈婴望着项羽背影,心里感慨万千,觉得江山是你项羽的,由你去吧!我只有一条命,最后他不愿想下去。

陈婴原是东阳令史。陈胜、吴广举义,东阳的少年们杀了东阳令,聚集起数千人,强行让陈婴当首领起事。

陈婴原是东阳令史。陈胜、吴广举义,他率"苍头军"数千人归附了项梁。这是项梁举义后,收留的第一支大队伍。因此,陈婴算得上楚军集团的元老功臣,也是楚军第一代核心成员,灭秦后位列三公,封为西楚上柱国。"

第二天五更开饭后,项羽虚留营寨,带着大军,穿越间道向东开去。

走了七天七夜,来到今天安徽固镇县和灵璧县之间的淮北平原,他们不顾长途跋涉的疲倦,休息片刻,便冒着严寒,涉过干涸的沱河。抵达对岸后,项羽和将士们心中顿时觉得轻松了许多——他们终于回到了楚国土地,眼前的一切,是多么亲切啊!乌骓马在河边啃着干草,楚军士兵有的整理行装,有的吃起干粮。

"报——报项王!前面发现韩信汉军营帐!"

项羽顿时神情紧张起来。他和钟离昧、项伯、陈婴等人连忙跨上战马，前行至高岗处，勒马而望，果然见到前面丛林旁有不少汉军营帐。原来，汉将陈贺、孔聚率军在此已等候多时！

这时，后面又传来了鼓角声，追踪而至的汉军也已逼近沱河。前堵后追，境地危险！

"诸位！孤王一时大意，误中韩信诡计，到了这一步已没有退路可走。这是关键时刻，告诉将士们，要克服连日跋山涉水的劳顿，拼搏上阵，冲过垓下，奔向东楚，求得生路，以图后举！

他令钟离昧居左，陈婴居右，虞子期护守后军，自己则居中，止军停驻，开始做与汉军决战准备。

原来，韩信料定项羽误以为汉军定会阻止他北上夺取彭城，把决战的重心放在陈城，他却顺水推舟，悄悄地把大军带向东，夺取灵璧粮仓，逼迫汉军不战自退，即使战而不胜，因灵璧与盱眙、淮阴、广陵相接，保住这条东南战略通道，将主力带到江南去。根据项羽这一心理，韩信做出决定，分兵南下，张网以待，把项羽诱入口袋。而多路人马有计划潜入，特别是让陈贺、孔聚二人沿彭城、邳县、僮县南下，将大军设伏在灵璧垓下，多套战略的运用，成功的欺骗，将蒙在鼓中的项羽诱入口袋。这个部署大胆之至，预料准确，是项羽做梦也没有想到的事情。

这是韩信第一次正面和项羽交锋，意义非同寻常，他还特别在伏击的"口袋"上，仔细地下了一番功夫。

根据楚军善于正面突破，又根据汉军人数占优，直接参战人数可达六十万的情况，韩信制定了"以正合，以奇胜"的战术。部署了一个前八阵,后五军的战阵,打一场前所未有的阵地战和歼灭战。这大概就是元代人称道的"十面埋伏"。其实,就是多路设伏,步步为营,四面八方布下天罗地网。

这一部署的特点是:正面强、纵深大、规模宏阔,兵力高度集中,两翼灵活策应,能有效地阻止楚军的连续突破。

战鼓擂响了,火光四起,战马不停地嘶喊,一场无可挽回的楚汉最后决战开始了!

第四十章　四面楚歌

山坡后竖起了"汉"字大纛，汉军露出了头，向山下冲来，势如潮涌。

"楚"字大纛在寒风中竖起，项羽摸了摸乌骓马，似有话，随即跨上了乌骓，士兵呼声大起，项羽率先冲向前去，两军相接，厮杀展开。

楚汉争雄五年，刘邦从来都没有堂堂正正和项羽对战过，一直都是用偷袭骚扰的方式消耗楚军。而这里是一望无际的原野，正适合大兵团野战。项羽相信，在楚汉对决中，自己一定能够再次取得胜利。

他见韩信率先出战，吼叱一声："今日楚军危难，全由你胯下小子一手造成！哪里走！"

经过四五个回合较量，韩信佯装抵挡不住，稍稍引军后退。

此前，刘邦见诸路人马已到，为吸取彭城被打败的教训，他不亲自指挥战斗，把决战的指挥权交给了韩信，许以非常之权，统一调度兵马。由于彭越、英布、萧何等诸路兵马的到来，东至泗县，南到五河，北临灵璧，西达城父，在这数百平方公里的平原上，都成了战场。

项羽横槊挑矛突破汉军第一道军阵。转过一道山冈，陈贺、孔聚率左、右军突然杀出,猛攻楚军两翼。项羽抖擞精神,率军猛攻猛杀。

战斗空前的惨烈,楚军面对汉军重重包围,全无惧色,那些子弟兵像死了亲娘老子,不要命的左冲右突,全不把数十倍汉军放在眼中,以一敌十,其大无畏的英勇气概,感天动地,泣鬼神,真不愧是天下第一流骄横的军队!也难怪,他们人数不是很多,却是能征惯战,百战百胜,所向无敌,特别是从江东过来的八千子弟,更是楚军的精锐,顶梁柱,惯打硬仗,惯打恶仗,让鬼见了怕!让神见了惊!不一刻,汉军阵角被撕开一道裂口,汉军抵挡不住。

就在这时,刘邦亲率中军掩杀过来。

仇人相见分外眼红。这一刻,项羽举槊向刘邦刺来,靳歙、柴武一齐冲杀过来,抵住项羽。项羽又是大声一吼,横槊来扫,惊得二将倒退数步。柴武急忙退回时,不防项羽刺来,低头闪过时,槊已撷着盔顶,头盔已落地。周勃、陈豨则从左后挺枪出马来敌,项羽正欲交战,只见刘邦勒马立于前坡,尚自未退。他撇开二将,直奔刘邦!幸而夏侯婴引兵死死救护,刘邦才得以脱险。汉军的第二道军阵也被突破。

这时,右后的王陵、卢绾、英布、彭越、张耳、臧荼等数十将各举兵器向项羽杀奔过来。项羽可贵之处,在于不向困境低头,他全无惧色,举槊敌住,马未倒退,槊未点地——

钟离眜急忙赶过来劝项羽不要再战了,汉军声势浩大,这空寂的谷地,好似埋伏了百万雄兵,楚军已难以坚持,多路埋伏被分割包围,死拼无疑将拼光!杀得兴起的项羽这才勒住乌雅马。

楚军虽为被动,但在项羽的带领下,这一仗打得非常惨烈。《史记》中只留下一句话,"十万楚军,战死八万"。在此情况下,项羽只得率二万余众靠向垓下(垓下地理位置,历来说法不一,史家多从《汉书·地理志》之说,系今安徽灵壁),汉军当即团团围住,各道口用战车封死。垓下,也因此成了韩信和项羽绝杀的最后战场。

入夜,刘邦召集各路将领议事。楚军围是围住了,这个又大又硬的家伙到底怎么吃法呢?

"汉大将、齐王韩信驾到!"刘邦亲自出帐迎接。韩信欲行跪拜大礼,刘邦连忙扶住,携手进入大帐内。刘邦邦对大家说:"大将从容调兵,包围了深入汉军军阵的楚军。但霸王坚守,恐怕一时突出重围投入江东,星夜请大家前来,就是要商量这件事。先请大将做指示!"

韩信开门见山地说:"项羽本来是救彭城的,现在却要等人来救,欲出不能,欲守无粮,哪有不败之理?只是如何紧缩包围,尽快地消灭他,还是个难题。现在,天气一天比一天冷,粮草难运,百万大军难以接济,倘若拖上一个月,我们就得至少拿出九百万斤柴草,三百万斤粮食,困难呀,困难。哎!到那时,汉军将会白白放走楚军,不战自退!"

"不战自退"这四个字说得异常凝重,仿佛把在场的人压得喘不过气来。这意味着五年拼杀得来的战果又将丧失!

有人提出放开一个口子,诱敌逃窜,在途中歼灭比较便当,围三阙一,虚留生路,暗设口袋。也有人不同意网开一面。

"我也考虑过围三阙一,放开一个口子。"稍顿,韩信提醒大家,"不过楚军仍有很强的战斗力,必然采取进占一地巩固一地,而且可以搜刮百姓一些粮食,这对我汉军很是不利。所以,我们应坚持紧缩楚军于狭小范围之内,饿死他!我们逐步削弱他,最后一口吃掉。战争形态是千变万化的,为了避免楚军困兽犹斗,沱河之战我们确是围三阙一,歼灭了部分残敌,并已逮住了项王这只大老虎,再搞什么网开一面,岂不是让项王从我们鼻子底下跑掉?要知道,他那八千精锐战斗力一点不差!"

韩信讲到这里,耸耸肩问大家怎么办?

"是啊!现在战局极好,但这家伙吃不掉,时间拖长了,局势又会怎么变化呢?真是军情如火,十万火急!"刘邦拍着案子,"宜将剩勇,猛击楚军,难道让他们跑了不成!"

一阵沉默后,张良叹道:"霸王骄横,他依赖支撑战局是精锐,特别是八千子弟。如有妙计,攻心为上,瓦解军心,使八千子弟兵离散,霸王虽有盖世本领,一人之力,也难以独守!"

"有了!"只见韩信离席走到张良面前,"子房先生这有何难处,先前用的是'十面埋伏',网住了楚军,韩信再添一计'四面楚歌',使之不战自散。"

"四面楚歌?"众人不解地问。

"妙妙!"张良拊掌大笑,'四面楚歌'就是传唱楚地乡音,使受困的楚军将士无心恋战,自行逃散。"

"四面楚歌"是个令人感兴趣的话题,而"四面楚歌"的"楚地"在哪里呢?一般多认为楚地在湖北一带,后世多有存疑,这里做一番解释。

"楚歌",即,楚人之歌、楚地之歌。春秋时,楚国兼并周围小国,疆域西北到武关,东南到昭关,北到今河南南阳,南到洞庭湖以南。

战国时疆域又有扩大。楚怀王攻灭越国,又扩大到今江苏和浙江一带。但在秦统一战争中,楚国屡次被秦军打败。迁都陈,又迁都寿春。最终为秦始皇所灭。

其实,诸侯来到这里同项羽作战的主要有韩信、刘邦、彭越、刘贾及周殷的五支人马。刘邦率领的是从起事初,收沛子弟二三千人,转战于黄河中下游,入咸阳、居汉中,后出关东征,战地只在黄河中下游地区,补充的兵源大多是关中子弟,没有那么多淮楚将士。而其他四支部队,韩信来自齐、燕、赵,彭越来自梁,刘贾来自寿春,只有不久前叛楚归汉的周殷军来自南边楚地的六安、舒城。而"四面楚歌"分明是吴中及淮南、下相、下邳、彭城、淮阴、盱眙等地方音,利用楚军将士思乡之情,这是韩信瓦解楚军的计策!

不难看出,刘邦集团在关键时刻矛盾得以调整,韩信指挥战略对头,"四面楚歌"更使在垓下的楚军产生了极大的震撼。而这时的楚军中士卒主要来自淮河以南、长江以北的淮楚地区,具有极强的战斗力的楚军,因此才有速败的可能。

盱眙、下相、下邳、淮阴等地在战国时属楚。秦统一中国后是秦国一个统治薄弱地区。在秦末风起云涌的大革命时代,淮楚地区成了革命的发源地。秦汉之际最具代表性的历史人物刘邦、项羽、韩信,也都分别出生在淮楚的沛县、下相和淮阴。而项梁、项羽成了反秦事业的中流砥柱,反秦烽火在中原大地上迅速燃烧,从此展开灭秦会战,淮楚成了项羽楚军的根据地、大后方,士兵主要来源此地。因此,不难看出"四面楚歌"的楚地,就是长江以北的淮楚之地。

那么,"四面楚歌"到底出自韩信,还是张良的计谋呢?

韩信与项羽同是楚地人，他知道楚歌的悲怆和魅力。张良韩地人，没有机会听什么楚歌，韩信是前线合围的总指挥，用楚歌瓦解敌人军心，使楚军离散，一定是最为有效的方法，所以，"四面楚歌"无疑也是韩信的作品。

第四十一章　虞美人的不安

清晨，在万汉军的紧缩包围下，项羽集中主力企图突围。

柱国陈婴自告奋勇打先锋，当他率手下五千兵马冲出垓下后，口袋立即又封死了。项羽蒙在鼓里，以为陈婴突围成功，急令三支人马迅速跟进，结果只是空高兴了一场。原来陈婴带着队伍弃楚投汉去了。

陈婴这一突然变故打乱了项羽的计划。

突围不成，楚军又饥又渴，他们将抢劫到的鸡犬，以至于一些战马都杀吃了。因争夺食物，彼此动武屡见不鲜。汉军的围困弄得项羽无法挣扎下去，陈婴投汉，愈使他悲观绝望。他意识到，这种情况下哪里谈得上援兵，死守就是守死！

严寒的月夜，笼罩着垓下高岗。

呼啸的北风，夹杂着阵阵野狼嚎叫声，更使人毛骨悚然。此刻，重围中的楚军将士，虽然疲劳不堪，可寒冷和饥饿使得他们毫无睡意，三三两两，蜷缩在篝火旁。

项羽巡视营地来了。看见自己率领的这支所向无敌的军队，经过连日征战已经十分疲惫不堪，心中也是不忍。沱河两岸芦苇丛中，一片唏嘘叹息之声。

骏马乌骓驮着主人缓行。前方有个土丘,沉思中的项羽一夹马肚,乌骓马一阵风似的奔上土丘的顶部。立马四望,发现敌军营帐又增加了许多,谙战的项羽愈加明白全军突围难以成功。一个随从轻轻来到他身旁,小声地说:"大王该回帐休息了,虞姬娘娘正等待大王回去呢。"

虞姬这时也毫无睡意,站在后帐门内,仰望天空,祈求神灵保佑大王和全体将士能平安地冲出垓下。

倏然"吁——"一阵马叫声,项羽回来了。

垓下高岗

"大王！"虞姬迎着项羽过来了。她面色憔悴，唇无血色，而双目却依然那么温柔，那么冷艳，那么深情。

"虞！"项羽握着她那冰凉的手，抚摸着她那一头秀发，把她紧紧地搂在怀里，好久好久，内心难过而歉意……

虞姬，传说家居江苏沭阳颜坊。身材高挑，面若花蕊，一双秋水般的大眼睛，令人勾魂夺魄。她能歌善舞，还擅长舞剑，是秀外慧中的奇女子。当年登门说媒的人，接二连三，但都被她委婉谢绝。神仙托梦给她，嘱咐她只能嫁给力举千斤之人。

举起千斤重！谈何容易。

有一天赶集，虞姬跟着哥哥虞子期去看热闹。俩人快要走到子胥大庙门前时，看见七八个肩宽腰粗的青年，正在比试着举起一块二三百斤的大条石。这个搬搬，那个摸摸，没有一个人能举得起来。这时候，有个身材魁梧、浓眉大眼的青年人挤进人群，走到大条石旁，笑盈盈朝虞姬盯上一眼，好像对她说，我就是来举给你看的。只见他屏住呼吸，两手把条石一抓，嘴里发出"嘿"的一声轻吼，接着用力一举，大条石举过了头顶。然后，这个魁伟的青年轻松地迈着步子，绕着大庙门口的空地走了一大圈，这才把条石放在虞姑娘面前。

啊！虞姬看了，十分惊喜，不由得将头低了下去。

虞子期了解妹妹的心思，立刻上前询问，当虞姬从哥哥嘴里得知这个青年叫项羽，家住邻近的下相时，虞姑娘更是心花怒放，含情脉脉。她因为有言在先，又亲眼看到项羽长得如此威武英俊，故一见钟情。可是不久，因项羽的叔叔项梁杀了下相县官，不得已，项羽跟随项梁一起南逃会稽。她只能把心思深深地埋藏在心底。

说来也该是天意有缘。项梁举兵渡淮击秦,项梁与章邯两军夹泗水而阵。这天,项羽大破秦军,正待乘胜追击。在路旁,忽然发现,秦兵丢下一个鼓鼓囊囊的大口袋。出于好奇,项羽丢下秦军没有追赶,忙令人将口袋打开,原来袋中装得是一个女人。

只见她浑身瑟瑟发抖,头发散乱,衣衫都被撕破了。项羽觉得她的身影非常熟悉,仿佛是虞姬的样子,难道她真是虞姬。她也偷眼观看,啊!站在面前的将军竟是自己朝思暮想的英雄项羽!就在这时,项羽也注意到了虞姬那多情而羞怯的目光。

"抬起头来,让我看看!"项羽不由得拍手大笑,正是虞姬!

虞姬泪如雨下,她忘情地奔了去:"将军!我要随你而去!"

项羽有些醉了!那不是因酒,而是由于虞姬动人的情致。他激动不已:"我有生以来见过无数女子,从未见过像你这样凄婉之人。那就留在我身边吧!"

片刻,项羽抱着虞姬上了乌骓马直奔营帐——

在项羽的眼里,她的美无与伦比。她自从归襟项羽后,始终和他相依为伴,项羽战斗到哪里,就将她带到哪里,随军转战千里。但她从不干扰项羽的作为,只是在他疲累时给他抚慰,消沉时,给他鼓舞。

项羽已顾不着想许多往事了。他悲凉地对她说:"虞!我叱咤风云数载,还从来没有陷过这样的困境。韩信当年在我帐下,不过是个小小的执戟郎,数次被我辱骂过,如今倒让他成了如此大的气候!"

虞姬听了,脸上却没有露出一点惊慌的神色,反而安慰项羽说:"大王!韩信自从登坛拜将以来,出陈仓,破井陉,下齐鲁,足见他是个帅才。今日他又用十面埋伏之计战败大王,可见他是可以与大王匹敌的对手。不过楚军虽败,并没有全军覆没,大营仍在,江东仍在,只要鼓舞士气,整顿军纪,还可以反败为胜,请大王不必忧愁。"

孤王自领兵以来,没见过韩信这样的战法!他最厉害之处是谋定而后动,深得兵家之道,早年也曾想重用于他,最后却神使鬼差地放了这个人。项羽的心境十分复杂,他感到茫然,这难道是上天真的要亡项羽!?

"大王何出此言!胜败乃兵家常事。"

"虞!"项羽轻轻地呼唤了一声,对这位刚强的汉子来说,他不愿把目前的境况一一告诉她,而她也十分明了,只是谁也不愿说个明白。

项羽非常内疚:"虞,落到今天这个地步,不怨我吗?"

"不!大王,妾和大王祸福与共,享尽恩宠,虽死无憾。"这声音很小,却震撼人心。

"虞!天下知我者,唯有你与乌骓马!"项羽再次把虞姬紧紧地、紧紧地搂住——

虞姬强压悲伤:"大王,请你保重身体,别太难过了。你又驰骋了一天,想必也早已饥饿了,妾已为你备好酒食,快吃吧!"

"好!"

虞姬一听,莞尔一笑,便立即摆上酒菜。

项羽痛饮了一回酒,饭便无心吃饭了。渐渐地,他已是倦不可支,眼皮垂落,虞姬也只好请项羽上床安歇。躺下后,一会儿便鼾声如雷。

第四十二章　楚霸王末路

闻得楚歌声起,楚军一片惊慌!

钟离眛、季布、虞子期、桓楚等几位楚将匆匆赶来向项羽报告,四面全是楚歌,士兵们根本经不住如此心理打击,闻声相率逃走,无法拦阻,不少跟从大王出生入死的将领,也背楚投汉去了,连项伯也不见了踪影。现在,汉军大营洞开,摆满了美酒肉食,任凭吃饱喝足,愿回乡者,还给足盘缠自行离去。

项伯也不见了踪影?! 项羽闻言脸色陡变。

天要灭楚,无可奈何! 项羽一生成名于钜鹿之战,转折于鸿门之宴,惨败于垓下之围。而垓下之围,究其惨败的原因,其中重要的一点,遇到了韩信这样的天才对手。战略上,从北方魏、赵、代、燕、齐等地,撒下一张大网,铺天盖地,逼迫楚军不得不退却徐淮。战术上,步步为营,如今在垓下又玩起十面埋伏,四面楚歌,以致楚军散尽,项羽成了一个孤家寡人。

他伸手将虞姬拉住,呆呆地端详着她那俊美的面庞。这位顶天立地的汉子,这时却泪珠挂满脸上:"我项羽跟随叔父会稽起事,破景驹、屠襄城、斩宋义、救钜鹿、降章邯、杀子婴,驱五十六万联军于睢水,困刘三于荥阳,天下诸侯谁敢仰视?唯有在我车前膝行!想不到英雄一世,竟落到今日如此地步。虞!赶快随我走吧!"

"哎!大王,到了这种地步怎么还顾及臣妾?"她要项羽多多保重,赶快突围!

"虞!我项羽堂堂丈夫,岂能抛下你不管?你只管跟在我后面,汉军再强也挡不住我!"他深情望着身旁的美人,百感交集,端上酒,连饮数樽,乃悲歌慷慨,唱出心中的悲愤和无奈:"力拔山兮气盖世,时不利兮骓不逝;骓不逝兮可奈何,虞兮虞兮奈若何?"

项羽歌罢,虞姬大恸,泪如涌泉。

多年来,虞姬一直跟随他南征北战。她对他体贴入微,关怀备至,两人的感情一直十分融洽,相敬如宾。而今,由于军事上的失利,给她也带来了杀身之祸,项羽感到十分内疚,对不起她,这比他军事上失败压力更大。

虞姬在悲愤气氛中抬起满含泪水的脸,泣不成声唱和道:

"汉兵已略地,四面楚歌声;大王意气尽,贱妾何聊生!"

项羽悲感,进而哭泣,流下热泪数行!左右将士,也都感动得涕流满面,不能抬头。

"大王!让妾舞剑一回,以壮军威。"虞姬突然拔出项羽腰间的宝剑,说罢,便娉娉婷婷舞了起来。收剑后,虞姬道:"大王,我能够终生服侍大王,实在是我虞姬的福分!我只恨自己没能替大王解难分忧,反而成了大王的累赘。若大王因为我不能脱离困境,我不就成了楚国的千古罪人?今夜月明星稀,四面尽是楚歌,这里如在故乡一样,大王保重!来生来世我们——我们再见吧!"

虞姬猝然将剑朝脖颈上一抹,只见一道血光迸出!项羽和将士们全都惊呆了。随着"铛"的一声宝剑落地,她那娇柔的身躯终于倒了下去。

"虞!"项羽大吼一声,想救哪里还来得及?可怜,红颜薄命,一缕香魂,飞升天界。此时,帐外战马长嘶,号角长鸣!

项羽抱起虞姬的玉体,转过身去,痛苦地泪珠滚落而下。

"我项籍顶天立地,到头来连你都不能保全!"项羽把虞姬缓缓地放在案头,从地上拾起血染的宝剑,嘶哑着声音询问,"还有多少人马?"

钟离昧回答:"不足一千骑。"

霸王祠

"一千骑?"项羽轻声,挺起胸膛,蓦然大声命令,"钟离将军你带五百骑向东南,我带五百骑向西南突围,江东会合!"

他双腿跪下,喉间迸出了微声:"拔山力尽霸图隳——虞——安息吧!"他遍抚虞姬,别难重逢,那堪回首——

东边的天际出现了一抹朝霞,渐渐地染红天边。由于连日鏖战,汉军也是人困马乏,临近天亮,项羽率众衔枚疾走,悄悄地从刘贾军与英布军结合部涉过沱河,在汉军将士酣睡声中冲出了重围。

等韩信知道情况后,已来不及协调各路人马。但他唤来灌婴,启用早已暗伏在淮河与沱河之间五个骑。他告诫前有长江,后有追兵,项王是在劫难逃。传令军中,汉王有令,谁抓到项王赏千金,邑万户!

于是,韩信令灌婴率军开始追击项羽。

不知怎得,灌婴走后,韩信神情落寞,心情并不高兴,甚至有些莫名的孤独和恐惧。称雄命世,威震天下的西楚霸王,就这样要命丧韩信之手?

项王毕竟是韩信的旧主,有过爱恨情仇,可那已是过去的事。可以说,没有他,没有他的坚拒,可能也不会有今日成功的韩信。

在楚营,韩信和他多有冲突,但他手下留情,并没有杀掉韩信!而重要的,项羽还是一位值得欣赏的人物!既欣赏他执戟跨马,满腔热血,意气冲天,拼杀沙场上的英雄气概,没有他,哪会有灭掉强秦的伟大胜利?又欣赏他光明磊落,胸怀坦荡,恩怨分明,虽不善把握机会,随机应变,令人痛恨,至少与刘邦相比却是一位君子式的人物。也欣赏他与虞姬的爱情佳话,让韩信心生怜惜之情。

且说,已冲出重围的项羽等人,马不停蹄,向淮水方向狂奔。渡过淮水,他顾不上休息一下,继续催动着乌骓急速向阴陵(在今安徽定远县西北)方向驰去。

穿过了大山洼,山屏连山屏,九曲回肠。绕过了一道山冈,树丫杈似的三条道摆在眼前,哪条道可奔乌江边?他们茫然不知所措。忽见,有一老农扛锄而来,项羽催马上前问路:"喂!去乌江,往哪条道上走。"

"噢,乌江,乌江往左边走。"老农仍未抬头。

项羽率先向左奔去。先走走还是大道,再走走就是小道,再走走连小道也没有了。项羽忽觉寒风扑面,不禁打了个寒战。他们只得按原路折回,这样一折腾,汉将灌婴已率骑兵追杀来了,截断了去路,他们只好改变方向,逃往东城(在今安徽定远县东南)。

向东狂奔了二三十里,仍未能摆脱追兵,项羽忐忑不安地问随从:"还有多少人马?"

"二十八骑。"

"追兵能有多少?"

"数千骑。"

"数千骑?"

项羽未敢回顾,这位昔日统率千军万马的盖世英雄,深知已到了他戎马生涯的末路,心中不由升腾起一种难言的痛楚。二十八骑无论如何勇猛也难以抵挡数千追兵,何况,经过连夜的奔跑都已困顿不堪,突围肯定难以成功。在这最后时刻,何不冲向敌阵,再杀个痛快?想到此,项羽勒马停住,肃穆地面向从者,做最后一次演讲:"诸位,我随先叔父项梁起兵至今已整整八载,身经大小七十余战阵,所挡者破,所击者服,未曾败北,所以能有天下而称霸王!然而今日,被卒困于此,竟败于不要脸的刘三和韩信之手,真是太冤枉了!"

正说着汉军已将他们围住了,项羽从容镇定环顾了四周,他拉起了嗓门,嘴唇抖动着:"今处境险恶,却不能败志,我要为诸位速战解围,斩将刈旗!"

项羽率二十八骑,以身为城堞,面向敌军。

"你们随我来,我先为你们取一颗汉将的头颅!"项羽大吼着向汉军杀去。汉军在项羽面前纷纷倒退,闪开一条通道。他直取一汉将,汉将还没有来得及举剑,槊已从天飞临,将汉将劈作两半。

汉将扬喜斗胆从侧后方袭来,项羽横过马头,眦目欲裂,大吼一声:"竖子!"

这声音如同凭空响了个炸雷,扬喜吓得魂飞魄散,逃之夭夭。楚军三路迅速出击。

项羽骑着乌骓横冲直撞,槊挑剑劈,如入无人之境。汉军一都尉避闪稍慢便被项羽挑下战马。汉军乱作一团。

项羽在离开汉兵一段距离之后,问从骑:"我的话如何!"

"果然和大王说的一样!"

他一会儿又问:"还有多少铁骑?"

"二十六骑。"

项羽情绪更加激荡起来。

从东城下来二三里,大片汉军仍遥遥尾追不舍,而前面就是乌江。

乌江是乌江亭的简称,因这附近方圆数里土壤坳黑而得名。乌江属东城县,临长江。

项羽及随从骑沿着乌江西岸继续驰行。已是黄昏时分,要渡江东归。项羽眺望江东,眼眶涌满了泪水。这时,一只小船由岸边芦苇丛中驶出。

"项王!"舟中白发老者高喊。项羽警惕地勒住马头,只见老者拜伏于船头,"大王,请放心,我乃乌江亭长!请大王速速登舟!"

项羽并未上船。乌江亭长又催促道:"江东父老在江边等待着,请登舟吧!项王!父老们要小人禀报项王:'江东虽小,地方千里,子弟数十万,以江东为根基,东山再起不难。'大王情况危急,臣独有此船在此,请大王速速登舟!"

这时,北边烟尘飞扬。忽然,项羽改变了主意,感慨地对乌江亭长说:"一叶扁舟,怎可渡我众人?既然天要亡我,我岂敢苟且独生?况且,当年项羽与八千江东子弟渡江,纵横天下,挫灭强秦,今日无一人生还;纵然江东父老们不加呵责,仍尊我为王,我又岂能于心无愧!项羽知道亭长你是一位忠厚长者,这匹神马跟随我五年多了,南征北战,日行千里,所向无敌,今恐为汉王所得,又不忍杀它,就把它赐给你吧!"他将马缰绳攥在亭长手里,转身下令:"下马接战!"

从骑纷纷下马,手持宝剑,列成一排,面向敌人。

项羽和众人与潮水般汉军短兵相接。项羽挥舞着剑,在敌阵中狂舞,血肉横飞。已剩下他一人了!一群汉将围住项羽,但不敢近身。

"来!"项羽向他们浅浅一笑,招手:"我听说刘三已许了千金封赏。来!哪位将军敢取霸王的人头!不敢?来!来呀!"

汉将们跃跃欲试,一点点向前进,又无人敢于最先出击。项羽哈哈大笑起来,汉将们颤抖着向后倒退。

忽然,只见前面一个熟悉的身影,这不是故人吕马童吗?项羽仍不失西楚霸王的英雄气概,将以往的豪气一下子迸发出来:"吕马童!听说刘邦赏千金,邑万户,买我这颗头颅,这个人情就送给你吧!说罢,横剑自刎,慢慢倒下——"

项羽死时,年仅三十一岁。

项羽死后,汉将王翳迅速从惊愕中反应过来,飞身下马,割下项羽的首级,打马而去。余众争抢项羽的尸体,以致纵马相践踏,互相厮杀,数十人死在马蹄、剑戟之下。其后,郎中骑扬喜、骑司马吕马童、郎中吕胜、郎中扬武各得项羽尸体一部分,连同王翳得到的头颅,刘邦不失前言,为表彰他们的功劳,五人分了万户,都被封为列侯。

一代西楚霸王轰轰烈烈地死了,能给韩信带来什么样的思考呢?韩信又会有一个什么样的结局呢?

第四十三章　左迁楚地

项羽虽死,但楚地并未完全收复。

为了消灭残余楚军,刘邦和韩信随即着令灌婴为中路,率军二十万,从淮南东进,掠定黄淮,打过长江;刘贾为右路,率军二十万,从淮南向南,收复不肯顺从的楚临江王共敖;周殷为左路,率军十万,回师舒城,截住越江南逃之敌。刘邦、韩信则率军三十万回师北上,围攻心怀霸王旧恩、不肯归降的鲁地。

诸路兵马出发后,刘邦、韩信沿泗水进发,一路顺利,唯独鲁城不肯投降,攻打了多日也没有破城。

张良劝刘邦:"得天下的人,要施仁政,不然和霸王还有什么两样。这话有道理,刘邦让使者去告诉鲁城人项羽已死,并将项羽首级挑在竹竿上昭示他们,还好言好语劝慰。鲁城的人一想,觉得刘邦这样宽宏仁慈之辈,得天下是早晚之事,于是打开城门,欢迎汉军进城。刘邦率人马入城安抚百姓后,便命人把项羽的首级和躯体缝合起来,以鲁公封号,厚葬于谷城东十五里,并令官府在鲁地立庙享祭。

刘邦又想起了项羽叔父项伯,鸿门救难、汉中讨封、广武对阵救太公。要是没有他,别说汉室天下,就连我们这帮人尸骨也不知道哪里去找了。不久,了解到项伯早已降到张良帐中躲避多日,刘邦立即命人将项伯引来相见,叙谈后,封项伯为射阳侯,划淮阴东南、射水北的大片土地给项伯,算是对他的回报。

鲁地平定后,刘邦、韩信还军定陶,二人大营分别扎寨。

不久,江南掠定的消息传来了!楚临江王共敖请降的消息也传来了!多年梦想的太平实现了!至此,历时四年半之久的楚汉战争终于结束。

夜晚,氾水岸边军营燃起大堆大堆的篝火,把夜空燃照的通红,千千万万将士们,忘情地欢呼着,整个氾水两岸人摩肩接踵,远远看去就像在火焰里穿行。

韩信、张良急忙来到这里见刘邦。韩信说:"大王,你怎么坐得住?天下平定了,还冷锅冷灶,你我都落在百姓和将士们后面去了,我们赶快庆贺一番吧。"

刘邦看着他们,一副笑脸,恭敬地拉着韩信的手:"齐王,怎么回事?"

正说着,淮南王英布、梁王彭越、赵王张敖、韩王信、燕王臧荼、衡山王吴芮也都来了,与刘邦贺喜。随之,韩信将诸侯联名书写的奏疏连忙呈上,只见上面写着:"先时秦无道,天下诛之。大王先得秦王,平定关中,于天下功劳最多。存亡定危,抚安万民,功盛德厚,又加惠于诸侯王,有功者使他们得以立社稷。如今,天下已定,位号比拟,大王与臣等并称于王,无上下区分,使大王不世功德,不能彰显于后世。所以,臣等冒死上疏,再献皇帝尊号,状乞准行!"

刘邦眯起眼,美滋滋地反复看了几遍,知是由名震天下的韩信及诸王拥立自己为皇帝,便说:"我听说过,自古以来,能称皇帝尊号的,只有大贤大德的人才能。要是有人称帝号,但并不被人们认同,只是徒有虚名,这种华而不实的做法不足取。今日,齐王与众诸侯联名上来奏疏,要推举我为皇帝,这不能,我平庸之人,无贤德可言,我怎敢当此尊号?"

一听,大家觉得有些不对劲。韩信与诸侯都跪下齐呼:"霸王自矜功伐,奋其私勇,轻用其锋,虽百战百胜而一败涂地。而大王养其全锋,平定海内,六合之中,功德最盛。其实,兴王易姓,虽云天命,实系人心。大王起于布衣,战强秦,诛暴逆,功臣皆得以裂土分封,可见大王本无私意。大王如不称皇帝尊号,我们都会怀疑自己的封号有无意义。"

刘邦虚与委蛇的推辞一番后,终于答应,为了国家安利,自己也只好做皇帝了!张良、陈平和博士叔孙通当场占卜,得二月甲午为黄道吉日,他便传令太尉卢绾和叔孙通等人排好仪式,准备登上帝位。

众人退走后,刘邦只留下张良、陈平二人。

虽然平了天下,但刘邦总有一块心病挥之不去。纵观天下,汉之得江山,韩信的功劳最大,威望最高。能有资格和刘邦平起平坐的只有项羽和韩信,如今项羽已死,就只有韩信!早在成皋被围时,韩信就以"代理齐王"相胁迫,彻底惹火了刘邦。现在韩信帅印在手,重兵在握,将要登临大位的刘邦能睡得着觉吗?

刘邦直言不讳对二人说:"天下初定,但势为最大者乃齐王韩信,齐地幅员辽阔,带甲百万,东临大海,有渔盐之利,他坐镇那里寡人不放心啊!"

陈平知道刘邦对韩信很忾，他说："韩信以前向汉王要过许多条件，如今虽说都已归服，但帅印还在手中，恐怕韩信还会趁机逼封更多。以臣之见应收回帅印，并给他挪个位置，遣他到楚地去，楚地淮北狭小贫瘠，又无险能守，名正言顺，算是让他显扬故里！但怕夜长梦多？可像修武夺兵一样，就在定陶动手，出其不意，攻其无备！"

张良默默地点点头，认为似无不可。

其实，张良最是明白人，自古以来，哪个做帝王的不是猜忌甚重，刘邦也是如此。连忠心耿耿、任劳任怨的萧何，自以为刘邦最信任他，也屡受猜忌，终日战战兢兢。而韩信，有奇谋，善用兵，功最高，王侯将相一人独任，他要是真有野心的话，完全可以韬光养晦，不露声色，有的是时机。可以说，就凭韩信的军事才能，打败刘邦应该有十足把握。可他是书生，他心里根本就没有背叛刘邦另立天下的企图，或许尽忠尽职，就是他唯一的目标。但韩信过于孤傲自信，不善伪装，容易引火烧身。韩信呀，春秋时，范蠡侍奉越王勾践，终于灭亡了吴国，勾践因此称霸诸侯，而范蠡知道勾践不能同安乐共富贵，于是泛舟五湖。如今，你功成了，名满天下，但一定要不伐己功，不矜己能，否则，汉家岂能容忍你这个功高盖主的大王？人生绚烂过后，总要归于平淡，何不及早抽身，跑到深山里去晒太阳。但作为汉家首辅的张良，这些话能说得出口吗？

第二天清晨，刘邦率张良、陈平及卫队千余人，突然袭击韩信大营，重演了当年"修武夺兵"的一幕。

韩信已经不以为然刘邦的所为。他对刘邦说："我本是淮水边一贫夫，拥有今日的地位，全是您的栽培。如今暴秦已灭，霸王已除，天下已定,臣愿奉还所赐帅印和齐王印绶,解甲归田,回故乡淮阴去。"

刘邦摆摆手:"夺得天下,我正要与齐王同享富贵,齐王怎能一走了之?况且离开你们,我不就成了空头皇帝了吗?齐王就忍心舍弃寡人。"

陈平看了看韩信,又看了看刘邦说:"臣有一言,齐王纳还王位,这是陛下不会同意的事。但我以为齐王帅印在身,功高权重,难免不引起小人妒忌,万一齐王受了委屈,陛下又怎么对得起齐王?依臣看,天下尚不太平,北有匈奴滋扰,东有田横作乱。但是,最叫人头疼的,楚地是项王巢穴,楚将钟离眛、季布至今未获,如无德高望重之人镇守,恐生不侧,不如使齐王迁楚,一来为陛下镇守疆土,二来使其荣归故里,令先人茔陵生光。请恕臣冒昧直言!"

刘邦点点头:"此言甚是有理。楚地任重,不知齐王可愿屈驾?"

韩信也不傻,他早就看出刘邦对他的用心。但未曾料到,刘邦翻脸像翻书一样快,刚刚夺取天下,竟会如此待他,面露不愉之色。

韩信是一名军人,知恩图报,心怀坦荡,敏于对敌,却不知如何自全,而刘邦是一政客,疑心太重,像秦始皇一样,怕人威胁他的天下,只要涉嫌如此,不管他功劳多大,不管他是否忠心,都要采取一切手段把他搬开。看来我正是犯此大忌!审毫厘之小计,遗天下之大数。其实,我攻城略地,谋划天下,不过是为称王而已,齐王楚王都是王,以退为进,这是保持君臣大义的办法。算了吧!富贵归故乡,也算遂了多年的心愿。

刘邦见韩信不语,连忙说:"齐王!你勿疑虑,我并非贬你,而是要借重你的大名,义帝无后,你为淮阴人,熟悉楚地风俗,镇定楚地非你不能！这样,子房先生、陈平都尉都在此,你是兴汉的战神,功高盖世,举世无双,寡人对你十分敬重,日后若有不测,汉家对你见天不杀,见地不杀,见金器不杀!"

刘邦的许诺,这大概就是日后人们常讲的"三不杀"。

韩信没有再说上一句话,赶紧捧出兵符交给刘邦。

第四十四章　南宫论功

刘邦解除了韩信兵权,控制了军队后,重新安排了人事,调整和分封了英布、彭越、韩王信、吴芮、张敖、臧荼等一大批诸侯。

其实,这样做并不是刘邦的本意,分封诸侯只是稳定天下的一个缓冲措施。这年二月初一,刘邦就在定陶汜水(故道在今山东曹县北)南面,身披龙袍,腰缠龙带,头顶皇冠,祭天祭地,即皇帝位。

刘邦接着诏告天下:"追封先母刘媪为昭灵夫人;册封原配吕氏为皇后;儿子刘盈为皇太子;定国号汉。"从此起,即汉五年(前202)二月,刘邦在秦末战乱之后,终于建立起一个统一的新王朝,他成了汉朝的开国之君,第一任皇帝,史称汉高祖。这一年,刘邦五十五岁,吕雉四十一岁。

登基大礼完毕,刘邦怕诸侯王拥有重兵,会对朝廷威胁,于是,又下了道谕旨:"天下大战已有八年,百姓所受痛苦非常深重。凡诸侯皆罢兵归国,所有部下士卒,除少量能授职外,亦令遣送还家,本人免输户赋。"各诸侯接到圣旨,心中自然明白刘邦用意,也便知趣地依旨行事。

定陶举行登基礼后,随即,刘邦率众浩浩荡荡开进洛阳,以此为都城。

这一天,在太尉卢绾、博士叔孙通主持下,白天先在郊外举行了祭天祭地的大典。傍晚,又在洛阳南宫设宴庆祝。

宴会开始,在惊天动地的歌声和鼓乐声中,文武百官向新皇帝叩拜,山呼万岁。刘邦斟满酒杯,与众大臣开怀畅饮。

几杯酒落肚,他的心情是多么惬意,当年"大丈夫当如秦始皇"的感慨梦想成真,但也勾起了他的心思。现在,人世间已换成了汉家天下,自己既不是秦朝的乡间亭长,也不是楚汉争战中的汉王,作为皇帝,如何总结秦人的治国经验和败亡教训,避免前车之鉴,安定天下,治国理政,这是当前十分重要的任务。

他问大臣们:"诸位,朕在醉人的美酒面前,未敢忘忧,马上得天下,还能马上治天下?由此,想到轰轰烈烈的秦王朝,为什么二世而亡?这里面不会没有原因,大家不妨说说!"

刘邦突然提出这样的问题,众大臣没有想到,一时语塞。他对陆贾说:"中大夫,你是个文化人,你先讲一讲秦之所以失天下,我之所以得天下,及古今成败之理吧。"

陆贾回答说:"前次根据陛下的旨意,臣斗胆已草成几条。其一,要取得百姓的拥护,就要用仁义的力量对百姓万民进行感化,刑罚只能作为辅助手段,这样才能巩固基业,增加威望,开辟疆土。秦朝却正好相反,这正是秦败亡的重要原因;其二,要无为而治,对百姓的生活只能稍加干扰。天下混战了数百年,经济残败,百姓的生活穷苦到了极点,他们对重建家园、安居乐业、过上温饱生活的渴望,已迫切到了极点。在上位者,如果放纵奢侈,定会造成百姓负担,使天下富人群起效法,引起社会风气的败坏,萌发反抗情绪,这也是秦朝酿成动乱的原因之一。要吸取秦始皇与秦二世穷奢极欲的教训,建议要限制奢侈享乐的私欲,不搞无实际意义的土木工程,以减少民力和物资的征收;其三,在上位者任用什么样的辅臣,也是关系到国家兴亡成败。秦朝灭亡,就与秦二世任用奸臣有直接关系。所以,在上位者,要善于识别忠奸贤佞,知人善任,注意从下层选拔贤才,明察是非,信任仗义执言的诤臣,疏远阿谀奉承的小人。

"好!好!"大家听了无不称道。

刘邦想了想,还要陆贾再加上一条。宽大要有限度,既要刚柔相济,又要实行专政,采取一切有效措施,巩固和保卫新生的大汉政权!他要陆贾速速将这些内容整理好,以《新语》作题,编著成册,他要和大臣们好好地读一读。

刘邦极为高兴,又满满斟了一杯酒,与众人一饮而尽。

转而,他问道:"诸位,朕还有一个问题。贵族出生、不可一世的西楚霸王,雄兵百万,挟地千里,则失却天下。而我起于丰沛平民,困窘关中,兵微将寡,终有天下,这又是何原因?你们都要实话实说,不得有任何隐瞒。"

吕后看了旁边的审食其一眼,审食其会意,阿谀地说:"霸王虽强,所到之处,烧杀抢掳,不得民心,失去天下。况且,陛下能有今日,贻天命,非人力所为也!"

王陵仗着刘邦是他早年黑道时的朋友,也毫无顾虑地说:"陛下平时待人,轻视怠慢,不如项羽宽厚仁爱。但陛下对能攻城略地的将士,每得一城,便作封赏,所以人人都愿出力。楚王韩信便是一例,被您从钓鱼郎提升为大楚王。而项羽则不然,他嫉贤妒能,多疑好猜,打了胜仗不能得到奖励,更别说封王划地,故人心不稳,将士们都不愿拼死效力,所以他失去了天下。"

刘邦虽认可,但感觉到他们并未看到问题的实质,而提到韩信,他更是有所思考。

定陶夺兵,改封韩信为楚王,韩信并没多大反应。看来韩信为我拼命地打天下,终极目标,不过是博取富贵罢了。哈!他以市井之心求其利,如果只是这样就好了。但当初,分封天下豪杰,只是那时特殊手段。如今时过境迁,王陵这帮人,却还将封王划地看作是战胜楚军的主要原因,极为不妥。

刘邦摆摆手:"你们只知其一,不知其二!朕以布衣提剑取天下,重要的是得人才,用人才。夫运筹帷幄之中,决胜千里之外,我不如张子房;镇国家,抚百姓,供给军需,源源不断,我不如萧何;连百万之众,战必克,攻必取,我不如韩信。这三人都是人杰,是兴汉三杰,我能任用他们,这就是我能夺天下的原因!而项羽仅有一个能人范增,尚且不能任用,逼得他辞职返乡,悲愤而死,所以项羽怎能不被我消灭!"

刘邦语出惊人,谦虚而精辟,他特别感激萧何、张良和韩信为其帝业建立起的卓越功绩。大家听了后,群情鼎沸,都伏拜于地,称赞刘邦说得好。并认为刘邦是个大情怀的君主,有如黄河之水,浩浩荡荡,拥有压倒一切的魄力,识人用人,不拘一格。

一旁的萧何与张良,相互看了一眼,自觉刘邦有抬举之意,不好意思地将头低了下来。

这时,在卢绾的提议下,文武百官每十人一组,手捧着大碗酒,依次上前向刘邦叩拜、敬酒,气氛热烈,宴会一次又一次掀起了高潮。

"南宫论功",不久也传到韩信耳中,韩信认为刘邦没有忘记自己的举世之功,也庆幸自己没有背汉自立的选择,心里快意了许多。

第四十五章　还故乡

转眼间,已是冬去春来,韩信徙为楚王,定都下邳(在今江苏邳县南),待楚地初步安定后,他就准备返回离下邳二百多里的故乡淮阴。

沿泗水向南,过了淮泗交会地角城,泗口至末口之间,一条宽阔的大河蜿蜒展现在人们眼前,南岸的淮阴一派湖光水色。

"来了！来了！"韩信果真回来了。

只见长长的队伍前,一面镶着白绸牙边的红色大纛,一面镶着红绸牙边的黄色大纛,在斜阳照耀下缓缓飘舞。上面清晰地闪现出白线刺绣的"韩"字和"大楚王"字样。前卫几十名骑士后边,拉开一个三四十步距离的空当。尾部,有千人铁甲骑兵。为了保证安全,也为了让乡亲们看看昔日那个胯下小子,整个队伍两侧,还有卫队夹护。

登上古渡口,韩信似梦中醒来,这才真正意识到淮阴到了。

他翘首眺望前来迎候的地方官吏和众乡亲,既感到兴奋,又似乎紧张。一个落魄市井少年,岁月悠悠,奋斗不息,终于登上了人生事业的顶峰,其间甘苦唯有自知。对于故乡,曾有过不安,恨不能早些逃脱,可是,随着岁月的流逝,却愈来愈想念了。离开淮阴八九年了,漂母大娘、邻居老爹怎么样,乱世之中他们都还好

漂母祠

吗？韩信眼睛有些湿润。

不久来到淮阴市口时，拥挤在那里的众人见到了韩信，更是欢声雷动。韩信是天下数一数二的大英雄，是淮阴人的自豪和荣耀，他打败了西楚霸王，又将江山让给了汉王刘邦，这样的男人，世上几百年、几千年才能出一个啊！

市口中间，有一块高大的青石巨碑兀然挺立，正面刻有"淮阴市"三个大字，两旁刻有"王孙故址，流芳百世"的警联字样，背面还赫然镌刻着"大汉楚王韩信故里"八个醒目大字。巨碑对面不远就是市口桥，这是韩信当年胯下受辱的地方。

韩信不由得倒吸一口冷气，触景生情，往日旧事涌上心头。再定睛一看，桥头还五花大绑跪着一个人，他简直不相信自己的眼睛，竟然是雷大!

仇人相见,怒火在心中燃烧。胯夫恶名市井儿童笑,刘邦不拜将,博得龙且、霸王轻,曾经的韩信,人见人骂,成了"胯下懦夫"的代名词,若不是遇到萧何鼎力相荐,自己这辈子还不知道成个什么样子!

就在韩信凝视雷大的片刻间,县令看到了韩信眼中沉积的愤怒,知道雷大今天是躲不过去了,他喝道:"跪下!"

雷大被众兵丁押着跪下,仍昂着头:"要杀就杀!屠宰之人不知

胯下桥

道如何下跪!"

"死到临头你还要逞强!"县令转身命令众兵丁:"杀了这个恶棍,为楚王大人报仇!"

报仇?听到这话韩信不安起来。杀雷大,不过就是一刀二刀,可是,自己是横扫天下的韩信,就这么一点胸怀,传到社会上会被当成一个天大笑话。他冷静下来,淮阴是养育我的故土,当年忍辱未开杀戒,今日还乡,也不能为报私仇而开杀戒。他意味深长地说:"我岂小人所为,冤冤相报?雷大,恕你无罪!"

雷大目瞪口呆,不敢相信此话当真!在县令的提醒后,猛地扑倒在韩信的脚下:"楚王!我不是人呀!今日承蒙不杀,如同再生父母!"

韩信感慨地说:"若说当年之事,你也有功。本人受辱后,发愤努力,才有今日成功。你武艺出众,勇猛过人,本王今日授你为楚国中尉,在帐前听用!可不要再欺凌乡里,做个真正的好汉!"

不死就是万幸,怎么不记前仇,以德报怨,还封我为中尉?雷大感激涕零,不知说什么好,只是一个劲地叩头作揖。

韩信又对县令说:"此桥就叫它'胯下桥'吧!"

县令不解地望着韩信:"胯下桥?"

韩信解释说:"留与后人明鉴是非,砺志图强吧。"

翌日清晨,韩信回到了南昌亭。

此刻,人群越聚越多,越围越密,村头道上拥塞不堪。韩信在人群中,对于那些仍能记得名姓和年岁的嘘寒问暖。此时,唯有当年南昌亭长和妻子闭门不出。

亭长不无叹息,真是十年河东,十年河西,万没有想到,韩信还真的当上了王爷!南昌亭长妻却不以为然。当年他离开我家,能怪谁呢?况且,他现在是大楚王,刮锅的事情该早忘了吧。

于是,南昌亭长和妻子从人群的后面挤了上来,纳头便拜:"南昌亭长来迟,参拜楚王大人!"

韩信见是亭长夫妻,反倒不知说什么好,转而问乡亲们,为何不见漂母大娘?

这一问,乡亲们这才告诉韩信,漂母老人已去世了。

站在一旁的亭长妻用肘捣了捣亭长。亭长挨过来说:"她老人家临终前曾讲:'韩信早晚会飞黄腾达。'"不过,众乡邻都只认为,韩家将出个人物,竟没敢想到推翻了暴秦,灭了西楚霸王,帮助汉皇帝打下了天下,出了个大楚王!

亭长妻也道:"漂母老人还曾说过,在您小时,一位半仙说大王为天下罕见奇相,将来必取王侯之位,于是您真的跟半仙走了。"随即,亭长妻拉亭长匍匐跪地叩头。

"罢了!罢了!生死有命,富贵在天,这不是能够相勉强的。朋友之道,君子以德,你们夫妻丰食而不施,小人之利。"韩信转过身来,让亲兵赏一百个小钱给他们。

漂母给了几个月饭吃,就是情义?南昌亭长给几个月饭吃,会是小人?二人不认可韩信的说法,心里窝着一肚子火走开了。

此时,韩信心中只念着漂母。想当年,她在韩信最困难的时候,伸出温暖之手,救韩信于昏死的河边!多年来,自己无时无刻不想着那一饭之恩,是它重新燃起生活信念,因此才有了今天风光的韩信。

他感慨地对老乡们说:"我曾立誓,他日成功,定当千金相报。"可如今,她老人家已与世长辞,叫我今生今世无以报答!

一亲兵安慰道:"漂母是一位刚直之人,她不望回报,大王能剪除霸王,止息楚汉相争,平定乱世,使百姓安居乐业,这是最好的报答。"

话虽是这么说,但总觉得欠缺些什么。韩信前后思量,自己能有今日成功,全仗漂母大娘教诲,滴水之恩当涌泉相报,大娘既已作古,那就千金增陵,给大娘修缮墓地吧,竖一座无字丰碑,和我家母墓一样,令其旁置万户人家守墓,以尽韩信的心意。

韩信思念一饭之恩,以德报德,在场的百姓十分感动,齐声欢呼

淮安水乡

楚王千岁！千千岁！孩童们也情不自禁一遍又一遍地唱起了歌谣：

> 韩王孙，昔何懦，恶少年，能死我？勇拔山，新裂土，归来报功赐漂母！赐漂母！

第二天，韩信把准备好的千金，分发给众乡亲，以作增陵劳役之费。数万人披星戴月，为漂母和韩母墓轮班兜土。两座墓堆得很快，不久便像小山一样拔地而起，蔚为壮观，镶嵌在淮水岸头。

筑好墓后，韩信在墓前立了一块青石碑，还在周围栽了许多垂柳和柏树。接着，又具黑猪、白羊前来致祭，他不禁黯然泪下，感叹不已。

第四十六章　一个不能忘记的朋友

盛夏。新王朝的一个早朝。

五更三点,南宫大殿站满了文武官员。皇帝刘邦在御座上望了下去,见大臣们在他的脚旁边磕头,那砰砰声很软和,但很清楚,传出去,到殿外。

刘邦体验到了帝王的威严,不由发自内心地感叹,可他心里并不踏实。天下初定,百废待举,虽然采取了一系列措施,但龙庭尚不稳固。担心有朝一日他们的脑袋不再叩头。

他皱起了眉头,异姓王们在做些什么,他们的近况如何,有没有不轨的举动?他最担忧还是楚王韩信!由齐迁楚,能真心接受吗?齐是大国,有盐渔之利,楚已不是原来的楚国,只限淮楚一带,十分贫瘠,且为四战之地,一旦天下有变,于楚不利。但是,韩信就是韩信,天下不会再有第二个韩信!不可思议的是,他职掌赵地、齐地的时间都不算长,却每次都能动员和训练出一大批精兵。若落地生根,他会不会在楚地一样能壮大发展起来?

刘邦又想起了前些天收到的一份关于"田横"的呈报。

齐地的田横自从被韩信打败后,率残部投奔了彭越,在那里留居了些日子。可不久,田横心中惊恐起来,想到对汉军有罪,彭越已领兵归汉,如果里久居下去只怕是凶多吉少。这样考虑后,田横趁着夜黑,带领手下离开了彭越,向东逃到东海,找三个岛屿暂作安身之地。本来人马所剩不多,可田横东行一路上广结豪侠,等到了岛上竟有五百多人聚在他的手下。田横是重节义之人,如派兵征讨,就会劳师动众,重起战端。而田横只有五百来人,不必大动干戈,倒不如先礼后兵,先派人去劝降。当时,曾派内侍陆贾前去岛上,下书给田横,招其归汉,这事不知办得如何呢?

刘邦环视殿堂:"陆贾!回来没有?"

"臣昨天刚刚回来。"陆贾闪身出班,俯伏叩头,天意难违,即田横为了效忠齐国,不愿讨封,已自杀!

刘邦听了,不禁一惊:"你们看,田横不愿讨封自杀了,真了不起!你们看,尽忠尽义,做臣子不应该这样吗?"

这是一个不平常的早朝,兵马未行,干戈未动,却平息了不肯归顺的齐国田氏,这是一件大喜。但从这件事上,也看出让人忧心的,这些豪强势力是否还在其他地方存在,如果他们坚决反对朝廷,乘国家新立,不能处处做好防范,积蓄力量,就会图谋不轨。所以,现在不仅要妥善办理建国大事,还应当肃清项羽的残余及其他不肯降服的诸侯掦,以绝后患。

刘邦想了想说:"今日,我还想起了两个人,一个是楚将钟离眜,一个是季布。特别是那季布,曾在彭城战后,他紧追不舍,险些让朕送了性命,至今不见他的音信,应立即派人四处缉拿,捉到他后,定要剁成肉酱,方解朕的心头之恨。凡能捉到季布的,赏赐千金,凡是藏匿不交的，与季布同罪，灭门三族！"

这天，一位蓬头垢面、身着老棉袄的中年男子来到下邳楚王宫，口称要面见楚王韩信。李左车不敢怠慢，连忙将此人带进内舍。

韩信去淮阴还没归来，李左车委婉地问他可不可以等楚王回来帮助转告。这人坚持要留下面见。这样就把他安排在驿馆住下来了。

没过几日，韩信从淮阴回到了下邳，李左车将那位神秘兮兮的来客要求相见的情况告诉了他。他不由得皱起了眉头，料定，这人就是皇帝要捉拿的楚将钟离昧！

钟离昧伊庐（在今江苏灌云县）人，项羽麾下一位智勇双全的大

汉韩侯祠

将。当年项氏叔侄打过长江渡淮时,钟离眛变卖家产,得二千余众,从家乡前来投效,并被项梁立为先锋,与项羽、英布等人一同与秦军鏖战在前沿,屡立战功。后楚军前线溃败,唯独钟离眛一路能够固守得住,虽最终没达到拖延效果,但这主要是因为楚将利己的叛降。

此时,韩信在想,钟离眛是汉室钦犯,怎么偏偏在通缉令已下的情况下,还大摇大摆地来到下邳城。

李左车见韩信眉心不展,知道在犯难,却故意问:"钟离眛是伊庐大户,名门望族,还是楚军集团核心成员,曾与您,与霸王、皇上、章邯、龙且、英布、季布、彭越和曹咎等人被称当代十大名将,投手举足在楚地有很大的影响!我还听说,他很讲义气,过去对您帮助很大?"

岂止帮助很大!韩信与钟离眛有一段鲜为人知的经历,这是韩信在大革命时代一份最珍贵的记忆。

那一年项羽进军咸阳途中,项羽不堪忍受韩信的指责,一个胯夫也敢妄论军中大事!一怒之下,他竟要将韩信拉出去杀头。在此危急时刻,是钟离眛挺身而出,仗言项羽,救下了韩信。也因此有传说,为了复仇,钟离眛早年曾与韩信一起同师学习过。他们的师傅是原秦国尉缭子。二人患难中相逢,覆秦志向一致,故感情极深——

钟离眛现在怎么样,身体还好,垓下兵败后,又是怎么样逃难的,韩信也迫切需要知道这一切。不过,让韩信为难的是朝廷缉拿他的风声太大,暗探又四处出没,倘若自己窝藏了他,不是找话柄给刘邦抓?

李左车看出韩信的心思,不禁问韩信知不知道楚将季布的情况?

季布情况怎么会不知道?季布楚地人氏,年轻时以好武任侠闻名,才能出众,有"得黄金千金,不如得季布应诺一声"之说,后来,季布追随项羽起事,被任命为将军。

李左车将一份海捕文书递给了韩信,现在季布已被无罪释放,还被皇上封为郎中。

原来季布逃跑后,被卖到鲁地一朱姓人家为奴,朱家知道他的真实情况后,挺季布弃暗投明。朱家来到京城找到朋友夏侯婴,并对夏侯婴说:"季布是霸王的臣下,替主人尽力那是他分内之事。现在,皇上刚刚得了天下,就不肯放过这么一个人,这不给天下瞧着皇上的器量不够大吗?况且,像季布这么有才能的人,皇上这么急急地捉拿他,那他不是往北投奔匈奴,就是往南投奔南越。这不是逼着有才能的人去帮助敌人?夏侯将军是朝廷的心腹命官,为何不去向皇上说明情况?这是为国出力,为主尽忠的好事呀!"

夏侯婴入朝见刘邦,启奏了季布之事。认为各为其主,正是季布之忠,使得大臣们像季布,何患天下不治?愿赦一人,而天下尽像季布。刘邦确有过人之处,有一个突出优点,就是善于自省。他觉得此话在理,新登基的皇帝为治国不计私怨,可以昭示天下宽大为怀。便依了夏侯婴的话,释免了季布的罪,并拜为郎中,成就了一位新王朝的高级干部。

李左车的介绍,韩信心里热乎起来,季布和钟离昧都是霸王手下的大将,都是钦点要犯,既然皇上能释免季布,那也应该能释免钟离昧。他要亲见皇上,替钟离昧求情,相信皇上会给自己一个面子!于是,决定先收留下钟离昧。

可是时隔不久,就在韩信准备去见刘邦时,却传来了楚将丁公投诚被杀的消息,这使韩信热乎的心,一下子冷了下来。能否替钟离昧求情,心中又画上了一个大问号。

楚将丁公是季布同母异父兄弟。在彭城之战中,他与季布的行为刚好相反,当楚军在彭城西追击汉军与刘邦短兵相接之际,放了刘邦的正是丁公。这时,丁公听说季布归顺朝廷后受到了礼遇,便主动谒见。出乎意料的是,刘邦要奖励为主尽职的忠臣,打击吃里爬外、不能一心事主的小人,竟下令将丁公绑出,立刻斩首于洛阳午门!

刘邦行为确实令人难以捉摸,丁公挟功请赏,也不至于死罪。只能理解为刘邦为了家天下,他六亲不认,两眼通红,连救过自己性命的人一样能杀。但对韩信来说,这一点却做不到,把钟离昧抓起来献给刘邦,这不是他的性格!桥归桥路归路,忠君归忠君,友情归友情,恩怨分明,不能轻易伤害钟离昧,不能做无耻的小人!

韩信决定将刘邦的诏书暂时放一放。

第四十七章　诡计

汉六年(前201年)正月。

这一天,刘邦在洛阳宫中宴请群臣,群臣也纷纷向皇上祝贺,真是热闹非凡。

陇西戍卒娄敬千里迢迢来见皇上,上呈迁都之策:"关中地势险固,背山带河,四面可守,即使朝中仓促有变,百万之兵也可随叫随到,所以秦地素称天府之国。我以为汉室不如从洛阳移都关中,万一山东有变故发生叛乱,而都城总可以确保万无一失,这所谓扼喉拊背,才可操纵自如。"

迁都关中是国家大事,刘邦连忙召群臣商议,一时间你言我语争执不休。张良是刘邦最信赖的人,不得已,刘邦又派人去请教张良。

前不久,张良对刘邦说:"我已帮助皇上完成了一统大业,现在我要告请回乡去。"刘邦一听怎么能够同意?但看张良已经决定,不再有改变之意,也只好说:"我实在舍不得先生离去,既然你要走,我也不好勉强,许你回乡,但朝中若有大事,望你能为天下利益,有召必来!"张良回到家中,不是读书静思,就是学习导引吐纳等道家之术,并且终日不出家门半步,慕道追仙,谢绝一切人的来访。

其实,这是张良隐去的既定计划,伴君如伴虎,历史上帝王有几人能共享富贵?君臣一体,自古所难。尽管张良与刘邦关系极不一般,但他还是选择了韬光养晦,退居二线,这何尝不是"帝师"高明的身退之举。那么,居功自傲的韩王孙,能否平安无事,一帆风顺吗?

张良听了来使的汇报,认为娄敬的话很有见识。他让来使转诉皇上,洛阳虽有险阻可依,但中间狭小,不过数百里的平原,田地又很贫瘠,如四面受敌,恐怕这里不是用兵的地方。而关中左有崤山,右有陇蜀,三面据险,东临诸侯,当诸侯安定无事时,可由渭河调运粮食,向京师供给,万一诸侯有动乱变故,顺流而下,征伐并不费力。过去所谓金城千里,也不过如此。

几天后,刘邦正式决定西迁长安,同时又下令天下县邑筑城。这时,楚地有人向刘邦呈上密报,说韩信在下邳窝藏了楚国大将钟离昧!

突如其来的消息,让忙碌中刘邦心惊肉跳,脊梁直冒冷汗。

建国不到一年,继利几之后,燕王臧荼不久前发生了反叛,不是自己亲征和燕地百姓不愿再受刀兵之苦,无心支持叛军,结果就很难说了。如果韩信再搞叛乱,那可不好对付!说心里话,其他诸侯王没有什么了不起的力量,唯有韩信用兵如神,让人惴惴不安。而钟离昧又是霸王手下数得着的大将,楚汉相争,他与自己正面对峙时,多次给自己以沉重打击,逼得自己狼狈不堪,他且与韩信同为楚人,又有兄弟情谊,这在外界并不是多大秘密,如有钟离昧协助,韩信若要谋反怎么办?

刘邦不敢想下去。是否可以派人,以去郴州给义帝修造陵寝为借口,过楚地,用言语调拨他,让他交出钟离眛?不行!刘邦很快否定了自己想法,派人去,要是不交呢?这不等于打草惊蛇?现在他虽然窝藏了钟离眛,但他是否真想谋反,还说不准。韩信从齐移楚,自感失落,不平之心自起,反叛之意或可有之,何不找一借口,利用韩信和钟离眛之间这点关系,因势利导,提前下手,打残韩信,施重威于天下,或许,其他异姓诸侯问题,也能迎刃而解。

第二天早朝散后,刘邦悄悄地留下了几位丰沛籍大将,以及陈平、随和等几位心腹大臣。

"你们知道,楚将钟离眛躲藏在哪里?"刘邦此言一出,下面就有人交头接耳,小声议论,刘邦扫视一眼,"告诉你们,就在下邳的楚王宫,为韩信座上宾!"

下面一片哄然。

刘邦又道:"你们知道韩信正在楚地干什么?朕告诉你们,他招降纳叛,纠合兵众,磨刀霍霍。嘿!韩信、钟离眛原为霸王的旧部,如今,他们又纠合一起,一个特功妄作,一个伺机复仇。"

说到这里,刘邦从座椅上站了起来:"朕这番话,不是危言耸听。韩信早就和朕不是一条路上人了,他恃才傲物,目中无人,利令智昏,为人好大而夸。在攻齐时,他居功自傲,我被霸王逼得几乎悬梁上吊,他不来救援,反而逼我封他为齐王,借机来勒我的卵子!平定天下后,朕让他衣锦还乡做楚王,好心成恶意,想不到,如今他竟窝藏钟离眛,企图谋反作乱!你们看,这该怎么办?"

经刘邦这么说,几位身经百战,又十分鲁莽的将领,早就按捺不住性子,像烧热的油锅,炸开了:"是脓包就得让他出头。皇上!我等愿意披挂上阵,发兵捉拿这小子!快下令吧!"

刘邦听了自知并非善策,默不应声。但他注意到和武将们形成鲜明对比的陈平,却静静地坐在一边,紧锁眉头,一言不发。

张良隐退之后,陈平成了幕僚长,现在朝廷拿主意,断大事就数陈平了。

陈平足智多谋,前后六出奇计,为刘邦夺得天下,安定汉室,做出了特殊贡献。他曾自我表白:"我多用阴谋,为道家所禁忌。在活着时即使被废,也就算了,如我的后代终至不能被起用,也是因自己多用阴谋的缘故。"此时,陈平在思忖着:按古老的丛林法则,"老大"是不允许"老二"好好过日子。因为,"老大"一直十分担心"老二",可能取代自己的地位。而韩信这个"老二",虽能洞察世事,是个天才,但他不识时变,把握不坚,城府不深,不是一个心智成熟的人。"老大"刘邦无奈之下给他提供了发挥舞台,让他迸发灿烂的光芒,韩信却高傲自负,好伐其功,却没有意识到他的所作所为,已经被刘邦一步一步认定为谋逆之人。然而,面对一次次陷害和打击,韩信为自保,终将退让。这样下来,韩信的最后结局就不好说了。

陈平反问刘邦:"陛下!韩信佐汉有功,您也没亏待他,要是说他谋反,就要拿出凭证,不能随便去征讨,那会酿成大乱。我要问一声,您是怎么知道韩信要谋反的呢?"

刘邦说:"有人密告。"

陈平又问:"这么说,韩信并不知道有人在告他?"

刘邦很有把握地回答说:"朕想,他是不知道的。"

陈平明白过来,说韩信谋反还是捕风捉影,证据不足,但这也就成了！要是韩信真心谋反，他一定会有所准备，事情还真不好办。要知道他是天下无敌的汉大将！陈平面带微笑地说："陛下！韩信非其他诸侯王可比，甲兵强盛，倘若生变，其势无可挡。诸将一时不平之气，欲与韩信争衡可以理解，但我料定，不战则已，战则必败！"

刘邦知道，陈平既说不行，一定有道理，他让陈平说一说。

陈平问："陛下！若发兵讨伐，士卒有没有楚兵精壮？"

刘邦想了想回答："没有。"

陈平又问几位将领："你们用兵，哪位能敌过韩信？"

几个人面面相觑，默不作声。陈平接着说："陛下！兵不如楚，将不敌韩信，若要举兵强取，必然是轻启战端，恐怕韩信不反也反了。臣以为不应操之过急，否则后果不堪设想！"

听了这话，刘邦眉头紧皱，半晌才问："如都尉之言，当如何处之。"

陈平趋前两步，贴近刘邦："陛下！以臣愚见，韩信应智擒！自古以来，天子可按四时巡狩，以观民风，会诸侯，诸侯朝觐述职。臣听说南方有云梦泽（泛指洞庭湖），历代称为形胜之地，陛下可遍召诸侯，伪游云梦泽。韩信既为楚王，必定随从前往。待他谒见，那时可暗伏将校，一举将韩信擒获，这岂不比大张旗鼓，兴兵强讨胜过十倍！"

刘邦大喜！从三皇五帝起，就将云梦泽列为禁地，皇帝和王公贵族一有闲暇，便带着文武百官来这里狩猎游玩，也好让四海臣民看看文治武功。

经过一番讨论，他们最后把会集地定在陈城（今河南淮阳），因陈城离下邳只有一二百里，只是几天的路程。刘邦从洛阳到云梦泽去，陈是必经之地,同样也便于四方诸侯会集。这样设计名正言顺,顺理成章,韩信必不生疑。

商量好后,刘邦便下令:"如今国事稍安,天时正好,久闻云梦泽是一圣地,朕不日前去巡游,命各路诸侯在陈城集会,不得有误!"

传旨的使者立刻从洛阳出发,分别到各诸侯国传旨。

第四十八章　云梦惊变

这天,韩信突然接到了"巡游"诏书。

看过后,他心里像贯注了铁水,沉重异常。立国才一年,天下尚未平静,百废待兴,皇上怎么能有这般雅兴,且要带着大队人马,千里迢迢地去云梦泽巡游?!想到这里,一股不祥之兆,掠过了心头。皇上出游,诸侯必须赴会。那时,刘邦若问起钟离昧之事,我该怎么回答?若要我杀了钟离昧,我不杀,那我就要背上个违逆圣旨的罪名。若遵旨行事,又怎对得起钟离昧——

韩信感到事情棘手,可以肯定,刘邦云梦泽是为他而来。那么,又是谁走漏了风声,以至于刘邦如此?这令他百思不得其解。

李左车提醒韩信不要再上当:"游玩云梦泽,绝对不会有什么好事!修武夺军,定陶夺印,全都是搞的突然袭击,阴谋诡计。"

"看来小心火烛,还是要掉下茅坑。"韩信叹息不已,"钟离昧乃我朋友,何忍杀之,没想到反而成了大逆不道的罪柄,如今百口莫辩。"

树欲静,而风不止。常言道,"无事不找事,有事别怕事"。干脆不要去什么云梦雨梦,面对现实才是。李左车提出上、中、下三策:第一,扯起大旗,发兵二十万,直扑陈城,夺了天下,不再受这窝囊气!

第二，推说身体欠佳，不去朝觐，静观默察，以免身遭不测。不去，谅他们也无可奈何；第三，就是杀了钟离昧，到陈城会皇上，这是下下之策，其结果就很难说了。

韩信很是不安，自己是个特别注重名声的人，把名声看得像生命一样宝贵。当年胯下受辱，已使自己抬不起头，时时受人冷落和污辱。如今，要扯大旗背叛朝廷，说什么也不能干。韩信落落丈夫，盖世英名，反而要搞谋叛，这不是自己拆自己的老屋，会落个谋反不忠的骂名，即便取了天下，恐怕人心不附，也难以坐得安宁。那第二条，也不是好办法，若不前往，显然是找话柄给皇上抓，以后的关系又如何处理？第三条，可以修正一下，去陈城，但不杀钟离昧。到时，自己把话讲清楚，当面求情，请皇上像对待季布那样，释放钟离昧，这岂不是两全其美？

其实，对钟离昧如何安置，韩信心里并没有底，他知道在刘邦性格中确有反复无常的一面。但他相信自己有大功于天下，有大功于汉室，而且从来没有背叛过刘邦，在他请求下，刘邦应该会放过钟离昧一马。

不久，韩信的想法也为钟离昧所知。

钟离昧觉得韩信太幼稚，陈城不能去！刘邦来陈城会集，醉翁之意不在酒，显然是针对韩信的。话说穿了，韩信功高盖主，汉家不能容忍他，自己就是不在这里，刘邦也会拿韩信开刀。刘邦之所以不敢直接发兵进攻楚地，恐怕重要的原因，就是怕自己撑韩信的腰，协助、鼓动楚地百姓造反。刘邦为人狡诈，项王多次吃他这个亏。陈城是诱捕韩信的陷阱，千万不能上当！

他斩钉截铁地告诫韩信:"用将士们的话来说,就是'箭在弦上,不得不发'。现在,刘邦磨刀霍霍,欲以韩信为鱼肉,该是以牙还牙的时候了!"以韩信的才能、智慧和品德,又有将士们拥戴和效命,为何不能轰轰烈烈的大干一番!

"不可!不可!"韩信拒绝了钟离昧,"'食人之禄,忠人之事'古之道理,自己的一切都是刘邦给的,不能落个谋反不忠的骂名。"他要钟离昧尽管逃走,刘邦那里由他一人承担,大不了说韩信捕捉钦犯不力,申斥一顿罢了。

钟离昧知道韩信心意,不再说什么了。不过,他有两点判断:其一,韩信缺乏敢作敢为的大气量。陈胜一怒大泽乡揭竿而起,项羽一怒挥刀砍杀会稽郡守殷通,刘邦一怒芒砀山举兵起义,韩信一怒却钻淮阴屠夫的裤裆。特别是在刘邦修武夺兵,定陶夺印,步步紧逼的情况下,他依然选择逆来顺受。这和客观政治情势有关,也与政治性格密不可分,这样的"隐忍"能干出什么样的大事业?其二,做人不厚道。如果你不把钟离昧当朋友,当初何必要收留我?现在又何必要找我"商议",这不明摆着在耍我?

"楚王!不好了。"

一阵嚷声把韩信吵醒,一亲兵报告说钟离昧自杀了!

啊?!钟离昧自杀,这是韩信始料不及的事。他迅速穿好衣服,急忙随亲兵来到钟离昧住处,见钟离昧直挺挺地倒在血泊之中,一把染血的剑丢在一旁。韩信不觉落下泪来。钟离昧自杀,成全了自己——一个了不起的真义士!

转眼间,去陈城会集的日期已到,钟离昧以死劝阻,并未能劝住韩信,主要是韩信对刘邦还心存幻想。韩信虽意识刘邦对他的算计,但仍没有把刘邦想得那么坏。

当韩信一行来到了陈城驿馆,担当"前哨"的亲兵,慌里慌张的掀帘进屋,疾趋韩信面前,几乎耳语般小声,告诉韩信县衙外增加了许多护卫,不知何意?

亲兵话音还未落地,陈平与周緤来了。陈平高亢的声音已响起来:"皇上有旨,楚王韩信即刻到行宫见驾,不得有误!"

刚入行宫,一迭声地传呼起:"宣楚王韩信觐见!"

韩信抬头远望,只见刘邦端坐大厅上首,伴驾随行的文武大臣除陈平、周緤外,还有夏侯婴、灌婴、靳歙、刘钊、灵常等人,声势强大,这像是来云梦泽巡游的吗?他上前叩首:"臣见驾,祝皇帝万万岁!"

"起来吧!"刘邦面色冷峻地摆摆手,接着是一阵难堪的沉默,压得人难以喘过气来,好像整个房顶都压到人的脊背上。他这才开口,"楚王功高盖世,德布九州,士民众庶赞颂你如日月之经天,江河之纬地。只是你抗旨行事,不知欲把朕置于何地?在这里,朕要历数你三件不法之事:其一,你招降纳叛,窝藏楚将钟离昧,图谋不轨!其二,国家草创,百废待举,你却在下邳招兵买马,足轨接诸侯之境,不知这样你要干什么!其三,你侵夺民田,高坟大墓厚葬家人,这又是何居心!"

果真不出所料,刘邦此行目的就是为了对付韩信!

战场上,敌我分明,敌人常常被韩信埋伏。而在政治上,韩信却始终被刘邦埋伏!韩信虽知兵而不知人,工于谋天下,却拙于谋自身,刘邦过去所谓的情意,都是利用韩信去打败项羽,而内心却无比忌恨。早知今日,何必当初,武涉、蒯彻"汉帝难以容忍"之言犹在耳旁!

他努力控制住情绪:"皇上所责备的三件事,臣都有分辨。首先,我早年丧母,当时不得已,将亲生母亲埋葬荒野。如今,承蒙皇上让我富贵还乡,坟墓筑的高大些,迁民守茔,不过是光宗耀祖,聊以寄托自己的哀思罢了,然而并未逾越王制的规格;其二,楚地原为霸王桑梓之邦,今天下初定,但人心未归,为了安抚百姓,不加强武备,不足以镇定楚地。而臣自齐迁楚之时,未带一兵一卒,所招兵马亦在许可范围之内,这本无可非议。至于钟离眛,为了灭秦,早年臣与他有段交往岁月。因此,我不敢忘恩负义,把他暂时收留下来,只是打算等有机会,向皇上说清此事。况且,钟离眛听说皇上游云梦泽,为了不给我添麻烦,他已自杀身亡,这是他的首级。"

说罢,韩信将盛装钟离眛首级的匣子呈上。

刘邦打开匣子,揭开布巾,细致地瞧了瞧,果然不错。他嘴角露出了一丝难以察觉的微笑。陈平这小子主意真不错,没有想到,不费什么力气,就一箭双雕,杀了钟离眛又拿下了韩信。

转而,他脸色阴气逼人:"其他事情暂且不论,可你窝藏钟离眛好些日子不交,到了事情败露,无法再瞒,才来见我,可见,你说的并非是真心话!刘邦用力拍案,对早已埋伏在帷幕后的武士喝道:'还等什么?快快与我拿下反王韩信!'"

帷幕后,一队武士凶神恶煞地冲将出来,不容分说,将韩信五花大绑抓起来。

韩信悲愤不已,他用肩膀抗开武士的手,就在这一刹那,当年蒯彻话语像幽灵一样穿过韩信的脑海中："狡兔死，良狗烹；高鸟尽，劲弓藏；敌国破，谋臣亡！"真后悔，后悔自己当年不该为刘邦所做的十件大事。一不该弃楚归汉，首建汉中大策；二不该明修栈道，暗度陈仓；三不该击杀章邯等三秦王，取了关中之地；四不该京索之战，力挽狂澜；五不该涉西河，虏魏王豹；六不该袭代地，擒夏说；七不该渡井陉，杀陈余并赵王歇；八不该突袭齐历下军，击走田横；九不该夜堰潍水，阵斩龙且；十不该布下十面埋伏，追霸王阴陵道上逼他乌江自刎。那时，为了报恩，思维被严重束缚住，很难听从劝告，不相信刘邦会卸磨杀驴，这楚王才做几天，就被刘邦捉拿。

韩信怒不可遏："如今项王已死，天下已定，留我何用。韩信无颜乞骸骨，只求立刻赐死，以彰我的罪过！"

刘邦生怕节外生枝，夜长梦多，挥挥手："不准！押上囚车，马上启程！"

一场伪游云梦，实擒韩信的骗局，即草草收场。刘邦于是打发诸侯王各回封地，并立刻起驾，押解着韩信回去了。

这事件，后世反响极大，多有不平之声，现录几首诗文于此：

唐代诗人许浑在《淮阴侯庙记》文中，对韩信遭遇感慨道："朝言云梦暮南巡，已为功名少退身。尽握兵权犹不得，更将心计托何人？"宋代诗人钱若水在《题韩信庙》一诗中写道："筑坛拜将恩虽厚，蹑足封时虑已深。隆准若知同鸟喙，将军应有五湖心。"元代文天祥在《读史》中道："自古英雄士，还为薄命人。孔明登四十，韩信过三旬。壮士摧龙虎，高词泣鬼神。一朝事千古，何用怨青春？"清代诗人周永年在《吊淮阴侯》中叹道："一市人皆笑，三军众尽惊。始知真国士，元不论群情。楚汉关轻重,英雄出战争。何能避菹醢,垂钓足平生。"今淮安人何爱临在《大汉韩信》中云:"万马奔腾尘土扬,男儿煌煌拜大将。垓下功成经百役,云梦埋伏何匆忙!君不见,鸟尽弓藏将军死,无复战车奔沙场。身向九泉还属汉,切莫去当诸侯王!噫嘻乎!云在动兮山苍苍,剑在手兮野茫茫。长淮落日心犹痛,英雄英雄恨绵长!"

第四十九章　打残韩信的真实原因

刘邦将韩信押回了洛阳,这个消息在朝野引起了轩然大波。

韩信被擒对刘邦和整个天下来说实在是太重要,如今这位百战百胜的猛将,成了阶下囚,这不能不使他们感到震惊。

这一天,吕后在长信殿准备进午膳,听说陇西戍卒田肯赶来上了一道奏折,内容大概是祝贺韩信被捕,想让皇帝封其亲子弟为齐王。二哥吕释之的儿子吕产认为,这个奏章也并没什么特别之处。

内侍审食其接过话来,却对吕释之说:"国舅!我看那人有心要为韩信辩解,希望皇上能赦免韩信。先提韩信,却不提出为他辩解之词,反而进贺皇上能顺利地逮住韩信。接着,明言齐地与关中为韩信夺得,夸耀齐地险固,媲美关中。韩信据险而多兵的时节,不背叛皇上,而于迁楚之后谋叛,这有悖于情理,这家伙只隐示而不肯明白的说要留韩信一命。以我看,从汉中算起,韩信五六年间,以至于威行天下,功震人主。现在,皇上采取断然措施,这有何不可!不过也无须多虑,韩信虽不同一般人,一成阶下囚,也会叫他百口莫辩。反之,韩信有万变之术,擒而不杀,必然怀恨谋变,务要采取断然手段!"他用右手做了个切瓜的姿势。他的话也是说给吕后听的。

吕释之想透一透吕后的口:"大妹!诛戮韩信,恐怕人心不服。既然将韩信押回洛阳,事情不会那么简单,朝中大臣对此事反响极大,可要慎重处理!"

吕释之早年没有什么战功,远不如其胞兄吕泽,但他与韩信共事较久。睢水败后,他多次奉萧何之命往前线输兵送粮,深知韩信的品德和为人。他想,假如当年韩信无功无绩,今日也就没罪了,那么,肯定没有汉家的今天!

吕后知道自己的二哥是个仁慈心肠的人,她要和他谈一谈。

刘邦登基时,已经五十多岁,那时人的寿命很短,她担心刘邦一旦百年之后,皇太子刘盈如何能压得住这些地头蛇?她说:"兄长之论也是正理。但往深处想过没有,你姐夫连连征战,积劳成疾,近年创伤也一直未愈。在高层政治人物中,年轻三五岁就是资本,韩信比他整整小了十七岁。而盈儿只是一个十二岁的小孩,他老子若有个三长两短,大汉江山怎么保得下去!"

吕后还担心儿子刘盈懦弱的性格。刘邦一直要废掉刘盈,改立戚姬之子刘如意,为此,吕雉伤透脑筋,和刘邦之间产生了许多矛盾。她让已退养的张良出面,请来德高望重的商山四老,为儿子站台撑腰,才打胜皇位的保卫战。这样你死我活的争斗,弄得吕后心情极坏,有时像个泼妇,真想拿刀上街砍人!

打天下不易,保天下更难。此刻,吕后抠出心里话:"盈儿缺乏刚毅之气,日后哪能驾驭得了韩信、英布、彭越这些如狼似虎的异姓王。要想来之不易的江山,长治久安,必须对异姓王采取断然的手段,这一点审食其没有看错!兄长呀!妇人之仁,拯救不了国家,考虑事情当从家国的安危出发,但现在还不能下手。"其实,令吕后没有想到的是,随着年代更迭,为了权力后来还是爆发了历史上著名的"七国之乱"。

这时,大太监急步进入内宫,来不及向吕后行礼便道,皇上启驾已进了宫门。吕释之与儿子吕产忙退了出去。

自从刘邦做了皇帝后,不少内外大事都找吕后商议。如今,张良已是用其名,难用其人。萧何执掌政务,不猎军情。而陈平聪明有余,其实难以独任大事。凡此种种,吕后得以凭借东宫身份,逐步参与国家政要。史称,吕后为人刚毅,心机极深,辅佐高祖平定天下,后诛杀韩信、英布、彭越等王公大臣的谋略也多出自其手。高祖去世后,又因孝惠帝无所作为,她以女主代行天子之事。以后历史上的武则天临朝称制,慈禧垂帘听政,步的便是吕氏后尘。

刘邦入宫坐定后,吕后连忙着人摆好酒菜。

几樽酒落肚,刘邦感慨万千。自己虽有天命,可吃五谷,哪能不生灾病。想当年,自己也算是霸王分封的一路侯王,如今一跃成了皇帝,难道这帮异姓王就没有当皇帝的非分之想?不可能?

吕后见刘邦将酒樽伸来,只是少少地添了些酒:"诸侯都是些如狼似虎的枭雄,韩信这只鸡被抓到了,猴子们却在看呢。"

刘邦挥开袍子,仿佛酒能驱散心中的郁闷。

吕后又说:"韩信的事并不难办,难的却是与整个异姓王的问题。韩信已被擒获,可以说,如今他已是掌心的蜢蚱,跳不起来了。杀了不过掉个脑袋,不杀,也不过是苟延残喘的庶民而已。但皇上想想看,朝廷与异姓王矛盾不可谓不激烈,立国才一年,前后发生了利几、臧荼等人叛乱。而且,异姓王们掌握的土地,比中央还多,他们对重赏和坐食赋税已不满足,尾大不掉,对刚建立的大汉构成了很大威胁,而皇上亲子弟都还年幼,不能成为朝廷真正的帮手——"

刘邦若有所思地说:"没有当皇帝时,南征北战,提着脑袋打天下。现在打了天下,却整天提心吊胆,唯恐天下生变。原因在于诸侯作乱,难怪当年秦始皇不立功臣为诸侯,无尺土之封,使以后无战攻之患呀!韩信这帮子诸侯要的是战国时的封王封地,我刘邦却要的是汉家天下平安,要的是中央集权,这是体制上的矛盾在政治上的集中表现。往远看,对异姓王不只是削弱,而是应该消灭,其他,别无选择。而韩信是一个标志性的人物,为了确保江山永固,宁可错杀三千,也不能放过一个。但现在时机尚不成熟,除了韩信外,还有淮南王英布、梁王彭越、韩王信、长沙王吴臣等人,说韩信谋反没有足够的真凭实据,他功劳最大,威望最高,杀了怕引起异姓王的连锁反应,引起朝臣们的惴惴不安,况且,北疆匈奴屡屡来犯,对洛阳、长安构成威胁——"

提到边患,刘邦皱起了眉头。近日来,匈奴骑兵从西北突入,打到了离长安仅有七百余里的肤施(在今陕西榆林东南),将秦时蒙恬所收复的土地全部夺去了,接近匈奴的郡县、人口和财物都成了他们掠夺的对象。匈奴成了大汉王朝挥之不去的阴影!内忧外患一齐袭来,事情当分轻重缓急呀!

刘邦终于决定放下手中的刀子。急则生变,现在杀了韩信,既伤了朝中人心,也等于把英布、彭越及大小诸侯往外推去。若如此,一个个猴子不反才怪呢。现在应该把他们服侍好,等待时机,看老子怎么玩死他们。

主意打定了,他一口喝下了樽中酒。

没过几天,在朝中大臣窃窃议论之际,处置韩信的方案出来了。

收回韩信的封国,铲除韩信的势力,并将楚地一分为二,东北部划给四弟刘交,仍为楚王,东南部划给堂兄刘贾,为荆王。

同时,赦免韩信的谕旨也下来了:"韩信为开国元勋,累有欺君之心,罪当斩首。但念其立国有功,免除死罪,废其楚王封号,贬为淮阴侯,只准身居咸阳,不得再回下邳。"

虽然淮阴侯比楚王降了一级,可刘邦终究没有杀掉韩信。而韩信失去了封地和军队,对朝廷的威胁小了,就像把一头老虎锁进了铁笼子,刘邦心里踏实了许多。

为了显示国害已除,举国欢庆,刘邦颁布大赦天下令,又召来群臣朝议,分封有功之臣共一百四十三人。这是争吵一年之后的体制内的论功封赏。

第一批有二十三人:萧何为赞侯,曹参为平阳侯,周勃为绛侯,樊哙为舞阳侯,郦商为曲周侯,夏侯婴为汝阴侯,灌婴为颍阴侯,傅宽为阳陵侯,靳歙为建武侯,王吸为清阳侯,薛欧为广严侯,陈婴为堂邑侯,周緤为信武侯,吕泽为周吕侯,吕释之为建成侯,孔聚为蓼侯,陈贺为费侯,任敖为曲阿侯,周昌为汾阴侯,王陵为安国侯,审食其为辟阳侯。

另外,张良、陈平一直随刘邦鞍前马后,运筹帷幄,功在千秋,而在张良和陈平的一再谦让之下,张良封为留侯,陈平封为户牖侯。

第五十章　陈豨叛乱

汉朝新立，一时无暇顾及塞外。

这时，长城北面的匈奴乘机南下，警报似雪片飞入关中，刘邦不得已迁驻守淮阳的韩王信（原名韩信史家为避免混淆，故称其为韩王信）到太原去守边，开始考虑对付匈奴日益增加的威胁了。

可是事与愿违，韩王信不久却投降了匈奴。刘邦大怒，他需要证明自己，于是下诏亲征。而当三十二万大军向北行进至平城时，匈奴冒顿单于集精兵四十万，一下子将刘邦围困于白登山上，且派出大军，分扎在重要路口，截住汉兵的后援。

刘邦登上山头瞭望，只见四面八方都有匈奴的骑兵把守。当时正值天气严寒，连日雨雪不断。刘邦和将士们被围了三天后，粮食也快吃完了，汉军饥寒交迫，危在旦夕。还是陈平心眼多，忽然生出一计。原来，他看到冒顿对新娶的阏氏（单于的王后）十分宠爱，朝夕不离。陈平想到冒顿虽能出奇制胜，也不免被妇人美色所惑。于是他派遣使臣，乘雾下山，向阏氏献上许多金银珠宝，并取出一幅图画，上面绘着一个美女，说是汉帝请阏氏转交单于。阏氏毕竟是女流之辈，见画不禁起了妒意，将图画交还汉使，让他们赶快拿回去。阏氏想，若汉帝不能突围,就要把美女献给单于,那时自己就要受到冷落了。

阏氏泪如雨下地对单于说:"两国不应相逼厉害,今汉帝被困在山上,汉人怎肯就此罢休?纵使你打败了汉人,夺取了汉地,也恐因水土不服,无法长住,倘若灭不了汉帝,救兵一到,内外夹攻,我们便不能共享安乐了。"单于恐怕惹阏氏不高兴,便于次日,传令把围兵撤走。

刘邦用陈平的美人计,躲过了一场劫难。这就是《史记》说的"秘密",多年后才被解开。回来后,他又改派哥哥刘仲,去代地守边。

一波未平又起一波。就在刘邦回来不久,匈奴移兵侵犯代境,刘仲竟狼狈地逃回了洛阳。刘邦虽恼他无用,但念手足之情,只贬去他的王爵,将刘仲降为合阳侯,另封戚姬所生的少子如意为代王。只因代王年幼,未能就国,便命阳夏侯陈豨为代相,监赵、代边兵,防备匈奴再次入侵。

陈豨宛朐(在今山东菏泽)人,年近五十,经韩信提升为将军,后随刘邦平定燕王藏荼,立下赫赫战功,封为阳夏侯。然而,不久刘邦改派周昌任代国宰相,陈豨就下课了,只负责军事防务,一种说不清道不明的失落之感油然而生。多年征战,陈豨与韩信结下了深厚的友谊,临行前,他特意来寂寞的淮阴侯宅第向韩信告别。

韩信被去掉楚王,改封为淮阴侯,这个侯只是一个名义上的。事实上,除咸阳外,包括淮阴在内,外地是不被允许去的。说白了,他就是刘邦手中的一个高级政治犯。尽管如此,韩信依然被许许多多的人们崇拜、敬仰着。但他不因为落难,向现实低下自己高傲的头颅,也不因为受到屈辱,去做一些无底线的事。

韩信把陈豨让入庭中,手拉手在树下亲切地交谈着。

"大王!由于周围环境,臣不便多加问候。"陈豨微叹着说,臣此去赵代,不知如何守边,请大王明示。

"唉,不要再称我是大王了,能让我保住淮阴侯这个爵位就算不错了。"韩信携着陈豨来到了后院,饮了一番酒,两人谈到酣热之处,屏退了家人。

"将军此去代地,是皇上的重用。"

"不是什么重用,只是发配充军。"

韩信为陈豨的任命鸣不平,也为自己的待遇不公正发牢骚,他叹息着:"将军所去之地,那是天下出精兵的地方。你是皇上所宠爱的大臣,位尊权重。但和皇上隔得远了,皇上猜疑心重,不免就会相信别人的杂话。如若有人告你谋反,皇上不会相信,再有第二、第三次,皇上就会有所怀疑,甚至亲自带兵攻打你!那时,你就危险了,所谓情势所难,反也不好,不反也不好!"

"谢谢您!现在能说这样心里话的朋友太少。"陈豨又道,"大王,您为汉家擎天之柱,一片孤忠,这是人所共知,今日却落到如此地步。我陈豨于您不如,这次远行出征,凶多吉少,看来不会所什么好结果。您看臣下一步怎么办?"

"我没有什么可说,我们只是皇帝手中的大刀片子,用完了就被扔掉。所以,如果一定要我说,只能说请将军多加保重。"韩信不满之情溢于言表。

陈豨却不无认真地说:"皇上与皇后心存不良,剪除异姓王侯,这已为天下共知。与其等死,倒不如拥兵造反,只要您肯助一臂之力,天下只是囊中之物——"

他的直言不讳,让韩信惊讶,更让韩信震动,如同一股暖流冲击着心房,使韩信如伏天喝了冰水一样惬意。这对韩信来说,给刘邦以打击,使刘邦尴尬,这能让自己接受,但要让他推倒自己倾注一腔心血,历经千辛万苦,数十万将士热血垒筑起的汉室大厦,自己能吗?

"不可,不可。"韩信叹道,"一将成名万骨枯,这几年迭遭挫折,就是活脱脱的报应!唉,当年何必非渡过淮水,卷入乱世纷争,不如垂钓于淮滨,终老一生,有什么不好?"

陈豨说:"大王!委曲是没有用的,您不要太悲观。"

波动中的韩信渐渐地平静下来,他觉得陈豨刚才的话有鲁莽之处,但也是肺腑之言。他与陈豨叙谈着朝政,叙谈着进兵代地,叙谈着往事,叙谈着许多许多,唯独不再谈刚才的话题。因为陈豨可能也只是一时之念,并不要韩信表明什么态度。他们的谈话在黯然中结束,二人在唏嘘声中惜别。

汉十年(前197年)七月,太上皇崩逝。王、侯、将、相来到栎阳宫治丧。独有陈豨未到。刘邦正感怀疑,现任代相周昌向刘邦密奏,陈豨在代地,结交当地的豪强,私养门客,广蓄兵马,恐有意叛乱。

刘邦便派人赴代地调查,陈豨门客确有很多不法行为,但还不想举兵征讨,只严令陈豨回京,陈明内情。不想陈豨心虚,暗中联络反将王黄和曼丘臣。这两个人曾经是韩王信的部将,与韩王信谋反失败后,逃往匈奴,却时常在边境出没。陈豨派人和他们联络,他们立即答应支持陈豨。这样,他的谋叛越加佐实。

刘邦白登山上当的主要原因是骄傲,即位后,御驾亲征的次数越来越多，他大概认为自己力大无敌了，现在想想十分可怕，如果换了韩信指挥这支军队，会被骗上白登山吗？

刘邦召集众臣商议，众臣认为，陈豨知淮阴侯韩信已罢闲，其余诸侯都不足以御之，自恃其能，无所顾忌，且赵、代为天下出精兵之地，易于发动。所以他的胆子才有如此之大。

征讨陈豨关乎汉初国运，切不可出现疏忽。曹参、樊哙、周勃、灌婴等将军，一致保举韩信，而韩信如能挂帅前往，临威慑服，打败陈豨易如反掌，皇上可以高枕无忧。可是自韩信从楚地捕到长安，一直称病不朝，不知他能否出马，为皇上分忧？如能挂帅很好，不能，可着太子监国，吕后与萧相国辅之。皇上则亲统大军，以周勃、王陵为先锋，以樊哙、灌婴为左右翼，以曹参、夏侯婴为救应，使天威下临，群凶丧胆，定能使陈豨畏服。同时，再作诏谕英布、彭越为策应，此战必获全胜。

刘邦准奏，一面草诏差人发二处人马讨伐陈豨，一面差人往关东诸路遣兵布防。可是，英布、彭越托病不发一兵一卒，他虽大怒，但也无可奈何。

为了集中力量去应对北方问题，刘邦认为利用软禁在长安的韩信是为一策。韩信正值英年，朕已六十有余，走一步掉一个钱，将韩信留在京城终究是一块心病。如果韩信能随大军前去，既解除疑心，又能打败陈豨，那不是一举两得的好事？

第五十一章　韩信其实很疯狂

刘邦让樊哙先去探望一下韩信。

樊哙，在人们心中就是一个莽夫，其实也并非如此，他有时莽撞，可他在很多关键时候的作为，往往不是常人所能做到的。他既是将军，又是刘邦的连襟，身份极为特殊，现在常替刘邦担当一些公关事务。过去他与韩信有过心结，曾闹过汉中拜将台，但了解了韩信的不世才能后，深感内疚，对韩信敬重有加，并在以后的战争中建立了一定友谊。

像其他大臣一样，樊哙来访对韩信自称臣下，诚惶诚恐地按过去礼节跪拜。韩信笑称樊将军不必拘于礼节，随性随性，现在是淮阴侯，早已没有王爵。樊哙仍磕头，口称韩信在樊哙面前永远是大王！叙谈一番，临别时再次跪拜。樊哙在功臣中位列第五，如此态度，足见韩信在刘邦集团中无人能及的威望了。

樊哙走后，韩信却大笑起来，落时的凤凰不如鸡，天下第一的韩信，竟然与此等狗肉贩子为伍，实在是没有想到的事！

刘邦留下了韩信性命，韩信却没有一点感激的意思，他没有看到现实残酷的一面，只要是家天下，杀害功臣是一个走不出的死结。历史上,春秋名将伍子胥被逼自刎身亡,秦国大将白起功劳太大,死而非其罪。在帝王剪除功臣的情况下,什么手段都能使得出,能够保住自身性命就算不错了,否则怨气太大,任性而为,能有一个什么好下场?

夕阳落下,天际残留着一抹血红。

时隔不久,刘邦在征讨陈豨前,决定亲自见一见韩信。这天傍晚,在未央宫(故址在今陕西西安市故城内西北角)前殿,刘邦置酒与韩信闲谈。这是韩信贬为淮阴侯后,他们俩第一次面对面的交谈。谈到心热处,刘邦拉着韩信的手,颇为感慨地说:"久不与淮阴侯相见,朕十分想念啊!"

"昔臣破楚之时,因积劳成病,今无事闲居,旧疾多发。可臣也仰思天颜。"韩信也是感叹不已。自从被软禁以来,人生落差太大,心绪不佳,心结未能打开。况且,与昔日的属下樊哙、周勃、曹参等人同为列侯,同居庙堂之下,俯首为臣,浑身鸡皮疙瘩,羞与他们共事。因此,每逢朝廷大事,足不出户。其实,被贬后,为减少刘邦的猜忌,他有时是故意为之。

刘邦知道韩信的心病未除,便对韩信说:"你我都是胸怀古今的人物,友谊的小船,不能说翻就翻。有些事也许理在你那边,这要等等,这有何不好呢?打起精神,振作起来,你我还是兄弟,不能一分手就分到底。有何事,有何话,你可找朕,朕不会不见你。"

接着,刘邦与韩信闲聊起修订兵法的事。修订兵法,这是韩信贬为淮阴侯后,经萧何提议,皇上下诏让韩信审定的。而韩信落到进不得退不能的地步,闭门回顾,总结研究兵法,倒也十分乐意。人生到后来不就是一个回忆！而汉代史学家班固《汉书·艺文志·兵书略》确有韩信三章兵法记载。

"淮阴侯既无他好，有志把平生所学，著成兵书，这是功在千秋的好事，此书编撰的如何？"刘邦关切地问。

"初稿已成，只是我辈也敢著录、审定兵法，实在是贻笑大方。"

"不可妄自菲薄，朕着意让萧丞相制律令，让你审兵法，你们最有资格。"刘邦说，"在楚汉大战期间，你创造那么多前无古人的经典战例，你不审，有谁还审得了？你既是理论家，又是战略家，一代兵仙神帅，孙武子在世也未必如你。朕听萧丞相说，自春秋用兵一百八十二家，你序次诸家为三十五家，且又著录三章，引兵法自证，纯用兵权谋，机理玄深。"

刘邦热情的话语，使所陪大臣暗暗称奇，皇上召见本身就是一件大事，这是他们始料不及的。

他又问："兵家论将，如同醉翁评酒。朕想问问你，为什么在敌强我弱的情况下，你能决战决胜，用兵的秘诀在哪里？"

"其实，没有什么秘诀，最重要的就是冷静，要找到敌人空当和弱点，先发制人，一击致命。"金戈铁马的战争岁月，谁能忘怀，韩信谈兴勃然，"我用兵主要有三条，一是树立敢战必胜的信念，在气势上要压倒敌人，要求将士们打起仗来，犹如猛虎下山；二是灵活用兵要利用地形地物，找准以奇制胜的突破口，集中优势兵力，稳准狠打击敌人。敌军一旦上当，就要紧紧盯住，以求全歼；三是运筹帷幄，多考虑战斗可能出现的问题，将问题解决于战斗之前。准备要慢，进攻要快，战斗一旦打响，就要一鼓作气地消灭敌人。"

难怪敌军听到"韩信"两个字就犯忌。刘邦笑哈哈地说:"淮阴侯用兵如神,神鬼莫测,秦将白起也比不卜你的气势,一人往那一站,万夫吓得屁滚尿流。"

不觉个把时辰过去了,刘邦欲要说明来意,想直接点韩信的将,但心中毕竟隔膜太深。于是,他想先试一试,看韩信如今到底是个什么态度。

刘邦话锋一拨,笑容可掬:"谈到兵法,天下兵机淮阴侯最识,众将之能淮阴侯也最清楚。我想问一问,反将陈豨的才能如何?"

韩信脱口道:"陈豨久战沙场,善于用兵,才高八斗。"

刘邦又问:"以陈豨之能,可将多少兵马?"

韩信略加思索:"二十万。"

刘邦点点头,又不经意地问:"依淮阴侯看,朕可将多少兵马?"

韩信一愣,听出了刘邦的话外之音。

刘邦玩弄政治天下无能及、带兵打仗却不敢恭维,彭城一战几乎全军覆没,荥阳三战三逃,差一点要了身家性命。韩信笑着问:"陛下,要臣讲真话还是讲假话。"

刘邦眨眨眼:"当然要讲真话。"

"最多十万!"

"十万?还不及陈豨?"刘邦当然不认同韩信的说法,脸色顿时陡变。龟孙儿不识好歹,原来大谈战争经验是在阴我骂我。望着韩信,他眼睛直勾勾一动不动:与你比之如何?

韩信面不改色,坦然作答:"臣之将兵,多多益善。"

嘿!刘邦冷笑一声,带着嘲笑的口吻,你既多多益善,为何屡为朕所擒!

韩信知刘邦恶其能,不知说什么好,但也不想过于刺激刘邦:"陛下不善统兵,却善驭将。"他接着又补上一句,"陛下是天命神授,非人力所为!"

嗯?刘邦听说天命神授,脸色才有好转。但他知道,韩信是枣子吃了,核子仍留在心里,被贬之事,仍念念不能释怀,高傲、自负、狂妄和不满情绪溢于言表。本来打算让他去进剿陈豨,既然如此,还提他干什么?

刘邦结束了谈话,破例将韩信送出了前殿。

目视韩信渐渐远去的背影,他心里在说,一只狂妄的恶狗,竟敢和主人作对,真是岂有此理!难道离开了你韩信,大汉天下塌下来不成,这不仅仅是皇帝的权威问题,而是同诸侯势力一场你死我活的政治斗争!可笑的是你韩信,英雄才,市井志,当年身居强齐,威慑天下,足以与楚汉分庭抗礼,那时你不下手,如今还有什么资格与朕摆脸。只是,韩信权变太深,难以制服,今闲居独处,一旦有变,他的威胁丝毫不亚于项羽,这让自己寝食难安,必须在征讨陈豨之前,好好地想一想办法!

第五十二章　成也萧何，败也萧何

汉十一年（前196年）正月。淮阴侯院落。

这天上午，韩信在自家院落中散步，忽然发现墙边的几丛竹子冻得枯黄了。

他有些黯然，心境被触动。刘邦虽没有绝情到底，非但没有杀了他，还不失封侯之赏。封侯是假，监禁是真，自己实际成了一个不折不扣的高级囚徒！想当年，如果自立天下，就不会有今日猖狂的刘邦，也就不会有如此倒霉的韩信。扪心自问，与刘邦相比自己到底差在哪里？良知，非也。才能，非也，天时，非也。如人们所说，"刘邦出身虽差，但运气好，毛病虽多，但改得快，水平虽差，但悟性高，能力虽弱，但胆子大"。而自己却相反，心没有刘邦那么狠，胆子没有刘邦那么大，这是大概是性格和良心使然吧。

韩信想起家乡流传千年的"大禹治水擒拿水猿大圣"的故事，不禁伤感起来。

水猿大圣又叫无支祁，也就是后世孙悟空的原型。塌鼻子，火眼金睛，形状像猿猴，常在淮水兴风作浪。他的头颈长达百尺，力气超过九头大象，一个跟头能翻十万八千里，嘴一张，吐得洪水淹没大片村庄,淹没无数百姓。大禹治水时,无支祁作怪,禹很恼怒,请来神兽夔龙,擒获了无支祁。无支祁虽被抓,但还是击搏跳腾,谁也管束不住。于是禹又请来天兵天将,用大铁索锁住了他的颈脖,把他压在淮阴的龟山脚下。不过,现在人都在说,水怪无支祁已挣脱大铁索逃脱了,是因为,韩信下魏之役的夏阳渡军,破赵之役的背水之战,潍水之役的结沙阻水,打得都是水仗,玩转得都是河流水势,一战下来,死伤无数,其惨状目不忍睹,触目惊心,血气唤醒了水怪,无支祁大发其怒,所以韩信才有今天的下场。

往事难以回首,人不能在后悔中度过一生。韩信今年虚岁三十六,从二十三岁那年投奔项梁,已整整过去十三年。但被关在鸟笼子里却有六年了。青壮能几时,鬓发已斑白,六六三十六,也是人生的一个限数,限数之年,要格外小心呀。

韩信不由得想起了故乡,淮阴城头鼓角惊起的乌鹊,坝口白鸥伴着船帆飞翔,淮水岸边大片大片芦花丛,淮阴市井低沉的歌声,荒泽边的韩母之墓——

"夫人!拿酒来!"韩信常常是借古人的杯酒浇自己心中的块垒,真是借酒消愁愁更愁。

夫人不一会端来酒,先斟上半樽,又在樽中兑了些清水,使酒变得清淡一些,韩信啜起淡淡的水酒。

这时,一家丁急匆匆进来:"侯爷!今日南门城楼上高悬着一颗血肉模糊的首级,下方还张贴着告示,说陈豨叛军已被打败,陈豨被杀,这首级就是陈豨的头颅。城门口人山人海,人们挤在告示前,谈论着陈豨情况。"

哦？突然纷传陈豨战败，韩信感到十分意外。陈豨多谋善断，怎会败得如此迅速？他又想到陈豨临上任前，曾来拜别过，这为众人所知。但这事件会不会对自己有什么冲击和影响？

这时又有人来报，萧相国来到！

噢？韩信心想，萧何已有好些日子没有来过，此时来，想必有要事，他请萧何快快进来！

韩信对萧何是深知、深信的。多少年来，他感激萧何，崇敬萧何，平心而论，不怀疑他的为人。但作为皇上的红人，萧何有些问题、有些事情，韩信难于启齿，心里隐隐作痛。云梦泽事件，他不会一点不知，事发至今却未见萧何的身影。

萧何是自己的引路人，相马的伯乐，如同再生父母，不是萧何再三举荐，自己很可能仍在淮滨钓鱼，其言"至如韩信国士无双！""欲争天下必用韩信！"犹在耳旁，可以说没有萧何，就没有韩信建立的功业。

而如今，萧何却对韩信老于世故，不闻不问，一语不发，更没有伸出援手，变得让人越来越看不透了。或许在萧何看来，云梦泽事件没有牵连到他的头上已是万幸，如若出面替韩信讲话，恐怕会引火烧身。而过去的所谓情意，还不是为了刘邦集团的政治利益？如果是这样，他还是那个恩重如山，敢于直言的萧何？

这时，萧何已走进了院落，韩信迎了上去。

萧何关切地问："韩信疾痛可痊愈？"

"战时落下的病根，恐怕一时难好。"进屋落座后，韩信道，"相国日理万机，今日前来，一定有什么事吧？"

萧何悦色地说："告诉你一个喜讯,皇上御驾亲征,平定了叛乱,陈豨反贼之头,已被传入京城,悬挂在城门楼上。皇后请大臣们入宫庆贺,我是特意来接你同往的。"

韩信狐疑,萧何亲自登门相邀,难道有什么特定的含义?当然,皇帝打败了叛臣,列侯也是应该去祝贺的。他谨慎地说:"臣一直有病未能入朝,这已是多年之事,今日庆宴,臣突然前往,恐众臣耻笑贪杯。况且,此次平定代地之乱,臣没出微薄之力,无意入宫凑上一份热闹。这还望相国理解。"

萧何沉吟一下:"淮阴侯身体不好,此事在我疏忽,没有及时向监国太子和皇后奏明。若能支撑,我看还是去一去的好。在这欢欣鼓舞,举国同庆的日子里,显得君臣同心一致,免除宫里多疑,这有何不可?"

韩信沉思半晌。

后院中,夫人正与三岁幼子做游戏,这时家人来报萧何到来了,她忙搀着孩子过来见萧何。

萧何连忙站了起来,抱起虎头虎脑的孩子。此子同淮阴侯一个模样,天庭饱满,地角方圆,乌眉大眼,长大后一定是个人物。他心中不禁发酸,敷衍着说,只愁生,不愁长。此子,都这么大了。萧何还把请韩信入宫之事,告诉了韩信夫人。

她想尽管吕后包藏祸心,但萧何还能与他们同流合污?韩信多日足不出户,隔绝与外界往来,萧何来请,若不从命,就显得有失交情。她让韩信同萧何一起去一趟。

韩信告别夫人和三岁幼子,同萧何坐上车马,向长乐宫驶去。

长乐宫位于长安城东南隅，高踞山地，瞰临全城，是一个巨大的建筑组群，周围十里，面积占长安城四分之一。它是汉五年天下统一后，刘邦采纳萧何"天子以四海为家，非壮丽无以成重威"的建议，在原秦兴乐宫基础上改建，前后用了二年时间，至汉七年建成。

前殿矗立于高台之上，以木兰为棼橑，丈杏为梁柱，金铺玉户，气势磅礴，是皇帝视朝和举行朝廷大典的地方。前殿前有端门，后有内谒者署门，东建宣德殿、玉堂殿，西筑清凉殿、广明殿。其东南建有承明殿、金华殿，西北有沧池，池中有渐台。围绕着前殿一座座宫殿、台榭、楼阁、堂观如众星之灿，金碧辉煌，池塘渠湖与山林园囿，巧妙配合，构成一幅壮美的图画。

在长乐宫西北，还利用前朝的一座殿址修筑了太子宫，又称作北宫。这里建筑不多，但院落不少。还有一座小山，可瞻顾全城。王侯宅邸、勋臣公馆、市井民居、商店列肆、工匠作坊等纷然杂陈，直达渭水之滨。

当萧何、韩信来到长乐宫前殿端门前，站在门前的令丞便来招呼，请萧何、韩信到太子殿去。他们又三拐两绕向西北驶去，没一刻，却到了长乐宫钟室前。韩信惊问："相国，不是到太子殿去吗？怎么来到内宫钟室？"

内宫钟室，就是内宫放置编钟的地方。萧何支支吾吾："老夫一时糊涂，不意走岔了道。"让韩信先等一下，他下去问一问路。下了车，一闪不见了人影。

这时，钟室巨大铜钟发出了沉沉地鸣叫，似要撕心裂肺，随之，回声荡入五脏六腑。韩信不知是计，正在怅望之际，钟室内冲出数十名武士,一拥而上,不容分说将韩信五花大绑起来。

　　他明白了,自己上当受骗,萧何是故意将他引入魔窟,连连顿足:萧何诓骗我也!

第五十三章　淮阴侯后裔

萧何将韩信带到长乐宫后,他不忍见韩信最后面孔,尽管没有得到吕后的允准,却悄悄地溜走了。

萧何尚黄老,推崇无为,在刘邦集团,他是一个"好好先生",有人形象地称他为老奴,唯刘邦、吕雉马首是瞻。

萧何回到家中,六神不安,神思恍惚。韩信最初由自己一手举荐,如今,又要栽在自己手中,难道我萧何翻手云,覆手雨,韩信的生死权在我萧何吗?天下人得知真情后定会问,萧何到底是个什么样的人?

其实,他也有难言之处。尽管他忠心耿耿,而君臣之间的猜疑,还是不可避免的。刘邦对握有重兵的一方异姓王,必欲铲除而后快,对于位高权重的内臣也一样。他虽功封第一,可是刘邦并不放心!有时君权与相权的矛盾还很尖锐!不是他谨慎而又巧妙地左躲右闪,说不定他的头颅早就不在颈上了。那一年,楚汉在荥阳、成皋间激战,汉王刘邦却不断从前线派使者来慰问萧何,还是鲍生看出奥妙,提醒说汉王不放心呀!为消除怀疑,他便把子侄兄弟中凡能上战场的,等于人质,都送到了军中去,这才消除了汉王疑虑。前不久,刘邦在征战陈豨时,还专门派了一个都尉和五百士卒,来充当他的卫队,这并非宠幸,明眼人一看就知道,这分明是怕淮阴侯在内谋反,刘邦也开始疑心萧何了!

没有月亮,漆黑的夜晚,吕后紧急诏见。

刚落座,吕后板着面孔对萧何说:"淮阴侯韩信趁皇上出征之际,与陈豨内外勾结,有密谋造反之嫌,她问怎么办?"

萧何知道,这可能是吕后存心设谋的一个借口。

吕后虽是女流之辈,但她懂政治,头脑会转弯,也更了解刘邦现在的心思。而除掉韩信及诸侯王,正是刘邦想下手却不想留下骂名的头痛之事。那好,她来帮他承担这个责任。此时,萧何委婉地劝道,韩信已是笼中之鸟,瓮中之鳖,难道还怕他造反不成?他是一位特殊功臣,处置不当会遭天下非议,引起大汉政局的动荡。

没想到,吕后勃然大怒:"相国不与朝廷分忧,倒与反臣开脱,当初相国力保韩信,可是为了今日韩信反汉?!"她随手递上一份状子,萧何一看,大吃一惊。原来是韩信门客之弟乐悦告韩信与陈豨勾结谋反,这还得了!

吕后又问:"韩信当有何罪?"萧何说:"罪当夷灭三族。"

正想着昨晚的那一事,戏剧性一幕发生了。

屋内突然跃出一个蒙面人,手持长剑直奔过来,压低声音:"萧相国!我是淮阴侯'门客',你助纣为逆,诱捕我家侯爷,捕杀侯爷族人,我要杀了你!"

萧何惊悸之余,强自镇定,告诉他说:"这事与自己并无多大关系,且等皇上归来之时,淮阴侯定当获释,你若有何举动,于淮阴侯有害无益。"

门客冷笑一声道:"说得好听,可我不会上你的当。当年你推举韩信为大将,今日又诱他入宫,送入虎口,还派人包围了侯爷住宅,捕杀族人,斩草除根,连其孤子也不放过——杀了你也不解心头之恨!"

"天啊!捕杀淮阴侯孤子的事,我确实不知道。"萧何摇着头,十分痛苦,"'成也萧何,败也萧何'不成了卖友求荣的活广告?我不作辩白,但求你们快点下手,干净利索地杀了我,我也许比活着更好受。我不恨谁,你下手吧。"说着,他双目紧闭,颈脖子伸了过来。

见状,门客垂下了剑把。他在想诱杀韩信,并不一定就是萧何的主意,也许萧何还没有坏到这个地步。退一步讲,就是萧何不引韩信入宫,今日之事也是免不了,现在救韩信孤子要紧!他来不及考虑许多,双腿却朝萧何跪下:"相国!我知道您有恩于我家侯爷,他在九泉之下,当会感谢您。现在韩侯三岁幼子,我已乘混乱抱了出来,但城周四门已封闭,城内搜查得很紧,只有您才能救他出去!"

萧何又是一惊,他原来不是要杀我,而是为韩信孤子来求助的。

萧何朝这门客瞧了瞧,看着门客不安的神态,仿佛看到了韩信被杀戮的凄惨之状,但最使他心弦颤动,激他远念是这门客最后的那一句话。君子有远见,志士有苦心。他想起古老的赵氏孤儿的典故,想起了程婴和公孙杵臼的争执,死难易,还是抚孤易!他后悔,后悔自己太渺小,自己推崇的人不能保护,还要委屈于吕后的意志,简直是连狗都不如!而韩信有远见,得人心,在如此处境下,能有抚孤的程婴。想到此,他横下了心,就是拼了这条老命,也该保全韩信这条根,以挽回被狗吞噬的良心!萧何从腰间解下"腰牌"递了过去:"拿去吧,在明晨开城门之际,我派人护送你出去。"

门客十分感动:"九泉之下,我替韩侯爷拜谢相国搭救孤子之恩!"他接过"腰牌",连叩三个头后,起来转身就走。萧何突然想起什么,连忙喊:"等一等,问韩信孩子呢?"

门客转过身,停住了脚,解下腰背上的红布兜兜,露出了红红的小脸,韩信幼子在安然熟睡呢!萧何细致看了看小孩,泪水溢出了眼眶:"你带着孩子出城后怎么办?如今是汉家一统天下,这里是待不下去了,你先等一下!"

萧何走到窗台前提笔疾书,写好后将书信交与门客说:"南越远在西南荒远,南越王赵佗素来与我交情不错。我看,为了保险起见,你带着孩子去投奔赵佗去吧。"

赵佗原为秦朝一都尉,秦始皇灭楚统一中国后,便征发五十万将士南下开辟疆土。任嚣与赵佗分别担任秦军统帅和副统帅,率大军逾五岭攻百越,秦二世继位后,任嚣病逝,已任龙川令的赵佗接任南海尉。此时秦末农民举义如火如荼,赵佗即令横浦、阳山、湟溪三关,绝道自守,并杀了秦朝长吏,以自身的亲信代理郡县守令。其疆域东至汀江以南与闽越相接;北以五岭山脉与长沙王吴臣相连;西至广西环江、百色一带,与句町国、夜郎国为界;南达大岭,与马来人原始部落相邻,奠定了汉代中国南疆规模。

韩信的门客带着萧何的书信,翻山越岭,长途跋涉,二年后,终于把韩信孤子平安地送到南粤。

赵佗接信后,优抚善待韩信孤子,还将他封在海边一带,让其安居乐业,取土著生儿育女,成为豪门大族,并按赵佗的要求,韩信子又将自己家族一部分改韦姓,另一些则姓何。后来中国统一,天下太平,一位韦氏官人,对自己是韩信之子也就不再避讳了,并且亲口将自己的出身经历告诉了别人。还将赵佗赐姓的诏书,及萧何书信铭刻在铜鼎上以作纪念。

这件事,详细记载在明朝天启年《淮安府志》卷十九和凤山县志、东兰县土司族谱上,1915年商务印书馆出版的《辞源》,也记有"萧何匿韩信子于南奥,取韩之半,改为姓韦"的词条。

上面的故事,不一定是真实的史实,有没有后人也不是关心的重点,千百年来,善良的人们只是同情韩信的一种美好心愿罢了。

第五十四章　韩信死谁来埋单

红巾铺地,黑幕蒙壁。

韩信何罪,为何无故绑架!透过窗口射进来的光线,韩信发现钟室前方坐着吕雉和审食其二人。

吕雉将韩信押进长乐宫钟室,目的是要拿到韩信"谋反"的"口供",这将关系到刘邦、吕雉及汉家王朝的政治声誉和威望。那么,韩信到底有没有谋反,最后一幕情景又该会是怎么样的呢?

审食其刻薄地"嘿嘿"笑着:"淮阴侯!你前次图谋不轨,巡行所辖县邑,出入陈列兵仗,招降纳叛,欲意谋反,皇帝、皇后念你有功,虽擒来,不曾加诛。可你不思反悔,常居怏怏,日日怨望。如今倒和叛臣陈豨勾结,欲乘皇帝陛下亲征,与陈豨内应外合,在京城搞叛乱。如此设谋,天地鬼神皆不容!"

审食其为吕皇后的心腹,唯吕后之命是从。吕后在两年零四个月的人质岁月里,审食其就像刘邦家人一样,并且一直跟着她和刘老爹侍奉他们。宫廷中对吕后和审食其的暧昧关系,传说颇多。

"淮阴侯,乐悦告你谋反。"坐在一旁的吕后开口了。

"乐悦?"韩信突然想起来。

乐悦告发的内容大致是：叛将陈豨在出任代相临行前，曾串门同韩信告别。韩信退去左右侍从，拉着陈豨的手走到院庭中，对天长叹，然后问陈豨："我可以和你谈几句心里话吗？"陈豨说："请尽管盼咐。"韩信说："你将要去的地方乃是天下精兵汇集之处，你本人又是皇上的亲信。如果有人第一次告你谋反，皇上不会相信，第二次有人告你谋反，皇上就会产生怀疑，第三次有人告你谋反，皇上则必然大怒，领兵亲征。到那时，我可在京城起兵，给你做内应。"陈豨受了韩信提拔多年，一直深深佩服韩信的才华，对韩信唯命是从。钜鹿之行陈豨更是如鱼得水，许多宾客都愿在他的门下献计献策，陈豨踌躇满志，就想将韩信的计划付诸实施。而韩信为皇上打下了天下，如今却贬为淮阴侯，满肚怨气，于是韩信同自己家臣密谋，准备在某日夜里突然行动，假传圣旨，释放京城里的囚犯和奴隶，去袭击皇后和太子，夺取长安。如今已一切布置妥当，只等陈豨回音。

"淮阴侯！你还有什么话可说？"吕后冷笑一声。

"一派谎言！"韩信喝道，"其一，告发者是我准备处死的一个罪徒的弟弟，吃我的饭，还要砸我的锅，其言不足为凭；其二，我有密谋，怎会让此人知道？真是滑天下之大稽！况且，上月初皇上已攻下代地东垣，陈豨叛军已冰消瓦解，而我又从中应谁？其三，当年在垓下，我手握雄兵百万，而今闲居长安，既无兵柄，又无武装，怎能造起反来？这是起码的常识啊！告诉你们，我跟皇上打天，把我的骨头化成灰，你也甭找出我谋反的事来！"

"淮阴侯！有乐悦做证，就很能说明问题。"审食其插言道，"至于你问的一二三，这里不需回答你，等你到了阎王那里，就会全部知道。"

"长乐宫悬钟之室,岂是审问大臣的地方?又岂是杀戮大臣刑场?韩信愤怒至极,我看,这实际上无异于私设公堂,无异于暗杀,若有确凿证据,何不把我送交廷尉,昭示群臣!昭示天下!"

"有这个必要吗?你只是皇后手心的一只蚂蚁,捏死你还怕费什么事。至于证据,嘿,杀了你就有证据!"

"猜忌名将,杀戮功臣!无耻!无耻!如今我总算明白,凡是功高猛将,不管反也好,不反也好,到头来总要找出理由将他除掉。你们手段就是使用——限制——诛杀,战争中用其所长,为你效力,随着战争的结束,而逐渐限制,一旦夺取了政权,就难免于一死。哎!九死不问天下鼎,一生还负钟室前,早知如此,悔不听蒯彻之谋,鼎足而三夺天下,以致今日落入尔等女子小人设下的圈套!我要见萧何!"

"见萧何,天真!这次假召百官,诱你入宫就是用了萧相国的计谋。"

真可怕,怎么连最为敬重的萧何也给自己设下了圈套。人生就是一个抉择,成败天定,救韩信的是漂母,举荐韩信的是萧何,追杀韩信的是吕雉,而如今,萧何却成了吕雉的帮凶?!

审食其将一份准备好的"口供",递到韩信面前,要韩信想清楚,只要服罪,皇后娘娘保你子孙无恙。

韩信扫视了一下"口供",将它撕得粉碎:"灭我三族,也不会服罪!"

这样做,也是在吕后预料之中,但她仍气急败坏,有种!灭了三族，休怪老娘不仁不义。她叫唤着，几个彪形大汉手执钢刀从帷幕后窜了出来。

韩信昂起了头："生死寻常事，不过，你不能杀我，没有我韩信，就没有汉家天下，皇上曾与我盟誓，并赐我丹书铁券，见天不能杀，见地不能杀，见金器不能杀！"丹书铁券能免死？这就是刘邦在定陶时，对韩信许下的"三不杀"。

"笑话！只要威胁皇家的地位，挑战帝王的权威，哪怕功劳再大，浑身挂满了免死牌，也没有用。好！我今日遵皇上之言，杀你个不见天，不见地，不见金器。来人！"

士卒们将韩信投入早已准备好的囚笼，并用麻布铺地，用黑纱帐将囚笼包住。吕后又令左右去园中砍上几根竹子，削成竹刀，要他们快去办！

"毒妇！无故斩杀功臣，必将遗罪千秋！"随着韩信的骂声，一排竹刀刺入囚笼，"啊！"一声长长惨叫，殷红殷红的鲜血喷将出来，大汉王朝开国元勋就这样以羞辱的方式被处死——

戮杀韩信是一场经过精心策划的重大阴谋。

看得出，吕后十分小心谨慎，先是设下一个局，收买韩信门客诬告韩信，再利用萧何来诱骗韩信入宫。接着，罗列罪名，编造材料，将其记入官方档案，使"韩信谋反"变成铁案，让其永世不得翻身。不过，太史公马迁虽不能公然推翻钦定的谋反大案，只能在《史记·韩王信卢绾列传》中，用曲笔文心的手法，通过卢绾之口喊出："往年春，族淮阴侯皆吕后之谋！"并称赞韩信"于汉家勋可比周、召、太公之徒"，表明他对冤案的态度和对韩信深切同情。

当韩信的首级呈送到山西灵石战场时,刘邦却也"且喜且怜之"。

喜的是吕后用如此招式,果断地除掉了韩信,一块千斤重石从心头悠然落地;怜的是韩信尽忠臣服,屡建奇功,虽古之名将,未能与其并论。只是韩信不学谦恭,不肯低下那颗高傲地头颅,吕后既已杀之,甚为惋惜。刘邦一脸凝重,内疚不已,不觉眼圈一红,但他没有责备吕后什么。

打败陈豨后,刘邦率军回到长安后又问,韩信临死时有无遗言留下?回答有,他说悔不听蒯彻之计。蒯彻就是那个曾力劝韩信独立的范阳辩士。

刘邦下令将蒯彻捕捉来见他,一定要严惩法办。

韩信被杀,震动了天下,给汉初政局造成了重大影响,以致汉初军事中枢几近无人,刘邦内外交困,东征西讨,疲于奔命。

汉十二年(前195),刘邦亲率大军征讨九江王英布负箭伤,途中返回了阔别多年的故乡沛县,击筑高唱:"大风起兮云飞扬,威加海内兮归故乡,安得猛士兮守四方!"乃起舞,慷慨伤怀,泣泪数行。对自己的伤势与病情已有相当的认识,仍然念念不忘皇权巩固和社会的安定。面对危机的担忧,感到十分的孤独和恐惧,然而,环顾海内,内忧外患,韩信安在?有谁再像韩信那样,为刘氏江山撑起一片天空,一个英雄主义的时代结束了!

同年,四月甲辰,六十二岁的刘邦崩世于长乐宫,十六岁的太子刘盈立为惠帝,其母吕雉临朝称制。

附录一

淮阴与淮阴流传的故事

历史文化名人多故乡之争,韩信也不例外。

这主要是因年代的久远,朝代的更迭,区划的不断调整,所引发的人们认知上差异。这也是了解文化名人,在所难免而又无法回避的一个小插曲。

"韩信,淮阴人也。"《史记·淮阴侯列传》虽有明确的记载,但古淮阴在什么地方,还存在着一些争议。主要有两种说法:一说在今淮安市淮安区,一说在今淮安市淮阴区。

古人常以水南为阴,淮阴故名。而淮河是自然形成的古河道,是中国南北重要的地理分界,也是行政区划的分界,风土人情民间习俗南北差异很大。纵观历史,河流山川相应变化较小,而朝代更替、行政区划的调整却是常有之事。

淮阴地处淮水南岸,末口与淮泗口之间。这是《水经注》注解的古淮阴地理位置。符合这一地理特征,古淮阴的主体当为今天的淮安市的淮安区、清江浦区、洪泽区及淮阴区码头镇附近。换句话说,这片区域主要是清乾隆以前的山阳县。

淮安区承属古山阳县。历史上的淮安府山阳县是路、府、州、县的治所，是运河线上四大都市之一。明清时，"淮阴驿"就设在山阳县。出生在这里的明代文学大师吴承恩，抗倭状元沈坤，清代"扬州八怪"之一画家边寿民，大医吴鞠通，抗英民族英雄关天培，以及一代开国总理周恩来，也都称自己的家乡为"淮阴"。清乾隆帝有"汉淮阴是晋山阳"之说。现代著名学者郭沫若、王力、王伯祥等人都称古淮阴治所在原清江市东南，即今淮安区境内。这里还存有春秋时，长江连接淮河的"古末口"遗址、汉"枚皋故里"、晋"文通塔苑"、宋"镇淮楼"、明"淮安府署"，以及明清时的"汉韩侯祠""漂母祠""钓鱼台""胯下桥""漂母井"等一大批古迹遗存。因此，从地理、历史、人文等方面来看，能承载千年古县——古淮阴区域功能的是山阳县，山阳县别称古淮阴县，当时人们并没有什么疑义。

淮安淮阴市碑

古末口

那么,淮安淮阴区为什么也称淮阴呢?淮阴区承属古清河县,清乾隆中后期,淮河以北的清河县城,遇洪水淹没,府郡将山阳县西清江浦附近划归清河县。清河即泗水,在淮北。由此,清河县城整体搬迁到淮水以南的清江浦。也因此,民国初年,清河县与河北清河县重名,遂改称淮阴县。但包括县城王家营在内的绝大部分仍在淮河以北。而此时的淮阴,和二千多年前、淮水以南的古淮阴并不是一回事。

相传码头镇为秦汉淮阴"故城旧址",但码头镇在新中国成立后次多发掘中,没有找到秦汉之际相关证据,不能不说这是一件令人遗憾的事。历史上的夏朝,目前因没有找到相应的遗址,口说无凭,并没有得到广泛认可。

此外,有关"南昌亭"的记载,南宋《舆地纪胜》:"相传韩信生于此地。" 南昌亭在今淮安清江浦区境内,存有"韩信城"和"韩母墓"等遗址。同样,清乾隆以前,属淮安府山阳县,在淮水南。

其实,秦时设立的淮阴县,到了汉武帝年间划淮阴东南为射阳县。在二千多年的历史上,古淮阴区域内分分合合,有时称淮阴,有时射阳,有时则称山阳、淮安,还有时互置。现在,淮安市正实施"三淮一体"城市发展战略,淮安区、淮阴区和清江浦区都在一个市区内,不应再分彼此,对于古淮阴最好的说法,应称其"在今江苏淮安一带"。

谈了韩信故乡,再说一说韩信流传于故乡的几则故事。

韩信的事迹,影响之大,在中国历史人物中也是极其少见的,而韩信的故事、传说,在历史上更是口耳相传,影响甚广。

一、韩信与石人的故事

传说韩信小时到淮安萧家湖钓鱼,那地方有个石头人。一天,韩信又来钓鱼,石头人忽然开口说话了,他说:"我告诉你,西边湖心有一只蛤蟆,它有两千年的根本,你得到它口中的宝珠,你就发达了。"

韩信问:"怎么才能把珠子弄到手?"

石人说:"等到今年五月初五端午节,蛤蟆要吐珠子晒正午时,你可乘这个机会把珠子抢过来。"

五月初五到了,韩信悄悄摸到湖心滩上,看看日头正午了,滩上果然爬上来一只蛤蟆,嘴一张,吐出了一颗红宝珠。韩信冲上去,把宝珠抢了过来。

蛤蟆眼泪汪汪地说:"韩信哪,你真狠心,你抢走了我的珠子,害得我丢了一千多年的根本。你把珠子还我,我保证你出人头地,升官又发财。"

韩信说:"只要你不骗我,我就把珠子还给你。"

蛤蟆说:"你知道吗!早先,天下不太平,经常打仗,是上天大神派石人下凡把天下所有兵书都收起来,藏在肚中。只有得到石头人肚中的兵书,你就是天下第一大将了!"

韩信问:"怎样才能得到石人肚中的天书呢?"

蛤蟆说:"你向东五十里,那里有个绿草荡。荡中间有个滩,滩上长着三棵菖蒲,你拿最长的一根,向石人一挥,石头人的头就会掉下

韩母墓

来了,那时你就取天书吧!"

韩信将宝珠还给了蛤蟆。到荡中滩头取回最长的一根菖蒲,来到湖边,对石头人一挥,轰的一声,石头人真的落地了,只见石人肚中冒出一道红光,接着又冒出一道绿光,韩信急忙把石头人颈项捂住,果然得到一本兵书。

原来第一道红光,跑了一本天文,第二道绿光,又跑了本地理,第三道被捂住的是一本兵书。所以,韩信成了盖世无双的天才军事家——

二、韩信分油的故事

韩信小时候爱动脑筋,聪明过人。传说有一天,淮阴市口两个卖油人正在争吵不休。路过这里的韩信,出于好奇,呆呆地看着,他终于明白,原来这两个人合伙卖油,因意见不合,准备把油桶里还剩下的十斤油平分后各奔东西,又为了分油不均而争执不下。

韩信仔细端详着,他们手头没有秤,只有一个能装三斤的油葫芦和一个能装七斤的瓦罐,他们用油桶倒来倒去,双方总不满意,因而吵嚷起来。

有没有办法把油分精确呢?韩信面对两个各不相让的卖油人和眼前的油桶、瓦罐、油葫芦,默默沉思着。忽然眼前一亮,大声说:"你们不要吵了,没有秤,也能够分均匀!"说着,他把办法告诉了卖油人。按照韩信的办法,两个人重新再分,果然都很满意。

先用油葫芦连装三次,共装九斤,将七斤的瓦罐注满后,油葫芦里还剩二斤。然后将瓦罐的七斤再全部倒入油桶,这时油桶里是八斤油。再将油葫芦内的二斤油全部倒进瓦罐。最后用空葫芦在油桶里灌满(三斤)，倒进瓦罐。这样，油桶里剩下的油和瓦罐中装的油都正好是五斤。双方各分其一，恰好各人所得完全相等。

三、韩信与象棋的故事

相传，时隔多年，韩信打败西楚霸王以后，终于帮助刘邦完成了大一统，成了大汉英雄，却因功高盖主，被贬为"楚王"，又被贬为"淮阴侯"，后来却被吕后、萧何诱捕入狱。

在咸阳狱中，临窗而望，韩信想了很多事情，也想到了未来，自己还有未来？韩信觉得生命将会走到尽头，打算在狱中著录一部兵法传之后世。

不料，这事被吕后知道后，说韩信是一特殊人物，"手无缚鸡之力，心有戳山之计"。项羽虽力能拔山，却败于他的手下，如今韩信身为反臣，又怎能擅自著录兵法。其实，韩信反与不反刘邦难道不清楚吗！

韩信悲愤难忍，仰天长叹："汉家不但要我的命，还要除去我的名，太狠了些吧！"当时有一位狱卒听到他这句话后，跪在韩信面前说："大王！你就把用兵之法传给小人吧！"

韩信苦笑了一声说："本将若不知用兵之道，也不会落到今天这个下场。如今悔之晚矣，怎么能再连累你遭受杀身之祸呢？"狱卒再三恳求，韩信只是不允。

没过几天，这位狱卒给韩信送饭时，韩信问狱卒："小兄弟，汉家是不是要对我下手了？"狱卒摇头说不知。韩信笑道："兔死狗烹，从古至今都是这样,这是迟早的事情。"说罢,叫狱卒坐下,韩信取来一根筷子,在地上画了个方框,又在框中画了一条"界河",河中写上"楚河""汉界"四个字。接着,又在河界两边各画了三十六个小格,并说:"我一生助汉灭楚,屡立大功,到头来却要死在狱中。念你对我百般照料,没有什么报答你,那我就把生平所学的奇术传授给你吧。"他说着叫狱卒取来帛和笔,把帛裁成三十二个小块,布在方框内界河两方。一面的十六块帛片各写着帅、仕、相、车、马、兵等字,另一面的十六块帛片上写着将、士、象、车、马、卒等字。

摆好后,韩信边移动绵片边告诉狱卒:"这个方框就是千军万马的大战场,两面各代表一方的军力。用兵之道,贵在主帅多谋善变,通盘筹划、奇正配合,以不变应万变。并具体地教狱卒如何跳马、出兵等。"

狱卒边点头边称赞:"真了不起!大王真是个天下奇人啊!

从那天起,韩信每天都和这个狱卒守着棋盘研究兵法。

韩信出狱不久,这个狱卒就逃走了。他躲藏在一个深山中,搭了间草棚,开荒种地,全家人自耕自食,一有空闲,就专心研究韩信授给他的奇术。又据"奇"的谐音,把"奇"叫作"棋",还写了一本《棋谱》传给了他的儿子。后人认为棋虽可布阵,但不是真的两军作战,只是一种象征,所以称它为"象棋"——韩信也就成了中国象棋名副其实的发明者,他的奇(棋)术被后人世代相传至今。

这一事件,与相关史料印证,符合韩信性格特征,在中国棋坛上,现在基本认可象棋为韩信发明。

附录二

韩信生平及大事年记

◇ 约前230年(约秦始皇十七年),韩信出生于楚地淮阴(今江苏淮安一带),一岁。

◇ 前224年(秦始皇二十三年),韩信七岁。秦将王翦攻取楚都寿春,俘楚王负刍。

◇ 前221年(秦始皇二十六年),韩信十岁,秦灭六国,统一天下,秦王嬴政称始皇帝。

◇ 前213年(秦始皇三十四年),韩信十八岁。韩母死,葬八里庄行营高敞地。

◇ 前212年(秦始皇三十五年),韩信十九岁。
营建阿房宫和骊山陵。坑杀读书人。

◇ 前210年(秦始皇三十七年),韩信二十一岁。秦始皇崩逝于沙丘。

◇ 前209年(秦二世元年),韩信二十二岁。胡亥即位为二世皇帝。七月,陈胜、吴广于大泽乡起兵抗秦,各地响应。

◇ 九月,赵、燕、齐、魏各自立王。项梁、项羽起兵于会稽。刘邦起兵于沛。章邯率兵围剿起义军。

◇ 前208年(秦二世二年),韩信二十三岁。

十二月,秦将章邯击败陈胜。陈胜被叛徒庄贾杀害。

二月,项梁、项羽率八千子弟兵渡江。

三月,项梁渡淮。韩信参加项梁起义军。

六月,项梁在盱眙拥立楚怀王孙熊心为王。

八月,项梁大破章邯于东阿。

九月,章邯大破楚军于定陶,项梁战死。韩信转属项羽。

后九月,章邯围赵,诸侯救赵。怀王拜宋义为上将军,项羽为次将,范增为末将。

◇ 前207年(秦二世三年),韩信二十四岁。

十一月,项羽扑杀宋义,自立为上将军。

十二月,韩信为郎中,从项羽大破秦军于钜鹿。诸侯将皆属项羽。

六月,刘邦下南阳。

七月,章邯投降项羽。

八月 刘邦入武关。赵高杀秦二世。

九月,子婴杀赵高,立为秦王。

◇ 前206年(汉高帝元年),韩信二十五岁。

十月,刘邦进军灞上,子婴降,秦亡。

十一月,项羽坑杀秦降卒二十万于新安。沛公出令三章,使人与秦吏行县乡邑,告谕之,秦民大悦。项羽使英布等攻破函谷关。

十二月,项羽、刘邦会于鸿门宴上。项羽杀子婴,屠咸阳,烧秦宫,掘始皇冢,收财宝、妇女东还。

323

正月,项羽徙义帝于长沙郴县。

二月,项羽大封十八路诸侯,自立西楚霸王,王梁楚九郡,都彭城。封刘邦为汉王,都南郑。三分关中,立三秦降将为王。

四月,诸侯罢兵戏下,各自就国。刘邦烧绝栈道,示意项羽无东归之意。韩信弃楚归汉,任连敖。

五月,韩信约于此时升为治粟都尉。田荣反于齐地。

六月,韩信未得重用,弃汉出走,被萧何追回。田荣自立为齐王。陈余同张耳开战。

七月,经萧何力荐,韩信被刘邦拜为大将。韩信献争权天下之策。彭越击楚,反于梁地。

八月,刘邦用韩信之计,派诸将多路进击陇西,韩信亲率主力,出其不意从故道袭雍王章邯,还定三秦。

◇ 前205年(汉高帝二年),韩信二十六岁。

十月,项羽遣英布等击杀义帝。

正月,项羽击齐,田荣败走被杀,田横起而叛之。

三月,刘邦东至洛阳,为义帝发丧。

四月,刘邦率五十六万联军进占彭城,项羽率三万精兵反击,大破汉军。

五月,刘邦退守荥阳。韩信由关中驰至,连破楚军于京、索之间。楚汉于荥阳相持。

六月,汉军引水灌废丘,章邯兵败自杀。

八月,刘邦拜韩信为左丞相,令其率兵一部击魏。

九月,韩信俘魏王豹,尽定魏地。

后九月,韩信进兵击代,破代军于邬县,擒夏说于阏与。

◇ 前204年(汉高帝三年),韩信二十七岁。

十月,韩信兵出井陉口,背水布阵,大破赵军,斩陈余,得李左车。韩信用李左车计,不战降燕国。

四月,项羽围刘邦于荥阳。项羽谋士范增劝急攻刘邦,陈平使离间之计瓦解楚军核心层。

五月,刘邦逃离荥阳,南走宛、叶。项羽克成皋。彭越在楚后方大肆活动。项羽还军东击彭越。刘邦还军荥阳,收复成皋。

六月,项羽击败彭越,西上克荥阳、成皋。刘邦逃往赵地,夺韩信军,拜韩信为相国,令其征兵击齐。

九月,韩信开始进军齐国。刘邦派郦食其劝降齐国。

◇ 前203年(汉高帝四年),韩信二十八岁。

十月,韩信引兵破齐,占临淄。刘邦收复成皋。项羽击败彭越。刘邦、项羽相持于广武。项羽遣大司马龙且救齐。

十一月,韩信斩龙且于潍水,大破楚军二十万。在追击中,斩田广于城阳,杀田既于胶东,尽定齐地。韩信请为假王。

二月,刘邦立韩信为齐王。武涉、蒯彻劝韩信背汉独立、三分天下,韩信拒听。

八月,楚汉言和,以鸿沟为界,中分天下。

九月,项羽引兵东归。刘邦发起战略追击,约韩信、彭越共同围歼项羽。

◇ 前202年(汉高帝五年),韩信二十九岁。

十月,刘邦追项羽至固陵,被项羽打败。韩信、彭越没有如期与刘邦会合。

十一月,韩信挥军南下,占彭城,与刘邦会师。

十二月,垓下决战,韩信设十面埋伏,大破楚军,项羽兵败而逃,自杀于东城。刘邦、韩信北上平鲁。刘邦以鲁公之礼葬项羽于谷城。

正月,韩信发起,与韩王信、淮南王英布、梁王彭越、赵王张敖、燕王臧荼以及长沙王吴芮等共同上书,尊刘邦为皇帝。

刘邦以义帝无后,齐王韩信习楚风俗为由,徙封为楚王,都下邳。

二月,刘邦于定陶称帝。

五月,韩信至楚还乡。赐南昌亭长百钱,召辱韩信于胯下的少年为中尉,千金赠漂母陵。

七月,燕王臧荼反汉,刘邦率军征讨。

九月,钟离眛死。刘邦灭臧荼,立太尉卢绾为燕王。

◇ 前201年(汉高帝六年),韩信三十岁。

十月,有人告韩信谋反,刘邦用陈平计,决定伪游云梦泽。

十二月,刘邦会诸侯于陈,擒韩信。

正月,刘邦封刘贾为荆王,刘交为楚王,刘肥为齐王,刘喜为代王。徙韩王信于晋阳。

四月,韩信被徙为淮阴侯,软禁于长安,编次兵书,著录兵法。

九月,匈奴冒顿单于侵太原,韩王信以马邑投降匈奴。

◇ 前200年(汉高帝七年),韩信三十一岁,被软禁于长安。

十月,刘邦率三十二万大军北击匈奴,被困于平城白登山七日。

十二月,匈奴攻代地,代王刘喜逃归。刘邦立刘如意为代王,陈豨任代相,统代、赵两国精兵,负责防御匈奴。

二月,长乐宫成,迁都长安。

◇ 前198年(汉高帝九年),韩信三十三岁,被软禁于长安。

十二月,刘邦废赵王张敖,以刘如意为赵王,周昌任代相。

◇ 前197年(汉高帝十年),韩信三十四岁,软禁于长安。

八月,代相陈豨反,自立为代王。

九月,刘邦率兵讨陈豨,立刘恒为代王。

◇ 前196年(汉高帝十一年),韩信三十五岁。

正月,吕后以人告韩信"谋反"之名,使萧何将韩信诓骗入宫,斩杀韩信于长乐宫钟室,夷三族。

三月,刘邦、吕后杀梁王彭越。

七月,淮南王英布反。

◇ 前195年(汉高帝十二年)

十月,英布兵败逃走,被诱杀。刘邦负箭伤。汉将周勃斩陈豨。刘邦立刘濞为吴王。

四月,刘邦崩逝于长乐宫,惠帝刘盈即位。